사회문제론

박용순
임원선
임종호
이선영
공 저

SOCIAL
PROBLEMS

학지사

머리말

　현대사회는 급속한 사회변화와 다양한 영역에서의 사회변화로 말미암아 사회
문제 예측과 대안 모색에 있어서 매우 어려운 상황에 직면하고 있다. 사회문제는
유사 이래로 사회변화에 따라 늘 인간사회와 함께 존재해 왔다. 수많은 생명체와
경쟁하는 가운데 인류사회는 집단을 이루어 대응하기 시작하였다. 개인의 생명을
유지하는 문제로부터 공동체를 보호하는 문제에 이르기까지 사회 규모가 확장되
면서 다양한 해결책을 모색해 왔다. 국가가 성립되고 사회제도로서 문제를 해결
하기 시작했으나 사회제도는 사후약방문식으로 대처하는 시기가 많았다고 할 수
있다. 인간의 지식과 기술이 확장되면서 사회문제를 객관적으로 예방하고 해결하
려는 노력이 있었다. 그러나 인류사회가 추구해 온 사회문제 해결방안에 있어서
미래지향적이고 과학적인 이론과 실천의 체계화는 미흡한 실정이었다. 오늘날 사
회문제의 해결방안은 특수한 문제를 지닌 사회적 약자는 물론, 일반 국민의 문제
를 충족할 수 있는 새로운 대응책과 더불어 가정, 지역사회, 사회, 국가 등의 환경
개선 방안을 모색할 필요가 있다.
　최근에 '사회문제론'은 대부분의 대학교에서 필독서로 지정하거나 인정하는 중
요 과목으로 인식되고 있다. 특히 현존 사회문제의 해결방안이나 정책은 국민생
활에 필수적인 요소이며, 사회복지서비스는 중요한 중앙정부 및 지방정부에 있어
서 중요한 책무로 정착되고 있다. 따라서 사회복지 분야에서 '사회문제론'이 중요
한 교과목으로 자리매김한다는 사실은 매우 고무적이라 할 수 있다. 이 책의 내용
은 독자들이 사회문제를 포괄적이고 체계적이며 쉽게 이해할 수 있도록 구성하는
데 역점을 두었고, 그동안 저자들이 학술활동과 사회복지실천현장과의 상호작용

경험을 바탕으로 급변하는 사회문제를 정확하게 직시하면서 준비한 연구자료를 바탕으로 구성하였다. 이 책은 사회문제를 이론별, 분야별, 문제별로 구분하여 종합적으로 정리하였으며, 사회복지전공자는 물론 부전공자, 일반대학생이나 사회복지실무자들이 사회문제에 대한 개괄적인 안목을 구축하는 데 도움을 주기 위한 목적으로 구성하였다.

이 책은 전체를 '사회문제 총론' '사회불평등문제' '사회일탈문제' '사회제도문제'의 총 4부로 분류하였다.

제1부 '사회문제 총론'에서는 사회문제의 개념, 접근방법 등을 고찰하며, 사회문제에 대한 안목을 제공하기 위한 기본 내용을 중심으로 접근하고 있다. 따라서 제1장 사회문제의 개념(박용순), 제2장 사회문제의 접근방법(박용순)으로 구성하였다.

제2부 '사회불평등문제'에서는 사회문제를 분야별로 구분하여 아동, 노인, 장애인, 소수자가 불합리하게 직면하고 있는 불평등문제를 중심으로 접근하고 있다. 따라서 제3장 아동문제(임원선), 제4장 노인문제(이선영), 제5장 장애인문제(임종호), 제6장 소수자문제(임종호)로 구성하였다.

제3부 '사회일탈문제'에서는 사회문제 중에서 미시적으로 나타나고 있는 범죄, 비행, 약물, 정신질환 등의 일탈문제를 중심으로 접근하고 있다. 따라서 제7장 범죄 및 비행문제(임종호), 제8장 정신건강문제(임원선)로 구성하였다.

제4부 '사회제도문제'에서는 사회문제 중에서 거시적으로 나타나고 있는 가족, 빈곤, 노동, 환경 등의 제도문제를 중심으로 접근하고 있다. 따라서 제9장 가족문제(임원선), 제10장 빈곤문제(박용순), 제11장 노동문제(이선영), 제12장 환경문제(이선영)로 구성하였다.

저자들이 독자에게 사회문제에 관한 쉽고 체계적인 이해증진을 위한 교재로서 『사회문제론』을 집필하기 위해 나름대로 노력하였음에도 불구하고 지적 역량의 한계와 시간의 제약으로 미흡한 부분이 있음을 인정하지 않을 수 없다. 독자 제현들의 비판적 충고와 넓은 학문적 가르침을 진심으로 기대한다. 이 책을 출판하기까지 함께 저술에 참여한 사회복지학자들이 서로 존중하고 배려하며, 신뢰하는 가운데 후학들에게 사회문제의 길라잡이가 될 수 있는 결과물을 출간하게 된 것에 대해 감사의 마음을 전한다. 그리고 이 책의 출판을 적극적으로 맡아 주신 학지사 김진환 사장님, 출판이 되기까지 많은 협조와 수고를 아끼지 않으신 편집부 김서영 대리님에게 깊은 감사의 마음을 전한다. 특히 각 대학의 사회복지학 교수로서 학문에 정진할 수 있도록 격려하고 지지해 주신 저자들의 가족에게도 고마운 마음을 전하고 싶다.

2025년 2월
도봉산 자락의 연구실에서
저자 대표 임원선

차례

제2부
사회불평등문제

제3부
사회일탈문제

제4부
사회제도문제

제1부

사회문제 총론

SOCIAL PROBLEMS···

제1장

사회문제의 개념

　사회문제(social problem)는 급격한 사회변화 속에서 매우 복잡하고 다양하게 진전되어 왔다. 이는 근본적으로 사회변화와 더불어 정치적 · 사회적 · 경제적 · 제도적인 상황에 따라 발생하였으므로 역동적인 차원에서 접근할 필요가 있다. 현존 사회문제는 우리의 생활과 밀접하게 관련되어 있지만, 그 사회의 특성과 시대의 흐름에 따라 변화하기 때문에 한마디로 규정하기는 쉽지 않다. 특히 사회문제의 본질은 무엇인가라는 질문에 대한 답은 그렇게 간단하지 않다. 이에 사회문제가 무엇이며, 어떻게 규정되어 있고, 어떤 방법으로 해결해야 하는지에 대해서는 학자마다 다양한 견해를 제시하고 있다. 따라서 이 장에서는, 첫째, 사회문제의 정의, 둘째, 사회문제의 동향, 셋째, 사회문제의 특성, 넷째, 사회문제의 유형, 다섯째, 현대사회와 사회문제를 중심으로 살펴보고자 한다.

1. 사회문제의 정의

1) 일반적 정의

사회문제는 일반적으로 사회적 다수의 사람이 특수한 상황에서 불안을 느끼거나 어려운 상태라고 할 수 있다. 사회문제의 의미는 '사회적(social)'이라는 용어와 '문제(problem)'라는 용어가 합성된 말이다. 즉, '사회적'이란 사회의 다수에게 영향을 미치는 범위를 의미하고, '문제'란 사회현상이 부정적이고 바람직하지 못한 일정 기준이 되는 것을 의미한다. 따라서 사회문제의 정의는 사회의 가치, 규범, 윤리 등에 비추어 사회적 다수가 바람직하지 않다고 판단하거나, 이들의 삶에 부정적 영향을 미치므로 시정이 요구되는 사회현상이라고 할 수 있다(김종일, 2005).

사회문제는 사회변화에 따른 정치적, 경제적, 사회적, 문화적 등 제도적인 모순에 따라 발생하고 있다. 이와 같은 제도적 모순은 자본주의 경제가 고도로 발전하면서 나타난 도시화와 핵가족화 등에 연유하고 있으며, 특히 지역사회와 혈연적인 차원의 상호부조가 약화되고 있는 데 있다. 주요 학자를 중심으로 사회문제에 대한 일반적 정의를 살펴보면 다음과 같다.

- 머튼과 니스벳(Merton & Nisbet, 1971): 사회문제를 사회질서의 많은 부분이 일반적으로 받아들이고 있는 하나 또는 그 이상의 규범을 위배하고 있다고 간주하는 행동양식으로 정의한다.
- 페리와 페리(Perry & Perry, 1976): 사회문제를 사회의 대다수 사람이 가치와 윤리기준에 따라 사회질서를 위협한다고 판단한 사회적 행동으로서, 그 개선이 가능하다고 생각되는 사회현상을 의미한다고 정의한다.
- 에치오니(Etzioni, 1976): 사회문제를 사회적으로 형성되고 사람들이 일반적으로 문제로 인식하며, 사회가 그 상태의 개선을 바라는 사회적 상태로 정의한다.
- 셰퍼드와 보스(Shepard & Voss, 1978): 사회문제를 한 사회의 영향력 있는 다수의 사람이 바람직하지 못한 것이라 생각하고, 그러한 상태가 변화되기를 요구하는 사회적 상황으로 정의한다.
- 와인버그(Weinberg, 1970): 사회문제를 사회구성원이 바람직하지 못하다고 인식하는 행동양식으로서 이에 대한 불만이나 관심을 회합, 시위, 항의 등으로 표출하며, 그들의 의도된 조치가 효과를 거두지 못한 상태로 정의한다.

- 로어(Lauer, 1992): 사회문제를 어떤 조건이나 행동유형이 모순되고 바람직한
삶의 질과 양립할 수 없으며, 사회생활의 여러 수준에서 작용하는 요소들에
의해 야기되거나 촉진되고 집단갈등의 해결을 위해 사회행동이 필요한 것이
라고 정의한다(최일섭, 최성재, 1995에서 재인용).

따라서 사회문제는 여러 학자의 주장을 공통으로 수용하면서 인간의 욕구불충
족문제로 인하여 발생하는 것이며, 사회구성원들의 삶에 부정적인 영향을 미치는
여건이나 조건의 상태를 의미한다. 이에 국가와 사회가 당면한 사회문제를 해결
하기 위해서 특정한 사회적 노력이 필요한 것으로 규정한다.

2) 사회적 정의

사회문제는 급속한 사회구조의 변화를 통해 문제가 유발되고 있으며 이를 결정
하는 모든 상황으로 인식된다. 즉, 사회문제는 대다수의 사람이 집단행동을 통해
문제 상황을 해결하고 시정해야 한다는 데 동의하지 않으면 안 된다. 사회문제로
인식되려면 주관적 요소가 객관적 요소로 바뀌어야 한다는 신념이 필요하다. 이
러한 신념을 갖게 하는 과정은 복합적인 것으로서, 사회적 가치의 진전에 영향을
미치는 개별적이며 역사적인 힘을 내포한다. 따라서 사회문제라고 정의할 때는
첫째, 많은 사람에게 영향을 주고, 둘째, 사회현상에 바람직하지 못한 영향을 미
치며, 셋째, 이러한 문제에 대하여 어떤 행동을 요구하고, 넷째, 집단적 사회행동
에 따른 사회개입이 존재한다는 의미를 포함한다(Horton & Leslie, 1995, p. 4).

특정 국가의 사회문제는 사회적, 문화적, 역사적 배경과 국민의 가치관 등 다양
한 요인에 따라 차이가 있음을 강조한다. 사회문제는 국가마다 적용되는 기준이
다르기 때문에 객관적으로 정의하기에는 여러 가지 어려움이 있다. 사회의 특정
한 현상을 사회문제로 규정하는 것은 그 사회가 지닌 어떤 기준에 도달하지 못한
다는 것을 말한다. 사회문제의 인식은 다양한 사회가치의 영향을 받으며, 사회문
제를 규정하는 기준도 항상 변화하고 있다.

　이상에서 살펴보았듯이 사회문제를 규정할 때는 사회적으로 다양성과 상대성에 입각하여 접근할 필요가 있다. 사회문제에서 어떤 사회현상을 바람직하지 않다고 판단하는 기준은 그 사회의 가치이며 규범이다. 이러한 가치와 규범은 불변하는 것이 아니라 시간과 공간에 따라 변화한다. 이에 사회문제는 본질적으로 상대성이 있음을 알 수 있다. 예를 들면, 유럽 지역에서는 음주문화가 개방되어 있는 반면, 중동 지역에서는 음주문화가 금기시되어 있다. 최근 우리나라는 가정폭력을 사회문제로 간주하고 있지만, 기존 전통사회에서는 이를 개별적인 가정문제로 대수롭지 않게 여겨 왔다. 이처럼 사회문제를 정의하기 위해서는 일정한 사회적 기준이 존재해야 하는데, 그 기준은 보편적으로 충분히 합의된 것이어야 한다. 그러나 사회적 기준의 합의가 말처럼 쉽지 않은데, 그것은 국가적 또는 지역적인 특성에 따라 사회문제의 인식 여부가 다르기 때문이다.

　따라서 사회적 맥락에서 사회문제를 어떻게 정의해야 하는지, 어떤 유형의 행동과 상황이 사회문제의 영역 속에 포함되어야 하는지에 대해서는 학자 간에 서로 의견을 달리하고 있다. 그리고 학자들 역시 자신의 가치 판단에서 자유로울 수 없으며, 개인적인 성향과 정치적인 상황의 영향을 받지 않은 가치중립적인 판단에는 사실 한계가 있다. 기존 조사연구에 따르면, 가치는 문제 제기에서 해결책의 제시에 이르기까지 모두 영향을 미친다(김영화, 이옥희, 2003). 그러므로 동일한 사회현상이라 하더라도 각국의 사정과 사회적 상황에 따라 사회문제의 여부는 달라질 수 있다.

2. 사회문제의 동향

1) 사회변동과 사회구조

　사회변동(social change)은 일정한 시간 간격을 두고 사회조직의 유형에 일어나는 중요한 변화를 의미한다. 이는 사회적 문화체계, 규범체계, 가치관, 행동유형

등을 포함해서 문화적 조직에 초점을 둔다(김경동, 1979). 사회변동은 대규모적 상황과 소규모적 상황, 그리고 단기적인 것과 장기적인 것 등으로 구별한다. 일반적으로 사회변동이 미치는 범위가 좁은 것보다는 넓은 것이 중요하고, 단기적 변동보다는 장기적 변동의 경우가 더 높은 중요성을 가지고 있다고 볼 수 있다. 대부분 사회변동은 상호행위의 형태 변화에 초점을 맞추어 사회구조의 변동에 주목하는 것이 일반적이다.

사회변동을 사회구조의 변동이라고 생각할 때, 사회구조는 역할배치와 역할에 따른 인원 및 사회적 자원배분 규칙에 따라 정의된다. 그리고 역할형성으로서 역할배치에 변동이 초래된다고 할 때 두 가지를 고려할 수 있다. 하나는 기존의 역할체계 속에 새로운 역할이 추가되는 경우이며, 다른 하나는 기존의 역할 속에서 특정 역할이 변화하였을 때 생기는 변화다(신섭중, 1999). 그리고 사회변동은 사회인구의 연령구성이나 직업구성 등 인구학적 패턴의 변동에서 시작하여 가치나 세계관, 국민성 등 문화적 패턴의 변동에 이르기까지 다양성을 지닌다.

따라서 사회변동은 구조적 변동에 영향을 미치며, 특유의 사고나 행동양식으로서 문화와 가치관에도 영향을 미친다. 즉, 부분적이든 전체적이든 문화나 가치관도 어느 정도 변화시키고 있다. 한편, 사회적 문화나 가치관의 변화가 구조의 변화를 유도하는 경우도 있다. 우리나라의 경우 사회변동의 요인으로 전쟁이나 혁명, 경제공황이나 인구의 대이동 등 다양성을 지니고 있지만, 지금까지의 사회변동의 주된 요인은 근대화와 관련하여 산업화, 도시화, 핵가족화, 정보화 등의 급속한 진전이라고 할 수 있다.

2) 사회변동과 사회복지

사회변동과 사회복지를 연관하여 고찰할 때는 몇 가지를 전제할 필요가 있다. ① 사회문제가 어떻게 발생하여서 사회구조를 변화시켜 가는지 그 변동 과정을 파악하고, ② 사회문제가 어떻게 구축되어 유지되고 어떻게 변용되어 가는가 하는 일련의 동태적 과정을 파악하며, ③ 사회변동과 사회문제화 과정의 연관성을 파악하는 것이 중요하다. 이에 사회문제가 사회복지와 어떤 연관성을 지니는가 하는 것은 다음 두 가지 측면에서 제시할 수 있다(박용순, 2008).

- 특정한 사회에서 사회문제로 성격이 규정되면 국가적으로나 사회적으로 그 문제해결에 대한 공식적인 관심이 출현할 수 있는 바탕이 마련된다. 이와 같은 공식적인 관심을 가지고 구체적인 사회문제의 해결을 위한 대응책이 바로 사회복지다. 즉, 사회문제에 대한 대응책은 갑작스럽게 출현하는 것이 아니라, 사회적으로 복잡한 과정을 거치면서 하나의 공식적인 사회복지 대책이 수립되는 것이다.
- 특정한 사회에서 사회문제로 규정되고 수용되는 것은 한 사회 내의 다양한 개인문제 중에서 경합과정을 거쳐 선택된다. 사회적 경합과정에서 사회문제로 인지되고 수용된다는 것은 그 문제에 대해 사회가 해결의지가 있음을 간접적으로 암시한다. 이러한 과정은 한 사회의 경제적, 사회적 여건과 가치적, 문화적 측면을 반영하고, 동시에 한 사회 내의 역학관계 속에서 매우 복잡하고 다양한 의미를 지닌다. 그리고 개인문제가 사회문제화되는 과정은 그 문제를 해결하기 위한 공식적이고 체계적인 사회복지정책이 실현되는 가장 초기단계로 볼 수 있다.

따라서 사회변동에 수반되는 사회복지의 전개 과정을 살펴보면, ① 사회변동으로서 사회문제이고, ② 대응 방안으로서 사회정책이며, ③ 구체적 실천으로서 사회복지제도의 세 가지 차원으로 이루어진다. 즉, 사회변동-사회문제-사회복지정책의 순환관계를 유지하는 것이다. 이에 사회변동에 따른 사회복지는 그 사회의 문제인식과 가치관이 무엇인가에 우선적 관심을 두어야 한다. 그리고 오늘날 현대사회는 사회복지에 대한 국민의 권리성(right)이나 정상화(normalization) 등의 사회가치체계를 확립할 필요가 있다.

3) 사회변동과 사회문제

　사회변동에 따른 사회문제의 대응으로서 사회복지제도가 확립되려면 당면한 사회문제에 대한 다수의 사회적 동의가 전제되어야 한다. 사회문제를 인식하는 상태를 정의함으로써 사회문제화가 되는 것이며, 이것이 사회현상을 정의함으로써 사회문제에 대한 사회인식을 갖게 된다. 즉, 사회변동과 사회문제는 밀접한 상호관계를 지니며, 사회변동의 흐름에 따라 사회문제의 유형도 달라진다. 그러므로 사회문제의 범위나 정의를 정확하게 파악하려면 사회문제를 유발하는 사회변동의 원인과 유형을 파악해야 한다.

　사회문제는 사회변동에 따라 부정적인 영향력이 특정 개인에게만 한정하여 미치는 것이 아니라, 사회구성원 전체에게 미치는 보편성을 지닌 경우를 말한다. 예를 들면, 환경오염문제가 가져오는 부정적인 영향력으로 사회구성원 누구에게나 질병과 장애가 보편적으로 나타나고 있음을 의미한다. 사회문제는 개인문제와 엄격하게 구별하기 위한 지침이 되며, 사회문제의 발생에는 그 전제로 개인문제의 발생이 선행되고 있다. 그러므로 개인문제는 어느 정도 시간이 흐름에 따라 사회문제의 요건이 더욱 확연해지면서 사회문제로 확대된다. 다시 말해서, 개인적인 사건이 불특정 다수에게 장시간에 걸쳐 반복적으로 일어나면서 개인문제가 사회문제로 확대되는 것이다. 사회문제의 기본속성은 불특정 다수의 불만족스러운 상태의 지속을 의미한다. 따라서 사회변동은 사회문제의 유발에 중요한 요인이 되며, 이는 각국의 역사적 상황, 경제적 상태, 가치관, 정치형태, 사회복지수준 정도 등 다양한 기준에 따라 차이가 있다. 그러므로 사회변동에 따른 사회문제는 각 국가에 따라 다양하게 정의된다고 볼 수 있다.

3. 사회문제의 특성

　사회문제는 사회적으로 나타나는 현상이 사회규범에서 벗어나고, 많은 사람이 부정적인 영향을 받으며 사회적 개선과 행동 등이 요구되는 것을 의미한다(최일섭, 최성재, 1995, pp. 25-28). 사회문제의 특성은 보편적으로 누구든지 인정할 수 있는 객관적인 사회현상으로 규정된다. 사회문제의 객관성은 과학적인 방법에 근거하여 어떤 사회현상이 사람에게 불이익을 주는가에 대한 결정에서의 다수 의견을 말한다. 여기서 강조되는 사회문제의 특성은 그 현상 자체이며, 사회의 객관적이고 보편적인 가치나 윤리를 수용하는 경향이 있다. 사회문제의 객관성에 대한 접근방식은 인간생활에 해를 입히는 사회현상을 해결하는 데 구체적인 도움이 된다.

사회문제의 기본특성은 문제해결의 주체와 직접적이고 간접적인 영향의 대상으로서 특정 개인이 아닌 불특정 다수인 사회구성원에 두고, 그 사회문제를 방치할 경우 궁극적으로 사회 자체의 붕괴까지 초래할 수도 있다고 본다. 즉, 사회문제의 출발은 개인문제에 두되, 이러한 개인문제에 불특정 다수성과 사회적 중요성이 결합함으로써 사회문제가 등장한다고 보는 것이다. 따라서 사회문제가 성립되기 위한 특성을 몇 가지 제시하면 다음과 같다(표갑수, 2006 참조).

- **사회문제는 일상적 사회규범에서 이탈한 상태다.** 사회구성원은 사회활동을 통해서 사회현상이 법률 규정을 위배하고 있는지에 대해 쉽게 판단할 수 없는 경우가 많다. 예를 들어, 한 가정의 자녀가 경제적인 능력이 없어 노부모를 부양하지 못한다고 해서 전통적인 효자상의 가치관을 위배한다고 볼 수는 없다. 따라서 어떤 사회현상이 사회가치를 위배하는지에 대한 여부는 그것이 개인적인 문제인가 또는 사회적인 문제인가를 판단하는 기준이 될 수 있다.
- **사회문제는 사회적으로 부정적인 영향을 미친다.** 사회구성원은 사회현상에서 나타나는 사회문제 때문에 직접 피해를 보고 고통을 받는 경우가 있으며, 본인 스스로가 다른 사람에게 다양한 경로를 통해 직간접적으로 부정적인 피해를 주는 경우가 있다. 예를 들어, 조류독감에 걸려서 다른 가금류에 치명적인 피해를 주고 사람에게도 부정적인 영향을 줄 수 있는 경우다. 이와 같이 사회적으로 많은 사람에게 바람직하지 못한 영향을 미치는 것이 사회문제의 특징이라 할 수 있다.

- 사회문제는 사회적으로 확산되고 파급된다. 사회문제가 개인문제와 구별되는 두 가지의 특징은 사회성(sociality)과 보편성(universality)이다. 여기서 사회성은 개인의 욕구충족이 어려운 상태가 특정 문제에 직면한 개인의 책임보다는 사회제도나 구조의 결함으로 야기되는 경우로서 문제 발생의 사회적 맥락을 의미한다. 예를 들어, 메르스(중동호흡기증후군) 문제는 사회적 맥락을 가진 급성호흡기감염병 문제로서 널리 확산되고 누구에게나 파급된다고 할 수 있다.
- 사회문제는 영향력 있는 사람이 규정한다. 한 사회의 사회문제는 다수의 사람이나 사회에 영향력을 가진 사람이 규정한다. 즉, 전체 사회의 상대적인 수에 따라 사회문제를 결정하되, 얼마나 다수의 사람이 관심을 가지고 있으며 매스컴 등에서 얼마나 빈번히 취급하고 있느냐에 따라 규정하는 것이다. 예를 들어, 현존 사회의 여성차별이 사회문제로 부각되는 것은 다수의 사람이 관심을 보임으로써 사회제도적으로 규정되고 사회문제화된다고 할 수 있다. 이에 보건복지부 장관이 특정 문제를 사회문제로 규정하면 법률적으로 인정된다는 것이다.
- 사회문제는 집단적 사회행동이 요구된다. 어떤 문제가 사회문제로 규정된다면 사회적 또는 집단적 차원에서 접근하게 된다. 사회문제는 다수의 구성원에게 부정적인 영향을 미치고 사회적으로 악영향을 미치기 때문에 개인적 차원의 문제해결은 불가능하다. 따라서 사회적인 문제로 인식되면 국가차원에서도 해결방안을 모색해야 한다. 예를 들어, 환경파괴는 심각한 사회문제로서 모든 국민이 관심을 가지고 환경파괴에 대한 집단적 반대운동을 전개함으로써 해결이 가능하다고 할 수 있다.

이상에서 사회현상에 나타나고 있는 사회문제를 규정하기 위해서는 문제발생의 원인과 특성이 사회적이어야 한다. 즉, 자연적이고 재해적인 폭풍이나 지진 등의 문제가 아니라, 사회적으로 확산되고 있는 문제를 말한다. 그리고 사회문제는 한 사회의 지배적인 규범에 어긋나는 행동이 존재하고, 국민 대다수의 관심이 집중되면서 문제해결이나 완화를 위해 사회적 차원의 개입이 있어야 한다. 이는 사회문제에 대한 정책적 과정을 거쳐 국가개입과 사회운동으로 연결되는 문제를 말한다(최선화 외, 1999).

4. 사회문제의 유형

사회가 급속히 변화됨에 따라 사회구조가 복잡해지고 새로운 가치관과 생활방식이 달라지면서 다양한 사회문제가 나타난다. 사회문제의 유형은 학자마다 견해가 다양하며, 각자의 사회문제에 대한 정의에 따라 분명하게 구별된다. 사회문제에 대한 유형은 나름대로 독립적이고 가치중립적인 측면에서 제시되지만, 사회문제를 올바르게 인식하고 보편적인 관점에서 구분하는 것에는 한계가 있다. 따라서 여러 학자의 견해로서 사회문제의 유형을 제시해 보면 〈표 1-1〉과 같다.

표 1-1 **학자별 사회문제의 유형**

분류	출처	세부 내용
머튼과 니스벳의 분류	Merton & Nisbet(1971)	• 사회해체문제: 인구문제, 인종문제, 가족문제, 노동문제, 빈곤문제, 도시문제, 해체문제, 갈등문제, 폭력문제 등 • 일탈행위문제: 정신장애문제, 범죄문제, 비행문제, 약물문제, 알코올문제, 자살문제, 성문제 등
슈나이더 등의 분류	Schneider et al.(2000)	• 비극적 사회문제: 정신질환문제, 자살문제, 알코올중독문제 등 • 부정의 사회문제: 인종차별문제, 빈곤층문제, 성차별문제 등 • 위협적 사회문제: 범죄문제, 인구문제, 흡연문제, 약물 중독문제 등 • 추행적 사회문제: 대량살인문제, 대량자살문제, 아동학대문제, 여성강간문제, 전쟁문제 등 • 고압적 사회문제: 낙태문제, 안락사문제 등 • 결함적 사회문제: 관료주의문제, 부도덕문제 등

아이첸과 진의 분류	Eitzen & Zinn(2000)	• 체제문제: 부와 권력문제, 사회체제문제, 부의 집중문제, 정경유착문제, 권력집중문제 등 • 인구문제: 글로벌문제, 환경문제, 노령화 문제, 도시문제, 식량문제 등 • 불평등문제: 빈곤문제, 인종문제, 성차별문제, 동성애문제 등 • 제도문제: 노동문제, 고용문제, 가족문제, 학대문제, 폭력문제, 교육문제, 보건문제, 테러문제 등 • 일탈문제: 정신문제, 범죄문제, 약물문제, 부적응문제 등
파릴로 등의 분류	Parrillo, Stimson, & Stimson(1999)	• 개인복지의 위협문제: 알코올문제, 약물남용문제, 성적문제, 범죄문제, 폭력문제, 테러문제 등 • 사회평등의 위협문제: 인종문제, 빈곤문제, 착취문제, 성차별문제 등 • 사회제도의 위협문제: 가족문제, 교육문제, 노동문제, 고용문제, 보건문제 등 • 삶의 질의 위협문제: 도시문제, 농촌문제, 인구문제, 환경문제 등
김영모의 분류	김영모(1982)	• 구조적 문제: 빈곤문제, 소득분배문제, 노동문제, 교육문제, 불평등문제 등 • 해체적 문제: 가족해체문제, 빈민지역문제, 인구문제, 환경문제 등 • 일탈적 문제: 범죄문제, 소년비행문제, 성매매문제, 자살문제, 알코올 중독문제, 정신질환문제 등

이상에서 학자의 견해를 중심으로 사회문제를 분류하여 제시하였는데, 외국과 한국의 학자가 제시하는 범주의 경우도 어느 정도 차이가 있다. 따라서 사회문제의 범주와 유형을 종합하여 간략히 제시해 보면 다음과 같다.

• **사회일탈적 문제**: 탈선문제, 범죄문제, 부적응문제, 약물남용문제, 학교폭력문제, 성폭력문제, 성매매문제, 정신질환문제 등

- **사회구조적 문제**: 빈곤문제, 교육문제, 불평등문제, 노인문제, 노동문제, 환경 오염문제, 도시문제 등
- **사회해체적 문제**: 청소년문제(아노미), 가족문제(핵가족), 보건문제, 고용문제, 소득분배문제, IMF문제 등

5. 현대사회와 사회문제

1) 도시화의 전환

도시화의 전환은 인구학적으로 파악한다면 농촌에서 도시로의 인구이동을 의미한다. 도시적 생활양식의 구체적인 성격은 사회적으로 제1차 접촉에서 제2차 접촉으로의 교체, 친족 간 유대의 약화, 가족의 사회적 연대의 감소, 기존 전통적 기반의 붕괴 등을 의미한다. 여러 학자는 전통적으로 가족이 담당하였던 산업, 교육, 오락의 기능을 행정 중심의 전문적 제도가 대체되면서, 가족 중심의 다기능 집단이나 근린집단은 쇠퇴되고 단일적 집단이 생성된다고 지적한다(Joseph, 1980).

도시화는 인구의 이동을 통한 인구집중을 초래하면서, 도시지역의 공동체를 형성하고 각종 사회문제를 일으켜 그 해결책을 요구한다. 특히 도시지역이 가지는 특성으로 지적할 수 있는 것은 이익집단적인 것이다. 도시지역에서 인간관계의 소외와 고독의 문제, 익명성의 문제 등은 전통적인 상호부조를 약화하고 서로의 관계를 경제적 이익에 입각하여 수립하게 한다. 예를 들면, 인간관계는 기존의 전통사회가 가졌던 정의적 관계를 상실하고, 한정된 지역에 이질적인 사람이 함께 거주함으로써 발생하는 각종 사회문제다. 즉, 소득, 보건, 위생, 불량주택, 청소년, 노인 문제 등을 빈번하게 초래하는 원천이 되기도 한다.

따라서 도시화의 전환은 비공식적(informal)인 사회통제에서 공식적(formal)인 사회통제로 이행한다는 것을 의미한다. 도시화는 집단특성에 따른 사회통제가 수

반되며, 다양한 사회문제를 유발한다고 할 수 있다. 특히 도시빈민문제는 농촌빈곤자가 일자리를 구하기 위해 도시로 몰려들어 발생하는 대표적인 문제로서 이에 대한 사회복지적인 접근이 요청된다.

2) 핵가족화의 확대

핵가족화의 확대는 이전에 가족이 수행해 온 가족기능에 대한 새로운 변화를 초래한다. 즉, 가족규모의 축소는 다양한 능력을 갖는 활동주체를 가족 내부에서 배출해 가는 것을 의미하며, 그 활동주체의 능력상실은 가족기능의 약화와 위기대응 능력의 저하 등으로 이어지고 있다. 이와 같이 가족이 상실한 기능은 외부의 기관이 가족을 대신하여 유상 혹은 무상으로 인수하게 되며, 이러한 의미에서 가족기능의 외부화라는 의미를 부여한다.

핵가족화는 가족의 변동으로서 그 형태상의 변화만으로 파악되는 것은 아니다. 그 외에도 권위구조, 역할구조, 가족주기, 정서구조, 가족기능, 가족의식, 생활구조 등 가족의 구조변동을 파악하는 다양한 측면이 있다(十時嚴周, 1992). 이에 핵가족화의 원인으로 사회구조 전체의 근대화와 산업화를 들 수 있다. 특히 핵가족이 증가하는 주요 요인은 자본주의 경제가 발달하여 증가된 고용노동자가 도시에 집중해 있다는 점이다. 또한 현대적인 의미의 결혼관과 가족관이 보급되고 있는 점 등을 그 요인으로 지적할 수 있다.

핵가족화 현상은 사회복지의 대응을 근본적으로 요구하고 있다. 즉, 전통적인 가족은 확대가족을 통해 가족 간의 어려움을 해소해 주는 가족기능을 수행해 왔다. 이와 같은 확대가족이 도시화에 따라 핵가족으로 변화되면서 새로운 사회문제가 부차적으로 발생하였다. 예를 들면, 맞벌이 부부의 확대에 따른 보육문제와 노인부양문제가 대표적인 사회문제로 부각되기 시작하였다. 그리고 핵가족의 특징으로서 출산율의 저하, 수명의 연장에 따른 가족규모의 축소, 자녀독립 후의 중·고령기 부부만의 생활기간 연장, 가족의 생활보장 기능의 실질적 평등화, 맞벌이에 따른 부부의 역할교체 등을 들 수 있다.

따라서 핵가족화로 인한 가족 내 부부관계의 실질적 평등화, 가족해체의 진전, 이혼과 재혼 등이 증가하는 추세다. 특히 가족 내에서 아동보호와 노인부양이 어려워짐에 따라 가족기능을 대체할 새로운 제도적 장치가 요구되고 있으며, 사회복지의 대책으로서 보육사업과 노인복지사업 등이 요청되고 있다.

3) 산업화의 산물

산업화의 산물은 근대국가에서 사회적 흐름의 대표적인 사회문제 중 하나다. 한 사회의 사회제도는 그 사회의 시대적 상황과 문화적·경제적 조건에 따라 규정되는 역사적 성격을 반영한다. 그러므로 사회문제에 대한 사회복지의 이해는 정치적·사상적 관점에서 전제되어야 한다. 특히 서구 사회에서는 시민혁명과 같은 커다란 정치변동을 겪으면서 사회문제를 인식하게 되었다. 이에 사회복지제도는 산업화의 진전에 따른 모든 사회적 과정에서 자본주의 사회의 다양한 사회문제에 대한 사회정책의 대응으로 규정할 수 있다(十時嚴周, 1992).

산업화의 진전은 가족이 보유해 온 경제적 기능 중에서 생산기능을 분리하였고, 이에 따라 가정과 직장의 분리가 이루어졌다. 이러한 가족의 외부화된 기능은 경제적 기능과 생산적 기능에 그치지 않고 있다. 즉, 영유아보육, 자녀교육, 신체장애인의 보호, 노인부양 등 이전에는 가족 내부에서 가족의 직접 접촉을 통해 행해졌던 기능이 각각 전문적인 서비스 기관에 의뢰되는 경향이 강해지고 있다는 것이다. 그리고 종교적 기능은 물론 오락이나 교제 기능의 일부도 외부화되고 있다.

산업사회로 이행됨에 따라 산업현장에 종사하는 노동자 수가 증가하고, 산업화에서 초래되는 각종 사회문제가 확대되고 있다. 미슈라(R. Mishra)는 국가의 사회복지적 개입은 산업화의 진전에 따른 결과라고 주장하였다. 산업화의 진전에 따라 노동자가 점차 늘어났는데, 이들은 실업, 질병, 산업재해 등의 위험에 노출되고 있다. 또한 퇴직 후 소득보장의 문제라든지, 도시화에 따른 도시환경과 토지이용에 대한 국가의 통제를 요구하고 있다. 동시에 산업화에 따른 기술인력, 대중시민의 교육문제 등 다양한 사회문제의 요인 때문에 국가는 사회복지의 많은 부문에 개입해야 한다고 강조하였다(현외성, 1992).

월렌스키와 르보(Wilensky & Lebeaux, 1965)는 산업화가 진행됨에 따라 사회복지가 요청되었다는 사실을 미국의 사례에서 제시하였다. 산업화의 영향은 사회변화를 초래하여 다양한 인간관계, 사회구성원 간의 분화와 계층화, 그리고 사회연대성과 통합 및 체제의 존속에 엄청난 파급효과를 가져왔다. 그 결과로 전통적인 상호부조의 양식이 새롭게 변화되어 왔다고 설명한다. 이러한 변화의 근본 요인은 과학기술의 발전에 있으며, 과학기술의 발전은 그 사회가 지닌 다양한 조건을 변화시킨다고 강조하였다. 따라서 과학기술을 기본 바탕으로 하는 산업화의 진전은 사회복지적인 양식에도 많은 영향을 끼치면서 전통적인 '잔여적 사회복지' 형태에서 점차 '제도적 사회복지' 형태로의 변화되고 있다.

4) 자본주의 체제

자본주의의 체제는 기존의 봉건적 체제와는 전면적으로 다른 사회경제적 체제로 변화되어 오면서 인간의 새로운 욕구창출과 사회문제를 야기해 왔다. 사회적 약자를 원조하기 위한 공적부조와 사회복지서비스는 궁극적으로 자본주의 경제의 발달에 따른 산물로 볼 수 있다. 이러한 흐름 속에서 자본주의 경제체제는 본질적으로 사회복지를 요구하게 되었고, 자본주의 경제체제가 시작됨과 동시에 근대적인 사회복지가 출현하기 시작하였다. 자본주의 경제체제는 경제원리의 근간으로서 영리주의, 자유경쟁, 사유재산 등에 바탕을 두고 있다.

자본주의의 경제원리를 바탕으로 모든 국민은 평등하고 자유롭게 경제활동에 참여한다. 그러나 현실적으로는 생산수단을 소유한 자본가와 소유하지 못한 노동자로 구분할 수 있는데, 이러한 자본가와 노동자의 관계는 이상적이고 평등한 관계가 아닌 불평등한 관계로 이루어지고 있다. 즉, 자본주의 경제체제의 발달에 따라 점차 노동자는 상대적 약자로 전락하고 빈곤화의 길로 접어들게 된다. 결국 이윤을 극대화하려는 자본의 속성에 따른 노동력의 약화와 그 가족생활의 궁핍화를 초래한다는 논리다.

자본주의 경제체제는 노동력을 갖지 못한 사회적 약자에 대한 사회복지 대책을 출현하게 하였다. 사회적 약자를 대상으로 하는 사회복지는 일차적으로 노동력을 가진 노동자와 노동력을 아직 갖추지 못한 노동자로 그 대상을 분류하고 있다. 그러나 자본주의 시장경제의 교환관계에 참여할 때 노동력이 부분적으로 결여되거나 완전한 노동력을 갖추지 못한 사회적 집단을 보호하는 것은 자본주의의 원리에 맞지 않다. 그렇다면 자본주의 시장경제원리에 참여하지 못한 자는 방치하여 스스로 삶을 포기하도록 해야 하는가, 그렇지 않으면 국가나 사회가 사회적 약자의 복지증진을 위한 사회복지 대책을 강구해야 하는가의 문제가 발생한다.

따라서 자본주의 체제에서는 국가가 노동자와 그 가족을 보호하려는 사회복지 입법을 통하여 자본가와 노동자의 관계에 개입할 필요가 있다. 이러한 노동법을 위시한 사회복지법 및 사회보장법이 확대되면서 중요한 사회복지의 기반이 확립된다. 이에 국가는 사회적 약자에 대한 보호에 대해 다음과 같이 두 가지 측면에서 접근해야 한다. 첫째는 사회복지가 생존권이란 측면에서 국가가 사회복지대상자에게 일방적으로 서비스를 제공해야 한다. 둘째는 사회복지가 전체 사회의 질서유지와 사회통제적인 목적에서 서비스를 제공해야 한다. 특히 국가는 사회복지의 한 형태로서 사회복지대상자에게 공공부조를 통한 지속적인 서비스와 경제적 자립을 유도하는 생산적 복지에 역점을 두고 정책을 추진할 필요가 있다.

생각해 볼 문제

1. 사회문제의 일반적 정의와 사회적 정의를 구분하여 설명해 보자.
2. 사회문제가 성립되기 위한 특징 다섯 가지를 제시해 보자.
3. 사회문제의 동향 세 가지를 간략히 설명해 보자.
4. 사회문제의 범주와 유형을 종합하여 설명해 보자.
5. 현대사회와 관련된 사회문제 세 가지를 설명해 보자.

🌱 참고문헌

김경동(1979). 발전의 사회학. 문학과지성사.

김영모(1982). 현대사회문제론. 한국복지정책연구소 출판부.

김영화, 이옥희(2003). 복지와 이데올로기. 한울출판사.

김종일(2005). 사회문제론. 청목출판사.

박용순(2008). 사회복지개론(3판). 학지사.

신섭중(1999). 한국사회복지정책론. 대학출판사.

최선화, 박관준, 황성철, 안홍순, 홍봉선(1999). 사회문제와 사회복지. 양서원.

최일섭, 최성재(1995). 사회문제와 사회복지. 나남출판사.

표갑수(2006). 사회문제와 사회복지. 나남출판사.

현외성(1992). 비교사회정책연구. 성은출판사.

十時嚴周(1992). 現代 の 社會變動. 慶應通信株式會社.

Eitzen, D. S., & Zinn, M. B. (2000). *Social problems* (8th ed.). Allyn and Bacon.

Etzioni, A. (1976). *Social problems*. Prentice-Hall.

Horton, P. B., & Leslie, G. R. (1995). *The sociology of social problems*. Appleton-Century-Crofts.

Joseph, J. (1980). *Social problems*. Prentice-Hall International.

Merton, R. K., & Nisbet, R. (Eds.). (1971). *Contemporary social problems* (3rd ed.). Harcourt Brace Jovanovich.

Parrillo, V. N., Stimson, J., & Stimson, A. (1999). *Contemporary social problems* (4th ed.). Allyn and Bacon.

Perry, J., & Perry, E., (1976). *Face to face: The individual and social problems*. Educational Associates.

Schneider, R., Kropf, N., & Kisor, A. (2000). *Human response to social problem*. The Dorsey Press.

Shepard, T. M., & Voss, H. L. (1978). *Social problems*. Macmillan.

Sullivan, T. (1980). *Social problems: Divergent perspectives*. John Wiley & Sons.

Weinberg, S. (1970). *Social problems in modern urban society*. Prentice-Hall.

Wilensky, H., & Lebeaux, C. (1965). *Industrial society and social welfare*. Free Press.

제**2**장

사회문제의 접근방법

사회문제는 한 국가의 특수한 여건 속에 주어진 사회적·경제적·문화적 차원에서 이해하고 접근할 필요가 있다. 현존 사회문제는 어떻게 접근하느냐에 따라 문제를 바라보는 시각과 인식이 달라지고 그 해결방법도 달라진다. 즉, 사회문제의 접근방법은 일반적으로 개인적 문제와 사회제도적 문제, 사회현상적 문제 등의 차원에서 접근이 가능하다. 특히 우리 사회에 나타나고 있는 사회문제는 매우 복잡하고 다양하기 때문에 거시적(macro) 문제와 미시적(micro) 문제의 관점에서 바라보고 여러 가지 체계적인 접근이 요구되고 있다. 따라서 이 장에서는, 첫째, 사회문제의 기본원리, 둘째, 사회문제의 이론적 관점, 셋째, 사회문제의 체계적 접근, 넷째, 사회문제의 이념적 접근, 다섯째, 사회문제의 접근방법을 중심으로 살펴보고자 한다.

1. 사회문제의 기본원리

1) 사회문제의 관점

사회문제의 기본원리는 문제의 근원을 규명하고 그 해결방안을 모색하는 과정으로서, 사회문제에 접근하여 이것을 분류하고 취급하는 것을 의미한다. 사회문제에 어떻게 접근해야 하는가는 매우 중요한 문제다. 즉, 사회문제를 어떻게 규정하느냐에 따라 사회문제의 범위와 개념이 달라지고 사회문제에 접근하는 방식에 따라 사회문제의 해결책도 달라진다. 일반적으로 사회문제에 대한 접근방법은 사회제도적인 측면보다 개인적인 측면에 강조점을 두는 경향이 있다. 이러한 관점은 정치적인 요인과도 밀접한 관계를 가진다. 다시 말해서, 국가가 사회문제를 해결하려는 노력이 부족하면 사회문제의 원인을 개인에게 두는 경향이 높다는 것이다.

여기서 사회문제의 관점은 어떤 현상을 그대로 보는 시각을 말하는데, 시간과 공간에 따라 사회현상이 변화하듯이 관점도 상대적으로 변화한다. 이러한 관점은 사회문제를 이해하는 데 유익함을 주며, 특히 사회현상과 사물을 조명하고 정확하게 파악하는 데 필수적으로 활용된다. 사회문제의 원인을 분석하는 데는 '개인적 결함에 원인을 두는 접근(person-blame approach)'과 '사회제도의 결함에 원인을 두는 접근(system-blame approach)'의 두 가지 접근방법이 있다(Mills, 1977, pp. 14-17).

2) 사회문제의 가치이념

(1) 자유와 평등성

자유와 평등(liberty and equality)은 인간을 움직이게 하는 기본 동인의 가치이념이라 할 수 있다. 자유는 개인과 개인은 물론 외부의 제약을 받지 않는 것을 의미하며, 평등은 개인의 확립에 입각하여 개인 간의 비교 가능성을 전제로 한다. 이 양자는 모두 개인주의의 맥락에서 정의할 수 있으며, 그 틀 속에서 자유는 개별적 계기로 표현되고 평등은 집단적 계기로 표현된다. 따라서 이와 같은 개별적 계기의 표현인 자유나 집단적 계기의 표현인 평등을 어떻게 양립할 것인가가 사회문제의 가치선택에서 의미 있는 과제가 된다. 즉, 자유와 평등을 그 주된 본질로 하는 민주주의의 가치이념 또한 사회문제의 접근에서 강조하는 중요한 가치가 된다.

(2) 사회공정성

사회공정성(social equity)은 분배의 원리로 시장사회에 적용되는 가치이념이라할 수 있다. 분배는 조직사회에 적용되는 정의라고 할 수 있으나, 조직사회에서는문제가 되는 분배의 올바른 기준이 있을 수 없다. 그것은 분배의 정의문제가 아니라, 조직의 목적으로 보면 어떠한 분배 기준이 바람직한 것인가의 문제다. 사회공정성의 분배원칙을 몇 가지 제시하면, 첫째는 생존, 안전, 건강 등과 같은 기본욕구의 충족을 위한 분배의 원칙이고, 둘째는 기본욕구 이상의 욕구로서 공헌도에따른 분배의 원칙이며, 셋째는 동일한 조건으로서 차별함이 없는 기회의 균등에따른 분배의 원칙이다. 이상의 분배원칙은 사회의 합의를 얻고 있으며, 어떤 의미에서는 기회의 평등이라고도 볼 수 있다. 따라서 이와 같은 사회공정성에 미치지못할 경우에 사회문제가 되는 것이다.

(3) 사회최저한

사회최저한(social minimum)은 사회적 모순과 긴장을 어떻게 내포하고 조화시킬 것인가에 대한 가치이념이라 할 수 있다. 즉, 한 사회의 국민에게 최저의 욕구를 보장하고, 사회적으로 대립되는 가치이념에 일단의 한계선을 정하는 것이다.이와 같이 최저수준을 결정하는 근거는 사회적 대립개념인 집단주의, 평등 등과밀접하게 관련되는 연대주의에 있다. 이러한 접근은 사회문제 중에서 빈곤문제등에 많이 적용된다.

2. 사회문제의 이론적 관점

1) 기능주의적 관점

기능주의적(functionalism) 관점은 사회를 상호 연관된 하위요소로 구성된 하나의 통일된 체계(system)로 본다. 사회를 구성하는 하위요소는 전체를 위한 사회항

상성(social equilibrium)과 균형(balance)의 상태를 유지하기 위하여 상호의존성을 가지고 서로 밀접하게 연결되어 있다. 예를 들어, 이들은 사회를 인간과 같은 하나의 유기체로 본다. 사람이 생존하기 위해서는 우선 손, 발, 머리, 심장, 위장 등과 같은 하위부분이 제대로 움직여야 한다. 특히 이 중에서도 필수적인 여러 기관이 그 기능을 수행하지 않으면 다른 기관도 기능할 수 없게 되며, 인간의 생존 역시 위협을 받는다. 이와 마찬가지로 사회도 사회를 위하여 필수적인 기능을 하는 부분이 있다는 것이다. 가족은 재생산과 아이의 양육 및 사회화를 위한 기능을 제공하고, 교육은 그 사회의 젊은 세대에게 한 사회의 기술과 교육 그리고 문화를 전달하는 기능을 한다. 정치는 사회구성원을 통제하는 수단을 제공하고, 경제는 재화와 서비스를 생산, 분배, 소비하는 기능을 한다. 종교는 상위 권력에 대한 존경의 표현수단과 도덕적 지침을 제공한다. 이와 같이 사회 내부의 각 단위 및 부분이 전체 사회의 생존을 유지하는 데 필요한 기능을 수행한다.

기능주의자는 사회의 상호연관성을 강조하여 각 하위체계가 서로 어떻게 영향을 미치고 어떻게 다른 체계의 영향을 받는가에 관심의 초점을 맞추고 있다. 예를 들어, 한부모 및 맞벌이가정의 증가는 학교 내 낙제생 수의 증가를 초래한다. 왜냐하면 이런 가정의 부모는 자녀의 과제를 돌보고 감독할 수 있는 시간이 상대적으로 부족하기 때문이다. 또한 기술의 변화로 대학이 더욱 기술적인 프로그램을 제공하게 되면서, 많은 성인은 직업현장에서 필요한 새로운 기술을 배우기 위해 학교로 돌아오고 있다. 일하는 여성의 증가는 사회 내 성추행 및 고용평등 정책을 형성하는 데 기여하였다.

따라서 기능주의자는 사회를 잘 짜여 있고 통합된 안정적 체계라고 본다. 그러므로 이 시각에서 볼 때 사회문제라고 하는 것은 사회의 안정과 질서를 방해하고, 원활한 기능을 위협하는 경우에 발생하게 된다. 이들의 주장에 따르면, 사회의 각 부분은 새로운 균형상태에 도달하기 위하여 신속하고 정확하게 움직여야 한다. 만약 사회체계를 구성하는 하위체계(subsystem) 중 일부가 자신의 기능을 적절히 수행하지 못하는 상황이 발생하면 새로운 균형을 이루는 작업은 잠정적으로 실패하거나 연기되는데, 이때 사회문제가 발생한다고 본다.

2) 갈등주의적 관점

갈등주의적(conflictism) 관점은 기능주의 관점과 같이 거시적 시각을 견지하고 있으나 내용 면에서는 정반대 위치에 서 있다. 기능주의는 사회가 상이한 부분의 합으로 구성되어 있다고 보지만, 갈등주의는 사회를 권력과 자원을 갖기 위하여 서로 경쟁하는 이익집단의 구성으로 파악한다.

갈등주의 시각의 기원은 마르크스(Karl Marx)의 고전적 작업으로 거슬러 올라간다. 그는 모든 사회가 경제발전의 단계를 거친다고 주장하였다. 농경사회에서 산업사회로 발전하면서, 생존의 욕구를 충족시키기 위한 관심은 자본주의 체계의 특징인 이윤창출로 전환된다. 산업화는 사람을 생산수단(예: 공장, 농장, 기업 등)을 소유하고 있는 부르주아지와 임금생활자인 노동자 혹은 프롤레타리아 두 개의 계급으로 분류한다. 생산수단을 소유한 부르주아지는 노동력만을 보유한 무산계급인 프롤레타리아를 착취한다. 마르크스는 부르주아지가 자신의 이익을 지키기 위해 부르주아 국가, 즉 부르주아지의 이익을 수호하는 것을 임무로 하는 위원회를 만들었다(Mooney et al., 2007)고 주장한다.

갈등주의는 마르크스 전통의 수용 여부와 상관없이 모든 갈등현상을 사회의 핵심 현상으로 파악한다. 갈등주의는 사회를 각자의 이익을 극대화하려는 여러 세력의 싸움터로 묘사한다. 기능주의에서도 사회구성원 사이에 치열한 경쟁이 존재한다는 사실은 인정하나, 이것은 어디까지나 선의의 경쟁이고 규칙에 의거한 경쟁이다. 그러나 갈등주의자는 이 경쟁을 희소자원의 분배를 둘러싸고 지배와 피지배를 가르는 경쟁으로 보기 때문에 힘의 논리가 작동한다고 본다. 따라서 마르크스주의자의 사회문제 해결책은 계급 없는 사회를 창출하여 사람 간의 불평등을 제거하고, 노동이 소외를 창출하지 않도록 만드는 것이다. 또한 강력한 규제를 마련하여 기업이 이윤추구보다는 사회안정성에 근거하여 의사결정을 내리고 실천하도록 만드는 데 있다.

3) 상호작용주의적 관점

상호작용주의적(interactionism) 관점은 기능주의와 갈등주의 관점 모두 사회의 광범위한 측면에 관심을 두고 있다고 본다. 이 관점은 사회의 큰 그림 아래 사회제도가 사회문제에 어떻게 영향을 주고 있는가를 제시한다. 거시이론의 지배에 대한 학문적 반발로 등장한 것이 상호작용주의적 관점이다. 이는 사회학적 분석의 또 다른 단위로서 소집단 내에서 개인의 사회심리학적 상호작용의 역동성에 관심을 갖는다. 상호작용주의가 강조하는 것은 인간의 행위가 다른 사람과 상징적으로 상호작용하는 과정에서 창조되고 지속되는 '의미와 정의'의 영향을 받는다는 것이다. 사회학자 토머스(Thomas, 1966)는 사회행동과 행동결과의 의미와 정의에 중요성을 부여하였다. 그는 인간이 객관적인 상황 그 자체보다는 상황을 어떻게 정의하는가에 더 반응한다고 강조하였다. 그래서 우리가 실제라고 정의하는 상황이 종국에는 현실이 된다고 주장하였다. 이에 상호작용주의는 우리의 정체성과 자신감이 사회적 상호작용을 통해 형성된다고 주장한다.

따라서 상호작용주의는 인간과 사회의 관계는 상호작용적이고 쌍방적이라는 것에 초점을 두고 있다. 상호작용주의자는 사회문제에 대한 해결책을 주로 개인에게서 찾는다. 즉, 개입의 대상을 사회구조보다는 개인의 현실구성으로 본다. 그 개인을 사회가 공유하는 의미세계에 동의하도록 변화시키는 것이다. 그러므로 사회화 혹은 재사회화를 실시하거나 이를 담당할 사회화 제도를 구축하는 것이 사회문제의 일차적 해결책이 된다. 다른 한편으로, 사회문제가 사회구성원의 상호작용으로 공유되고 있는 현실구성에서 발생하는 것이라면, 이를 해결하기 위한 가장 기본적인 방법은 구성원의 상호작용이 원만하게 일어날 수 있는 환경을 조성하는 것이다. 개인 간의 의사소통이 원활하고 그 흐름이 왜곡되지 않도록 사회를 민주화하는 것 등이 이에 해당한다.

3. 사회문제의 체계적 접근

1) 개인적 접근

개인적 접근(individual approach)은 사회문제의 원인을 사회제도보다 개인에게서 도출하려는 경향이 있다. 대부분의 사람은 사회의 규범과 기준에서 일탈된 행동을 사회문제로 인식한다. 그리고 기존의 사회제도를 당연한 것으로 받아들이며, 그것과 관련된 전통과 관습에 쉽게 순응한다. 이러한 관점에서 본다면 사회일탈이 사회문제의 근원이 되므로, 사람들이 왜 규범에서 이탈하는가에 관심을 갖게 되는 것이다. 일반적으로 사람은 자신이 법을 준수한다고 생각하며 사회적으로 법을 어기는 사람은 비일상적 행태, 즉 사고, 질병, 성격 결함, 부적응 등과 같은 이유로 일탈하는 것이라고 여긴다.

개인적 결함에 원인을 두는 접근은 사회문제의 당사자 스스로를 문제를 가진 존재로 인식한다. 사회문제의 원인은 '빈곤문화론(theory of poverty culture)'에 근거하고 있으며, 빈곤자는 그들에게 존재하는 빈곤문화의 양식 때문에 가난하다는 논리를 전개한다. 예를 들어, 비행아동의 경우는 부모교육이 결여되어 있고 환경여건이 열악하며, 그들의 욕구에 대한 서비스가 제공되지 못한 결과로 해석한다. 그리고 범죄자의 재범률의 경우도 공격욕구의 자제력이 결여되어 범죄의 악순환을 거듭하는 사례로 여기며 개인의 문제에 원인을 둔다.

2) 제도적 접근

제도적 접근(institutional approach)은 사회문제가 사회구조의 변화로 인해 발생한다고 본다. 즉, 도시문제는 도시화에 따른 불이익이나 도시생활의 양식이 파괴되어 발생하는 것으로 본다. 공업화와 도시화의 진전에 따라 교통문제, 인구집중에 의한 자연파괴, 혼잡성, 비효율성 등이 발생하고, 공해문제, 자원문제, 주택문제, 폐기물문제, 부양문제 등이 나타나는 것으로 본다. 사회문제는 개인적 원인이 제도적 측면에 원인을 제공하는 매우 복합적인 개념이다. 그러므로 제도적 접근방법에서는 일탈행동을 사회적 조건의 산물로도 볼 수 있다.

사회제도의 결함에 원인을 두는 접근에서는 사회문제의 당사자를 문제의 희생자로 간주한다. 사회문제의 원인은 취업기회가 부족하고 사회구조가 삶의 조건에 부적합하기 때문에 빈곤자가 가난하다는 근거를 제시한다. 예를 들어, 학교부적응 아동의 경우는 과밀학급, 학교자원의 부족, 부적합한 교과과정 등 학교제도의 모순점에 원인을 둔다. 범죄자 재범률의 경우도 미흡한 취업안내와 직업훈련, 처벌 위주의 사법제도 등에 원인을 둔다. 특히 빈곤지역의 병리적 현상은 범죄, 탈선, 문맹 등으로 일관되어 있어 사회제도적 차원에서 사회문제의 해결방안이 모색되어야 한다.

3) 통합적 접근

통합적 접근(combinative approach)은 개인적 차원과 제도적 차원에서 접근하는 것이라기보다 양자를 통합하여 접근하는 것을 말한다. 최근 사회문제의 경향은 사회환경의 요인에 초점을 맞추고 있지만, 개인적인 요인도 간과할 수 없는 상황이다. 그러므로 사회문제의 요인도 포괄적인 접근으로 도출해야만 합리적인 사회복지대책을 수립할 수 있다.

자본주의 사회는 사회구성원의 능력과 노력에 따라 사회계층이 적절히 배치된 것으로 본다. 이 논리에 따라 사회복지대상자는 능력과 노력이 부족하기 때문에 가난하다는 것을 강조한다. 그들의 운명은 타고날 때부터 결정되어 있으며, 성공한 사람도 부유하게 태어났다는 것이다. 이러한 사회다원주의자는 사회복지대상자의 복지향상을 위한 정부 프로그램에 대한 관심이 결여되어 있다.

따라서 사회문제의 접근에서 통합적 접근방법은 이상의 두 가지 접근이론의 타당성을 인정한다. 이는 사회문제가 복잡성과 다양성을 지니고 있으므로 역동적인 맥락에서 접근할 필요가 있다는 것이다. 즉, 사회문제의 원인을 파악하고 그 해결방안을 모색할 때 개인과 사회제도 중에서 어느 한쪽보다는 두 가지 접근을 병행하는 것이 바람직하다고 본다(Eitzen & Zinn, 2000).

4. 사회문제의 이념적 접근

1) 합리주의적 접근

합리주의적 접근(rationalistic approach)은 과학적이고 객관적이며, 체계적인 청사진에 따라 사회문제 상황을 바라보고 해결방안을 모색하려고 한다. 이는 가능한 한 폭넓고 거시적인 측면에서 다양한 영역의 상호연계성을 통하여 근본적인 사회문제를 도출하고자 한다. 합리주의적 접근은 사회문제의 해결에 대한 가치와 목표가 항상 사회합의에 의해 존재하는 것으로 가정한다(Coleman & Cressey, 1999). 즉, 문제해결의 가치와 목표를 세우고 무엇이 최선의 대안인가를 선택하는 것이다.

합리주의적 접근에서의 단점은 어떤 가치와 목표에 대한 사회합의가 항상 이루어진다는 그 자체가 모순으로 지적된다는 점이다. 예를 들어, 사회적 약자에 대한 자원배분의 의사결정은 대부분 정치적인 논리에서 이루어지고 합리적인 결정은 배제된다. 이러한 방식의 접근은 사회문제가 완전히 해결될 것으로 가정하지만, 사실상 시간과 자원을 낭비하고 궁극적인 문제해결은 불가능하다는 것이 지배적이다.

2) 점진주의적 접근

점진주의적 접근(incrementalistic approach)은 사회문제 상황에 대한 가치와 목표를 전면적인 사회개혁보다는 부분적인 사회개선에 둔다. 이는 사회문제 해결에 대한 인간능력의 한계를 인정하고 그 해결방안을 현실적인 관점에서 모색하고자 하는 것이다. 즉, 사회는 다양한 이해집단으로서 합당한 경쟁을 통하여 최적의 의

사결정을 도출하는 것으로 가정한다.

점진주의적 접근의 단점은 장기적인 안목이나 비전이 결여되어 있어 점진적인 변화의 결과를 예측하기가 쉽지 않다는 것이다. 점진적인 사회개선이 근본적인 사회문제를 해결할 것이라는 막연한 기대에는 한계가 있다. 즉, 사회문제에 대한 역사적 경험에서 문제해결의 접근논리 부재로 문제상황이 반복된 경우를 볼 수 있다. 이는 사회문제의 전면적인 해결을 추구하는 것보다 오히려 소모적인 결과를 초래할 수도 있다.

3) 혼합주의적 접근

혼합주의적 접근(mixed approach)은 합리주의와 점진주의를 절충한 것으로서 일관된 논리와 현실적인 수준을 감안한 방식을 채택한다. 이는 구체적인 청사진보다는 일상적인 지침에 입각하여 사회문제에 접근한다. 즉, 사회문제의 해결에서 목표는 합리주의적 모델의 방식을 적용하고 의사결정은 점진주의적 모델의 방식을 적용하는 것이다.

혼합주의적 접근은 이상의 두 가지 방법을 절충하여 장점만 채택하여 활용한다는 것 자체가 문제점으로 지적된다. 절충적 접근은 양극의 방식을 그대로 채택하는 것보다 더욱 어려운 과제가 될 수 있다. 예를 들어, 양극 사이에서 언제 절충이 이루어져야 할 것인지, 어떻게 절충해야 할 것인지 등에 대해 이해집단 간의 미묘한 쟁점이 발생할 수 있다.

5. 사회문제의 접근방법

1) 사회병리적 접근방법

사회병리적 접근방법(social pathological approach)은 사회적으로 만연된 제반 사회문제의 근거를 다양한 병리현상에 둔다. 이 접근방법은 사회문제가 정신적 결함이나 정신질환, 불충분한 교육, 불완전한 사회화 등에 의해 나타나는 것으로 보고, 비정상적이고 환경부적응적인 사람이나 상황에 초점을 둔다. 이러한 사회적 방해나 장애요인은 일종의 질병 혹은 병리상태로 취급되었다(김영화, 2002). 그러나 사회현상 속에서 발생하는 사회문제를 사회병리적 시각으로만 접근하는 데는 한계가 있다고 본다.

사회병리의 원인은 우선 사회화의 실패에 두고 있다. 즉, 사회화의 노력이 비효과적인 경우에 사회병리가 만연하고 병리현상이 확대된다. 사회병리는 초기에 개인의 문제에서 원인을 보았다면, 후기에는 가족제도의 붕괴나 종교제도, 교육제도, 경제제도, 정치제도 등의 쇠퇴 등에 두었다. 사회병리는 인체의 한 부분이 정상적인 기능을 수행하지 못할 경우 인체에 심각한 병이 발생하는 것과 마찬가지로, 사회의 한 부분이 제 기능을 발휘하지 못하면 사회가 병이 드는 경우다. 예를 들어, 범죄, 비행, 약물 중독, 알코올 중독, 정신질환 등 사회적 질병을 들 수 있다. 따라서 사회병리의 해결방법은 가정과 학교, 직장, 사회기관 등을 통해 도덕적 규범을 강화하고 사회화 교육에 역점을 두어야 한다.

2) 사회해체적 접근방법

사회해체적 접근방법(social disorganizational approach)은 사회병리적 접근에 대한 대안으로서 사회구조가 잘못되어 나타난 사회문제에 근거를 둔다. 이 접근방법은 사회에 대한 유기체적이고 진화론적 관점, 그리고 정보학과 자동장치공학의 출현에 따른 체계이론과 밀접한 관계가 있다. 사회해체는 사회 각 부분의 상호적응의 결여와 부적응 상태를 말한다. 즉, 도시화와 산업화 등의 급격한 사회변화에 의한 사회구조가 원인이 되어 국민에게 문제를 야기하는 것이다.

사회해체의 원인은 급속한 사회변동에 두고 있다. 사회변동이 발생함으로써 사회의 각 기능들은 상호 간에 부조화 현상과 불능현상이 나타나면서 사회구조가 상실되는 상황이다. 사회해체는 사회적 규칙의 영향력이 감소되어 반사회적 현상이 발달하는 것으로서, 사회체계의 한 부분이 변하게 되면 다른 부분에서 상응하지 못하는 경우다. 즉, 사회적 규칙의 영향력이 구성원들에게 약해지면 구성원의 결속력과 개인행동에 대한 규제력을 마비시켜 범죄나 비행의 문제를 야기한다.

따라서 사회해체의 해결방법은 정확한 사회적 진단을 통해 사회해체 현상을 감소시켜야 하고, 사회적 불균형상태를 균형상태로 회복시킬 필요가 있다. 그리고 사회변동의 속도를 완화하면서 사회적 규범을 강화하여 해체된 사회구조를 개선해야 한다.

3) 가치갈등적 접근방법

가치갈등적 접근방법(value conflictive approach)은 인간이 생존을 위해 주장할 수 있는 천부적인 권리로 개인의 이익과 이익 간의 충돌에 근거를 둔다. 갈등이론의 핵심은 자원의 희소성에 대한 기본가정으로서, 만약 자원이 풍부하다면 인간이 자신의 이익을 위해 어떤 행동을 하더라도 갈등이 유발되지 않는다는 것이다. 이에 따라 사회문제의 근원을 가치 혹은 이해관계의 갈등으로 보며, 상이한 집단은 이해관계가 서로 달라 대립관계에 있다고 여긴다.

가치갈등의 원인은 사회적 가치와 이해관계의 갈등에 두고 있다. 일단 대립이 갈등으로 구체화되면 사회문제가 발생한다는 것이다(김영모, 2000). 사회는 다양한 집단이 서로 상이한 이해관계 속에 살면서 상호 대립관계에 직면하고 있다. 즉, 인간은 사회적 존재로서 가치관이 서로 다르고 각자 나름대로 주관적 이해관계를 추구한다. 가치와 이해관계가 다르기 때문에 사회적으로 동의하지 못하고 갈등관계에서 문제가 발생한다는 경우다.

따라서 가치갈등의 해결방법은 충돌하는 가치와 이해관계를 합의와 타협으로 전환하는 데 있다. 가치갈등이 발생하면 상호 간에 공유하고 있는 가치관을 더 높은 가치로 승화할 수 있도록 합의의 정신에 우선해야 한다. 가치갈등의 이해충돌이 있다면 민주적 정신에서 상호 간에 협상하여 주관적 가치를 객관화할 수 있도록 노력할 필요가 있다.

4) 일탈행위적 접근방법

일탈행위적 접근(deviation behavioral approach)방법은 부적절한 사회화 과정으로서 사회문제의 근거를 개인의 탈선에 둔다. 일탈행위를 사회적 규범으로부터 이탈하거나 사회적 기대에 못 미치는 파괴로 규정한다. 사회적 규범으로부터 일탈이 발생하는 것은 자신이 원하는 것을 얻기 위해 불법적인 행위로서 규범보다는 자신의 입장을 앞세우려는 이기적인 행동에서 연유된다. 이 접근방법은 낙인론적 시각으로서 일탈자를 어떤 방식으로 규정할 것인가에 초점을 맞춘다.

일탈행위의 원인은 규칙이나 기대에 위반되는 행위에 대하여 나타나는 사회적 반응에 따라 규정된다고 보는 시각이다(김영화, 2002). 일탈행위는 적절하지 못한 사회화에 기인하고 있다. 즉, 개인적 일탈에 대한 학습이 비일탈적인 학습에 의해 극복하지 못할 때 일탈에 직면한다고 본다. 이에 일탈행위는 사회화의 일차적인 집단관계의 맥락에서 발생한다고 본다.

따라서 일탈행위의 해결방법은 합법적인 행위유형을 지니는 원초집단과 접촉을 증가하되, 위법적인 행위유형을 지니는 원초집단과는 접촉을 회피할 필요가 있다. 즉, 일탈집단에 동조하거나 일탈행위를 학습하게 되면 일탈자로 쉽게 변질되기 때문이다. 이에 국가와 사회는 일탈행위를 엄격히 처벌함으로써 규범의 존재를 사회구성원에게 널리 보급하고 재인식시켜 추가적인 일탈행위를 방지하는 데 역점을 두어야 한다.

생각해 볼 문제

1. 사회문제의 주요한 가치이념 세 가지를 간략히 설명해 보자.
2. 개인적 접근방법과 제도적 접근방법을 비교하여 설명해 보자.
3. 기능주의적 관점과 갈등주의적 관점을 비교하여 설명해 보자.
4. 사회문제의 이념적 접근방법 세 가지를 제시해 보자.
5. 사회문제의 현상적 접근방법 네 가지를 제시해 보자.

🌱 참고문헌

김근홍, 박영란, 이정규(2005). 사회문제와 사회복지. 학현사.

김대원, 남미애, 노병일, 신건희, 윤경아(2004). 사회문제와 사회복지. 학지사.

김영모(2000). 현대사회문제론. 고헌출판부.

김영화(2002). 인간과 복지. 양서원.

김종일, 엄명용, 최경구(2004). 사회문제론. 청목출판사.

박정호(2004). 사회문제의 이해. 신정.

원석조(2003). 사회복지정책론. 양서원.

원석조(2005). 사회문제론. 양서원.

표갑수(2006). 사회문제와 사회복지. 나남출판사.

Becker, H. S. (1963). *Outsiders: Studies in the sociology of deviance*. The Free Press.

Coleman, J. W., & Cressey, D. (1999). *Social problems* (7th ed.). Longman.

Eitzen, D. S., & Zinn, M. B. (2000). *Social problems* (8th ed.). Allyn and Bacon.

Kerlinger, F. (1986). *Foundations of behavioral research*. Holt, Rinehart and Winston.

Merton, R. K. (1968). *Social theory and social structure*. Free Press.

Mills, C. W. (1977). *Sociological imagination*. Penguin Books.

Mooney, L. A., Knox, D., & Schacht, C. (2007). *Understanding social problems* (5th ed.). Wadsworth.

Reiman, J. (2004). *The rich get richer and the poor get prison*. Allyn and Bacon.

Thomas, W. I. (1966). The relation of research to the social process. In M. Janowitz (Ed.), *Social organization and social personality* (pp. 280–305). University of Chicago Press.

Weir, S., & Faulkner, C. (2004). *Voices of a new generation: A feminist anthology*. Pearson Education.

Zastrow, C. (2000). *Social problems: Issues and solutions* (5th ed.). Wadsworth.

제 **2**부

사회불평등문제

제3장

아동문제

아동기는 인성을 비롯한 기본적인 습관과 가치관이 정립되는 매우 중요한 시기다. '세 살 버릇 여든까지 간다'는 속담처럼 아동기에 형성된 성격, 습관, 행동, 태도 등은 일생을 좌우할 수 있다. 이에 아동문제에 적절하게 대처하는 것은 개인의 복지뿐만 아니라 국가와 사회의 안녕을 위해서도 매우 중요한 일이다. 국가와 사회는 가족에게 일임하였던 아동문제에 책임감을 갖고 대처하되, 과거의 요보호대상자를 중심으로 사고하던 선별주의적 시각에서 벗어나 보편주의적 복지로 접근할 필요가 있다. 따라서 이 장에서는, 첫째, 아동문제의 개념, 둘째, 아동문제의 이해, 셋째, 아동문제의 동향, 넷째, 아동문제의 실태, 다섯째, 아동문제의 해결방안을 중심으로 살펴보고자 한다.

1. 아동문제의 개념

아동문제는 '아동(child)'과 '문제(problem)'의 용어가 합성된 단어다. '아동'의 사전적 의미는 몸과 마음이 아직 완성기에 이르지 않은 나이가 어린 사람, 대략 3~12세까지의 아이, 어린이, 초등학교에서 공부하는 아이, 학동(學童)이며, 어린이는 어린아이를 귀엽게 일컫는 말이다(국어사전편찬위원회, 2002). '아동'의 연령

적 개념은 발달심리학적인 면과 사회제도적인 면에서 범주화할 수 있다. '문제'의
사전적 의미는 물어서 대답하는 제목, 해답을 요구하는 물음, 연구 혹은 토론을
하거나 해결해야 할 일, 사회적으로 주목을 끌어 화제가 되는 일이다(국어사전편찬
위원회, 2002). 인간발달에 관한 연구는 아동의 연령을 유아기, 학령전기, 아동기,
청소년기 등으로 구분하지만 발달연구의 내용과 학자에 따라서 다르게 구분하는
경우도 많다.

우리나라는 법의 종류에 따라서 아동을 규정하는 연령이 다르며 대상아동의 호
칭도 아동, 미성년, 청소년 등으로 각기 다르게 부른다. 또한 법률의 특성에 따라
서 아동의 분별력, 판단력, 신체적 능력 등을 고려하여 연령의 구분을 더욱 세분
화하고 있다(공계순 외, 2006). 「민법」에서는 20세 미만을 미성년자로 규정하며,
「한부모가족지원법」에서는 모 또는 부에 의하여 양육되는 18세 미만(학교를 다니
는 경우는 22세 미만)의 자녀를 아동으로 규정하는데, 여기에서는 아동을 18세 미
만인 자로 정의하기로 한다. 모든 국가의 「아동복지법」의 모법이 되는 아동권리
협약에서도 아동을 18세 미만인 자로 정의하고 있으며, 우리나라의 「아동복지법」
도 아동을 18세 미만으로 지칭하고 있기 때문이다. 이에 아동문제란 18세 미만의
어린이에게 발생하는, 사회적으로 주목을 끌어 화제가 되며 연구 혹은 토론을 하
거나 해결해야 할 일이라 하겠다.

2. 아동문제의 이해

1) 아동의 권리

아동의 권리란 일반적으로 아동이 특정한 이익을 주장하고 누릴 수 있는 법률
상의 권한을 의미한다. 사회복지적 관점에서 아동권리는 인간의 존엄성과 타고난
기질과 잠재성을 가진 존재로서 아동의 욕구와 문제를 해결하기 위한 사회대책이
다. 과거의 아동권리는 단순히 아동을 보호하는 사후약방문식의 소극적인 의미였

으나, 현대사회에서는 사회환경의 변화에 따라 아동을 하나의 인격체이자 권리의 주체로 인식하기에 이르렀다.

(1) 아동권리의 내용

아동권리는 1989년 국제법 성격의 '유엔 아동권리협약(Convention on the Rights of the Child: CRC)'을 통해서 파악할 수 있는데, 장인협과 오정수(2001)는 아동권리의 내용을 3P 개념, 즉 제공, 보호, 참여로 분류하였다.

- **제공(Provision):** 생존 · 발달 대책에 관한 권리로 아동에게 필요한 인적 · 물적 자원의 제공과 그것을 사용할 권리다. 아동이 성명, 국적, 보건 및 교육, 여가 및 놀이를 즐길 권리와 장애아동 등 보호가 필요한 아동이 정당하게 보호받을 권리를 의미한다.
- **보호(Protection):** 아동은 위해한 행위로부터 보호받아야 한다는 것으로, 문제를 지닌 부모에게서 격리, 노동이나 상업적 · 성적 착취 또는 육체적 · 정신적 학대와 방임에서 보호받을 권리, 전쟁과 재난에서 보호받을 권리를 의미한다.
- **참여(Participation):** 자신의 인생에 중요한 영향을 미치는 결정에 대한 아동의 알 권리를 규정한 것으로, 의견을 표명할 수 있는 권리와 성장과 더불어 책임감 있는 성인기에 대한 준비로 사회활동에 참여할 기회를 가져야 할 권리를 의미한다.

(2) 아동권리의 유형

임춘식 등(2007), 안동현(1997), 한성심과 송주미(2003)가 제시한 아동권리의 유형을 정리하면 다음과 같다.

- **복지권:** 모든 아동은 의식주를 제공받고, 건강하고 위생적인 삶을 누리며, 교육적이고 문화적인 생활을 할 권리를 갖는다. 이것은 아동의 생존 및 발달에

절대적이기 때문에 매우 중요하며, 국가와 사회 그리고 부모는 아동에게 현실적으로 적절한 영양과 쾌적한 주거환경, 의료적·복지적 급부를 제공해야 한다.

- **보호받을 권리**: 모든 아동은 폭력과 공포로부터 자유롭게 살 수 있어야 한다. 이것은 육체적·정서적·성적으로 고통받지 아니할 권리로, 아동에 대한 학대와 유기를 방지하기 위한 각종 노력이 주어져야 한다.
- **성인으로서의 권리**: 현행 법제하에서 성인에게만 해당되는 권리를 아동도 향유할 수 있어야 한다. 이것은 성인에게만 해당하는 권리를 부여하는 연령 기준이 매우 자의적이고 합리적이지 못한 경우가 적지 않다는 주장에 따른 것이다. 선거권, 피선거권, 독립적으로 결혼할 수 있는 권리, 증언할 수 있는 연령 등 그 근거가 무엇인가를 더욱 면밀히 검토할 필요가 있다.
- **부모에 대한 권리**: 부모와 자녀의 관계가 언제나 조화로울 수 없음을 전제로 하기 때문에 문제가 된다. 아동의 요구, 욕망, 관심사, 이익이 부모와 반드시 일치하는 것은 아니므로 양자 간에 크고 작은 갈등이 생길 수 있다. 아동은 만약 부모와 자신의 이익이 대립될 때 다른 제3자에게 호소할 수 있는 권리, 즉 자기결정권을 확보할 수 있어야 한다.

(3) 아동권리의 원칙

아동권리에 대한 원칙은 유엔 아동권리협약의 주요 원칙에서 찾아볼 수 있다. 아동권리협약은 차별금지의 원칙, 아동 이익 최우선의 원칙, 아동의 생존·보호·발달의 원칙, 아동의 의사존중 및 참여의 원칙이라는 네 개의 일반 원칙을 중심으로 한다.

- **차별금지의 원칙(제2조)**: 아동과 그의 부모 또는 법적 후견인의 인종, 피부색, 성별, 언어, 종교, 정치적 또는 기타 의견, 국적, 민족, 사회적 출신, 재산, 장애, 출생 혹은 기타의 지위에 따른 차별을 금지하고, 아동의 부모, 후견인 또는 가족구성원의 신분, 활동, 견해 또는 신념을 이유로 모든 형태의 차별과

처벌로부터 아동을 보호한다는 원칙이다.

- 아동 이익 최우선의 원칙(제3조): 아동권리협약의 중심 원칙으로서 아동에 관한 모든 활동에서 아동의 이익이 최우선으로 고려되어야 한다는 원칙이다. 여기에서 최선의 이익이란 권리보호와 복지증진을 의미한다.
- 아동의 생존·보호·발달의 원칙(제6조): 모든 아동이 고유의 생명권을 가지고 있음을 인정하고 가능한 한 최대로 아동의 생존과 발달을 보장해야 한다는 원칙이다.
- 아동의 의사존중 및 참여의 원칙(제12조): 자신의 견해를 형성할 능력이 있는 아동에 대하여 본인에게 영향을 미치는 모든 문제에서 자신의 견해를 자유롭게 표현할 권리를 보장하며, 아동의 견해에 대해서는 아동의 연령과 성숙도에 따라 정당한 비중이 부여되어야 한다는 원칙이다.

2) 아동문제의 실태

(1) 아동문제의 원인

아동문제의 원인은 매우 다양하게 살펴볼 수 있다. 우선 아동 내부에 원인이 있으며, 다음으로는 아동 외부, 즉 환경으로부터 오는 문제가 있다. 여기서는 사회문제론적 입장에서 볼 때 아동을 둘러싼 외부환경 요인을 중심으로 살펴보고자 한다.

- **가족구조의 변화**: 농경사회에서 산업사회로 빠르게 변화하면서 확대가족구조는 핵가족구조로 변화되었다. 핵가족화는 가족 간의 상호 영향력을 감소시켰을 뿐만 아니라 자녀양육과 안녕에 크게 영향을 미쳤다. 뿐만 아니라 핵가족구조는 부부불화에 대한 제어장치가 없어 이혼율을 증가시키는 원인이 되었으며, 가족구성원 간의 지지와 칭찬, 그리고 관심에 대한 기회가 적기 때문에 아동과 청소년에게 일탈의 기회를 제공하고, 자아정체감 확립을 불안하게 하는 요인으로 작용한다.

- **가족기능의 변화**: 가족구조의 변화와 더불어 가족기능의 변화도 급격히 이루어졌다. 특히 성과 애정의 기능, 자녀 출산과 양육의 기능, 경제의 기능, 교육의 기능, 보호의 기능, 휴식 및 오락의 기능, 종교의 기능은 상당 부분 상실되었고, 사회기관이 대신하는 형태로 외부화되었다. 가족은 아동에게 규범과 가치를 전수하는 최초의 준거집단으로(김미경 외, 2004), 사회의 규범과 가치에 대한 학습이 이루어지는 곳이다. 그러나 가족의 이러한 기능은 대부분 상실되었고, 이로 인해 다양한 문제가 발생하고 있다.

- **가정불화**: 부모의 지지와 칭찬을 통해 자아정체감이 성립되는 시기의 아동이 가정불화를 경험하면서 성장하였을 때, 가정불화가 없는 가정에서 성장한 아동에 비해 탈선의 가능성이 크다. 또한 가정불화를 보며 성장하는 아동은 자신의 피난처로서 약물, 술, 마약, 본드 등과 같은 향정신성 약물에 빠질 위험이 매우 높다.

- **여성취업의 증가**: 전통적으로 여성은 가정에서 가사와 육아에 대한 부분을 전담하였다. 그러나 최근에는 여성의 고학력화에 따른 자기실현욕구와 가계의 경제력 약화에 대한 보충, 그리고 인구 고령화로 인한 국가 생산력 감소의 극복 등은 여성의 노동력을 취업 현장으로 적극 유인하는 요인으로 작용하고 있다. 기혼여성의 취업은 보편적으로 맞벌이 부부를 의미하는데, 이런 가정은 적극적 지지 속에 바른 성장이 이루어져야 하는 아동에게 애정을 쏟지 못하여 아동문제의 근원이 될 수 있다. 또한 부모와 충분한 시간을 갖지 못한 대부분의 아동은 방과 후 시간을 학원에서 보내거나 그 밖의 일탈적 경향이 있는 친구들과 어울리면서 탈선의 기회를 접하게 된다. 아울러 아동에 대한 방치 및 유기로 위험한 상황을 극복하지 못하고 고귀한 생명을 잃게 되는 경우도 많다(강영실 외, 2005).

- **극심한 경제불황**: 한 나라의 경제불황은 가계에 영향을 주고 이에 따른 가정의 경제난은 가족구성원 간의 대립 및 갈등에 영향을 미친다. 특히 경제난으로 생긴 부부의 갈등은 가정파탄이나 결손가정의 양상을 보인다. 이러한 불안정한 형태의 가정은 극심한 고통을 겪다가 결국 생활고로 자살 혹은 자녀와

의 동반자살 상황에까지 이르는 경우도 있다.

- **학벌만능주의적 사회풍토**: 우리나라의 학벌만능주의는 학부모가 자녀로 하여 금 오직 높은 성적을 얻어 일류대학에 진학하고 상류층이 될 수 있는 직장을 얻게 하려는 편협한 사고에서 비롯된다. 이러한 풍토 때문에 전인격인 훈련 을 해야 하는 시기인 아동기에 친구나 이웃에 대한 가치나 인간관계의 중요 성이 차단당하고 있다. 아동은 수단이 어떻든 결과만 중시하는 가치관을 형 성하게 되고 이 과정에서 탈락한 다수의 아동이 탈선하게 된다. 이러한 학벌 만능주의는 아동이 사회문제를 일으키는 요인으로 작용한다.

(2) 아동문제의 특성

급격한 사회변화에 따른 핵가족화 및 가족계획의 지속적인 추진, 자녀에 대한 부부의 가치관 변화 등으로 전체 아동 수는 감소하는 추세다. 그러나 이혼율의 증 가 등으로 요보호 아동은 계속 증가하고 있으며, 일반 아동을 대상으로 하는 가족 복지서비스의 요구도 점차 증가하고 있다(김익균 외, 2003). 또한 오늘날의 아동문 제는 양적 · 질적인 면에서도 그 심각성을 더해 가고 있다. 급격한 정보화 사회에 서 올바른 가치관이 형성되기도 전에 홍수와 같이 밀려오는 엄청난 양의 정보는 아동에게 심각한 문제를 일으키는 요소가 될 수도 있다.

특히 아동문제는 가정과 분리하여 생각할 수 없는 문제인 만큼 가정을 이루기 전의 젊은이와 가정을 이룬 신혼부부에게는 아동에 대한 중요성과 상호작용 기술 을 지도하고, 자녀를 양육하고 있는 부모에게는 아동의 발달 수준에 따른 다양한 상호작용 기술을 지도해야 한다. 자녀가 사춘기 정도로 성장한 뒤에 자녀와 대화 가 필요하다고 인식하였을 때는 이미 늦은 것이다. 자녀가 어렸을 때부터 상호작 용하는 기술을 익힘으로써 자녀와의 신뢰감을 구축하면, 부모-자녀 간 상호작용 이 활발하게 전개되고 여러 가지 문제를 예방할 수 있다.

가정의 역할과 기능의 축소 및 상실로 아동문제는 새로운 지역사회의 역할과 기능을 요구하고 있다. 여가선용을 위한 아동복지시설, 아동의 건전한 육성과 발 달을 위한 다양한 프로그램 개발 및 서비스 제공 등 지역사회의 역할과 기능이 점차 중요시되고 있다. 따라서 아동에게 유해한 지역사회 환경의 정화와 선도는 지역사회복지 조직을 통하여 유관기관이나 시설과의 유기적인 관계하에 효율적으로 운영하도록 노력해야 한다. 나아가 아동을 주체적으로 파악하여 아동의 전반적인 발전과 관련된 지역사회의 조건 정비 및 보장에 관심을 가져야 한다.

3. 아동문제 관련 정책의 동향

아동문제는 각 나라의 정치·경제·사회·문화·역사 등 다양한 차원의 상황에 따라 매우 복잡하게 대두된다. 이 절에서는 각 국가가 아동문제에 대처해 온 흐름을 통해서 국내외의 아동문제 동향을 간접적으로 살펴보고자 한다.

1) 국외 동향

산업화 이전의 사회에서는 아동의 욕구와 능력이 성인과 별로 다를 게 없다고 생각하였다. 따라서 아동문제에 대한 사회의 인식은 다른 인구 대상층의 문제와 분화되지 않은 상태에 머물렀고, 이는 아동에 대한 열악한 처우로 이어졌다. 산업화 이전 사회에서는 신분에 따라 일부 아동의 권리만 인정되었고, 대부분의 아동은 가족, 장원의 단순한 부속물로 취급당하였다. 아동보호의 첫 출발은 종교단체의 활동을 통해 이루어지기 시작하였다(장인협, 오정수, 2001).

아동을 단지 축소된 성인으로 인식하였던 과거와는 달리, 아동이 성인과는 다른 욕구와 능력을 지녔고 생애주기에서 성인기와 구분되는 독특한 시기를 통해 성장한다는 점을 점차 인정하기 시작하였다. 이 시기의 최대 관심사는 집단적인 수용보호의 효율성에 대한 비판이었다(장인협, 오정수, 2001). 미국에서는 19세기 후반부터 구빈원에서 아동을 구하는 운동의 하나로 위탁가정운동이 전개되었다 (공계순 외, 2006). 또한 19세기에는 아동의 노동문제가 아동문제에 관한 또 다른 이슈가 되었다.

20세기는 종종 '아동의 세기'라고 불린다. 이 시기에는 아동을 고유한 인격체로 받아들이고, 이들을 위한 다양한 사회제도를 마련하였기 때문이다(공계순 외, 2006). 아동복지에 대한 국가의 책임이 강조되고 보편주의적 아동복지제도가 도입되었다. 1970년대 들어서는 시민권운동과 여성운동에 자극받아 '아동권리운동'이 등장하였다. 1959년에 유엔이 '아동권리선언'을 선포한 이후, 1979년은 아동의 해로 지정되었다. 그리고 1989년에 아동권리에 관한 국제협약이 통과되었다. 20세기 이후 아동문제 인식에 따른 아동복지서비스의 변화를 보면, 집단적 수용보호에서 소규모 수용보호로, 시설보호 중심에서 재가보호와 지역사회보호 중심으로, 포괄적인 서비스에서 개별적인 서비스로, 비전문적 서비스에서 전문적 서비스로 발전되었다(장인협, 오정수, 2001). 또한 모든 아동은 가능한 가정환경에서 양육되어야 한다는 전제하에 가정위탁제도나 입양제도가 활성화되고 있다.

2) 국내 동향

『삼국사기』에 따르면, 신라에서는 고아에게 식량을 지급하였고, 백제와 고구려는 재해를 당한 아동에게 관곡을 배급하였다. 고려시대에는 불교의 자비사상에 입각하여 고아 및 기아와 빈곤아동을 사찰에서 위탁 형태로 보호하였고, 나라에서는 고아에게 10세까지 식량을 지급하였다. 그리고 관립 영아원인 해아도감(孩兒都監)을 설치하여 유아를 보호·양육하였다. 자녀가 없는 민가에서는 양자녀 또는 노비로 삼기 위해 민간수양이 행해졌다. 하지만 고아의 민간수양을 빙자하여 인신매매나 유괴, 약탈 등이 성행하는 폐단도 많았다(박정란, 서홍란, 2001; 윤욱, 1992; 표갑수, 2000). 조선시대에는 고아와 기아 및 빈곤아동에 대한 법령을 제정하였다.

조선시대 말부터 대한제국까지의 시기는 정치적 격동기와 맞물리면서 정부의 구제사업이 거의 없는 공백기였다. 이 시기에 아동복지 분야에서 두드러진 활동은 서양 선교사의 자선사업이었다(박정란, 서홍란, 2001). 일제강점기에는 아동을 미래의 병력 또는 노동력으로 취급하고 최소한의 보호와 구제의 대상으로 삼았으며, 맹아와 농아 등의 장애아동에게 교육을 하기 시작하였다.

아동보호를 위한 민간 차원의 운동도 활발하였는데, 그 대표적인 운동이 천도교에서 펼친 소년운동이었다. 천도교의 소년운동은 봉건시대의 아동관을 불식하고 시대에 맞는 새로운 아동관을 계몽하는 일에 힘썼으며, '어린이'라는 순우리말을 만들어 보급하고 '어린이날'을 제정하였다. 조선소년운동협회는 1923년 5월 1일 제1회 어린이날에 '소년운동선언'을 발표하였는데, 이것은 아동의 인권을 보호하고자 한 우리나라 최초의 아동권리선언이라 할 수 있다. 1921년 미국 감리교 선교사들이 설립한 태화사회관은 초기 교육사업에서 아동보건과 사회사업을 전개하여 아동건강진단과 가정방문을 통한 위생교육, 육아법 등을 보급하였고, 빈곤아동을 위한 탁아사업, 무료목욕사업, 우유급식사업 등을 실시하였다. 그러나 일제의 종교탄압 때문에 완전 중지 명령을 받아 중단되고 말았다(박정란, 서홍란, 2001).

광복 이후부터 현대에 이르기까지 주요한 역사적 분기점을 기준으로 사회·국가적 이슈가 된 아동문제를 4단계로 나누어 살펴보면, 1단계로 우선 1946년에 미군정의 아동노동 법규의 제정에 따라 18세 미만 아동의 노동이 규제되었다. 이후 한국전쟁을 거치면서 전쟁고아, 기아와 미아 및 부랑아가 많이 발생하여 큰 사회문제가 되었으나 이들에 대한 사회의 지원 여력은 턱없이 부족한 상태였다(공계순 외, 2006). 국가책임의 사회적 보호가 미비한 가운데 다수의 민간 외국 원조기관이 활동하였다. 또한 20세 미만 비행소년의 보호를 위한 법률로 「소년법」이 제정되었다.

2단계로 1960년대 초 「생활보호법」과 「아동복리법」이 제정되어 요보호 아동에 대한 국가책임의 원칙이 처음 법제화되었다. 이 시기의 주요한 아동문제의 대상은 보호자에게서 유실, 유기 또는 이탈된 아동, 보호자가 양육하기에 부적당하거나 양육할 수 없는 아동이었고(공계순 외, 2006), 시설보다는 가정에서 보호받게 한다는 취지로 입양과 위탁보호, 탁아서비스를 권장하였다. 1961년에는 「고아입양특례법」을 제정하여 아동을 원 가정에서 보호할 수 없는 경우 다른 가정에서라도 보호하고자 하였다. 1970년대 말까지는 법적으로나 실제 행정에서 요보호 아동만을 대상으로 하는 선별주의 원칙에 기초한 잔여적 형태의 서비스를 제공하였다.

3단계로 1970년대 후반부터 산업화, 도시화, 핵가족화, 가치관의 변화로 인해 소년소녀가장문제, 가출아동, 부랑아동, 비행아동, 정서장애아동, 신체장애아동의 문제뿐만 아니라 저소득층 또는 일반 가정의 방치된 아동문제 등 광범위하고 다양한 아동문제가 등장하였다. 또한 여성의 사회참여가 늘어남으로써 보편주의 원칙에 입각하여 요보호 아동뿐만 아니라 일반 가정의 아동에 이르기까지 서비스 대상이 보편화되어야 한다는 새로운 아동복지관이 대두되었다. 이에 1981년에 「아동복리법」을 전면 개정하여 「아동복지법」을 제정하고, 1989년 9월에는 「아동복지법 시행령」 중 일부를 개정하였으며, 마침내 1991년 1월 「영유아보육법」 제정으로 탁아 관련 내용을 「아동복지법」에서 분리하였다. 과거 아동복지의 주류를 형성하였던 시설수용보호사업은 점차 퇴조하고, 가정과 지역사회 중심의 보육서비스, 국내 입양, 가정위탁, 재가복지서비스의 의의와 중요성이 강조되고 있다(장인협, 오정수, 2001). 나아가 최근에는 방과 후 아동을 위한 지역아동센터가 활발하게 운영되고 있다.

4단계로 저출산 고령화 문제가 심각한 사회문제로 대두되면서 저출산 원인에 대한 다각적인 분석이 이루어졌다. 2018년 3분기(7월, 8월, 9월)의 출생아 수가 2017년 같은 기간에 비해 9,000명 이상 감소했고, 또한 이 기간 동안 합계출산율은 0.95명으로 2분기(4월, 5월, 6월)의 0.97명에서 0.02명 더 줄었다. 「2018년 9월 인구동향」(통계청, 2018. 11. 28.)에 따르면 2018년 9월의 출생아는 2만 6,100명으로 2만 7,000명이었던 8월에 비해 더 감소했고, 2017년 9월과 비교하면 13.3%(4,000명)나 줄었다. 이러한 급격한 출산율 저하는 2018년 2월 28일 「아동수당법」을 탄생시켰다. 그리고 3월 23일 「아동수당법 시행령」을 제정하였고, 2018년 12월 13일 소득과 관계없이 만 6세 미만 모든 아동에게 아동수당을 지급하는 「아동수당법」 개정안이 제정됐다. 개정안에 따라 2018년 1월부터 소득수준과 상관없이 만 0~5세 아동에게 월 10만 원씩 아동수당이 지급되었다. 또 2019년 9월부터는 아동수당 지급 대상이 최대 생후 84개월(만 7세 미만)로 확대되었다. 국회 보건복지위원회는 개정안에서 논란이 된 '초등학교 입학 전' 단서를 삭제, 취학 여부와 관계없이 만

7세 미만 아동은 모두 아동수당을 받을 수 있도록 하였다. 2023년도 합계출산율(통계청, 2024)은 0.73명으로 심각한 상황에 이르고 있어서 중앙정부 및 각 지방정부가 출산율 장려를 위한 다양한 정책을 제시하고 있다.

4. 아동문제의 실태

아동문제는 사회변화에 따라 다양한 실태로 나타난다. 이 절에서는 빈곤아동, 시설아동, 입양아동, 가정위탁아동, 아동학대, 아동보육, 가출아동, 이혼가정 아동, 디지털 중독 아동, 저출산 등의 정의와 문제점을 중심으로 간단히 살펴보고자 한다.

1) 빈곤아동의 문제

빈곤아동이란 빈곤가정에서 생활하는 18세 미만의 아동을 말한다. 빈곤에 대한 정의에 기초해서 빈곤아동에 대한 정의를 살펴보면, 우리나라의 경우 「국민기초생활 보장법」 「한부모가족지원법」 그리고 「국가보훈 기본법」에 따라 국가의 보호를 받는 가정에서 생활하는 아동이라 할 수 있다. 그리고 부모의 사망, 질병, 심신장애, 가출, 이혼, 복역 등으로 인해 실질적인 가장으로서 가계를 책임지고 있는 20세 이하의 소년 소녀로 이루어진 세대에 속하여 국가의 보호 · 지원이 필요한 아동으로 정의할 수 있다.

빈곤아동은 신체적인 건강에서 부정적인 결과를 보일 수 있고, 인지능력 발달과 학업성취도가 비빈곤가정 아동에 비해 낮을 가능성이 높다. 빈곤가정 아동은 비빈곤가정 아동에 비해 심리사회적으로 더 높은 우울이나 불안 등의 내재화 문제와 비행이나 공격행동 등 심리사회적 문제를 경험하는 것으로 보고된다 (Brooks-Gunn & Duncun, 1997). 1988년 미국의 아동학대 조사에 따르면, 아동이 방임되거나 학대를 당하는 수준도 저소득층에서 보다 심각한 것으로 나타났다

(Downs, Costin, & McFaddem, 1996).

전반적으로 한부모가정은 개인의 적응에서 사회인식 및 제도적 차원에 이르기까지 어려움을 경험하고 있다. 즉, 한쪽 배우자의 부재는 가족생활의 변화를 불가피하게 발생시켜 경제적 빈곤, 가족관계의 문제, 자녀양육 및 가사노동의 어려움, 역할 수행상의 혼란과 사회적 위축 등의 문제를 수반한다(공계순 외, 2006). 이러한 여러 가지 문제는 가족구성원의 심리사회적 적응과 사회생활 및 학업생활 등에 부정적 영향을 미친다.

소년 소녀 가장의 생활실태를 살펴보면, 이들은 가사 관리와 함께 동생을 양육·보호할 뿐 아니라, 거동이 불편하고 질병까지 있는 한쪽 부모나 조부모를 부양하는 경우가 많은 것으로 나타난다. 또한 경제적 어려움으로 국가에서 제공하는 지원으로는 가계를 꾸려 나가기가 어려우며, 아동 자신이 겪는 어려움을 토로하고 위로와 격려를 받을 수 있는 대상자가 없어서 심리적 문제까지 지니는 등 복합적인 곤란에 처해 있는 것으로 나타난다(공계순 외, 2006).

조손가정의 아동은 조부모의 과잉보호를 받거나 방임 가운데 극단적인 환경에 노출되는 경우가 종종 있어서 건전하게 발달하고 성장하는 데 어려움이 있다. 이러한 아동을 돌보는 시설의 역량강화를 위한 교육 및 지원이 요구된다.

2) 시설아동의 문제

시설아동이란 도움이 필요한 아동 중 입양, 대리양육, 가정위탁 및 소년소녀가정 지원 등의 가정보호를 할 수 없어 「아동복지법」에서 정한 시설에서 생활하는 아동(보건복지부, 2011)이라 할 수 있다. 그런데 오래전부터 요보호 아동을 보호하는 양육시설 내 보호는 바람직하지 않은 것으로 인식되어 대안을 모색하고자 하는 움직임이 제기되었다. 시설아동의 임상적 증상은 높은 사망률과 함께 17세기경부터 주목되어 왔다. 17세기 프랑스 육아원을 설립하였던 뱅상 드 폴(St. Vincent de Paul)은 시설의 열악함에 놀라 집단적 육아를 중지하고 양자제도 채택, 양부모 주택 방문 및 감독 등에 관한 주장을 전개하였다(노혜련, 장정순, 1998, p. 47).

휘터커(Whittaker, 1985, pp. 621-622)는 시설아동이 여러 가지 문제가 되는 습관을 보인다는 점을 정리하였는데, 이는 대인, 가족, 정서, 교육적인 것으로 구체적으로는 다음과 같다. 빈약한 충동통제의 발달, 낮은 자아상, 감정조절의 미숙, 관계형성의 결함, 특정 학습장애, 놀이기술의 제한 등이다. 우리나라에서도 아동양육시설의 아동이 부정적인 경험을 하고, 좋지 않은 심리사회적 문제를 겪고 있다는 점이 보고된다. 김기환(1966)과 표갑수(1994)에 따르면, 우리나라 아동양육시설의 아동은 자아개념을 상실하고 슬픈 감정에 빠지며, 게으름, 주의산만, 약한 발표력, 거짓말, 고마움을 모름, 정서불안, 창의력 부족, 파괴적 행동, 사고의 단순함, 낭비, 도벽 등의 부정적 습관을 형성한다.

3) 입양아동의 문제

입양(adoption)이란 생물학적 과정을 통해서가 아니라 법적·사회적 과정을 통해 친권관계를 창조하는 행위를 말한다(Kadushin, 1980). 따라서 입양아동이란 생물학적 과정을 통해서가 아니라 법적·사회적 과정을 통해 부모를 갖게 된 아동이라고 할 수 있다. 입양아동이 경험하는 심리정서적인 문제를 살펴보면 다음과 같다.

- 분리와 애착의 문제: 입양아동은 일반적인 상황 속에서 양육되는 아동보다 대체로 분리의 경험을 많이 한다. 아동이 애착관계를 맺고 있던 사람과 분리되는 것은 아동의 신뢰감과 자존감 형성에 해로운 영향을 미치고 다른 사람과 정서적인 관계를 형성하는 능력을 저하할 수 있다(김현용, 윤현숙, 노혜련, 1997).
- 부모중복의 문제: 입양아동은 자신에게 두 쌍의 부모와 가족이 있다는 사실도 수용해야 하는 문제를 경험한다(공계순 외, 2006).
- 자아정체감의 문제: 입양아동은 자아정체감 형성에서 가장 큰 어려움을 경험한다. 친부모에게서 버려진 데 따른 상실은 무의식으로 입양아동의 마음속

에 돌이킬 수 없는 상처를 남기고, 이러한 상처는 자아존중감이나 자기가치 관에 부정적인 영향을 미친다(공계순 외, 2006).

4) 가정위탁아동의 문제

가정위탁보호는 아동을 가정에서 일시적으로나 장기적으로 돌봐 줄 수 없는 경우에 어떤 계획된 일정 기간 동안 사회복지기관을 통하여 제공되는 대리적 가정보호다(이용교, 2006). 따라서 가정위탁아동이란 자신의 가정에서 일시적으로나 장기적으로 돌봄을 받을 수 없을 때, 어떤 계획된 일정 기간 동안 사회복지기관을 통하여 대리가정에서 보호받는 아동이라고 할 수 있다.

미국에서 가정위탁서비스의 문제점으로 제시된 사항을 정리하면 다음과 같다(Pecora et al., 2000).

- 장기간의 위탁보호는 아동에게 '생활의 고독감' '인간에 대한 정서적 결합의 결여감'을 조장한다.
- 빈번한 위탁가정의 변동은 아동에게 부적응 증상, 일체감 혼돈, 인간에 대한 불신 및 생활의 단절을 초래한다.
- 가정위탁보호제도가 오히려 친부모로 하여금 아동을 포기하도록 조장한다.
- 가정위탁보호의 효과에도 불구하고, 일부 아동에게는 부모의 분리, 형제자매 관계의 단절, 계획되지 않은 전학, 교우관계의 단절 등 부작용이 나타난다.

5) 아동학대의 문제

아동학대에 대한 가장 고전적 정의는 '부모나 돌보는 사람이 가하는 심각한 손상'이다(김익균 외, 2003). 미국은 연방정부의 「아동학대 방지 및 치료법」에 아동학대에 대하여 명확하게 정의하고 있는데, 아동학대란 '아동의 복지에 책임이 있는 사람으로부터 건강과 복지에 해를 입거나 이를 위협하는 환경 아래에서 신체적 ·

정신적 손상, 성적 학대, 방임 혹은 냉대를 받는 것'이다(허남순, 1993). 우리나라 「아동복지법」에서는 "보호자를 포함한 성인에 의하여 아동의 건강·복지를 해치거나 정상적인 발달을 저해할 수 있는 신체적·정신적·성적 폭력 또는 가혹행위 및 아동의 보호자에 의하여 이루어지는 유기와 방임을 말한다."라고 아동학대를 규정한다(「아동복지법」 제2조 제4호).

아동학대의 영향은 아동과 그 가족뿐만 아니라, 학대를 경험한 아동이 건전한 사회인으로 성장하는 데 많은 어려움을 겪으면서 전체 사회로까지 그 영향이 확대되기도 한다. 아동학대는 피학대아동에게 신체적·정서적으로 직접적인 피해를 줄 뿐만 아니라 다음과 같은 다양한 부작용을 초래하는 것으로 알려져 있다.

- 공격적이거나 철회적인 행동 양상을 보이는 특징을 갖는다.
- 가출 동기를 강화하여 아동과 많은 문제를 잇는 연결고리가 되기도 한다.
- 어린 시절의 성적 학대 경험은 낮은 자아존중감, 죄책감, 불안, 우울, 신체 중상, 대인관계에서의 문제, 성문제, 약물남용 등의 다양한 정신병리 증상과 관련이 있다는 연구결과가 발표되고 있다(공계순 외, 2006).
- 가해자가 폭력을 행사한 경우 피해자가 무력감을 갖는 정도는 더욱 심각해진다(Finkelhor, 1979, p. 183).
- 학대 경험이 있는 아동의 30~50%가 후유증으로 정신지체 현상을 보이고, 그중 1/3이 언어지체 현상을 보인다(Kempe, 1976).

이와 같이 아동학대의 경험은 가해자와 피해아동 모두에게 씻기 어려운 부정적인 경험이며, 그 영향은 오랫동안 당사자에게 깊은 상처로 남는다.

6) 아동보육의 문제

아동보육이란 기혼여성의 자아실현 욕구와 경제적 소득증대 욕구 등에 따른 취업모의 증가 및 가족구조의 변화 등으로 가정 밖에서 아동의 성장·발달을 촉진하기 위하여 보호와 교육 등을 제공하는 사회적 서비스를 말한다. 우리나라 「영유아보육법」에서는 보육사업의 목적은 보호자가 근로 또는 질병, 기타 사정으로 보호하기 어려운 영아 및 유아를 보호하고 건전하게 교육하여 건강한 사회성원으로 육성함과 아울러 보호자의 경제적 · 사회적 활동을 원활하게 하여 가정복지 증진에 기여하는 것이라고 규정한다(「영유아보육법」 제1조).

아동보육은 부모를 대신하여 성장과 발달에 도움을 주므로 장점이 많은 사회적 서비스이지만 문제점도 있는 것이 사실이다. 아동이 단체생활을 하는 데서 오는 단점을 기초로 하여 몇 가지만 제시하면 다음과 같다.

- 아동의 개인적 특성을 발전시킬 수 없는 문제로 몰개성화가 우려된다.
- 여러 명의 교사가 돌보면서 아동과 교사의 상호작용이 부족할 수 있다. 특히 영아기의 어린이는 애착관계가 중요한데, 어머니와의 애착관계를 경험하는 데 제한이 있으므로 어머니와의 상호작용이 잘 이루어질 수 있도록 해야 한다.
- 교사나 다른 아동의 질병과 전염병에 노출되어 있다.
- 많은 수의 아동이 함께 있어 아동 한 명당 공간이 작다.

7) 가출아동의 문제

가출에 대한 정의를 살펴보면 김보령(1998)은 '아동이 자신 혹은 자신의 주변 환경에서 비롯된 문제로 인해 비의도적 또는 의도적으로 보호자의 허락 없이 24시간 이상 집에 들어가지 않은 행위로서 도움이 필요한 상태'라고 정의한다. 강영실 등(2005)은 '보호자의 승낙 없이 무단으로 집을 나가 밖에서 하룻밤 이상을 묵고 귀가하지 않는 충동적인 행위'라고 정의한다. 따라서 가출아동이란 아동과 관련된 문제로 부모의 동의 없이 무단으로 집을 나가 24시간 이상 집에 들어가지 않음으로 인해 도움이 필요한 아동이라고 정의할 수 있다.

가출아동의 연령은 점차 낮아지고 가출 기간은 길어지고 있다. 또 가출의 장기화는 성매매 등 탈선으로 이어져 아동을 사회에서 고립하는 결과를 낳는다(강영실 외, 2005). 이러한 문제를 정리해 보면 다음과 같다.

- 가출 연령의 저하로 어릴 때 위험한 환경에 노출됨으로써 2차 위험에 놓일 가능성이 높다.
- 가출 기간이 길어져 아동이 부정적인 환경에서 탈출하는 것을 어렵게 함으로 써 반사회적 행위를 도모할 가능성이 높다.
- 폭력집단에 쉽게 노출되어 폭력의 피해자가 되거나 가해자로 성장할 수도 있다. 특히 여학생의 경우 성매매의 유혹을 받는 상황에 처할 위험이 있다.

8) 이혼가정 아동의 문제

이혼의 가장 명료한 정의는 법적인 정의다. 이혼은 법률상으로 완전 유효하게 성립된 혼인을 당사자인 부와 처가 살아가는 동안 결혼관계를 해소함으로써 혼인으로 발생하는 일체의 효과를 소멸시키는 것으로 개념화된다(공계순 외, 2006). 따라서 이혼가정 아동이란 부모가 법률상으로 완전 유효하게 성립된 결혼관계를 해소함으로써 혼인으로 발생하는 일체의 효과를 소멸시킨 가정의 아동이라고 할 수 있다.

이혼가정의 아동은 다양한 측면의 어려움을 경험하게 되는데, 이를 정리하면 다음과 같다.

- 정서적 문제: 이혼가정의 자녀는 걱정과 우울증, 심지어는 죄의식 등 정서적인 갈등을 보인다(정진영, 1992). 이혼은 부부간의 갈등관계를 법적으로 해소한다는 긍정적인 효과도 있지만 자녀에게는 분노, 공격성 그리고 죄의식 등을 일으키고, 부정적 자아개념을 형성하게 하여 반사회적이거나 비사회적인 문제를 유발할 수 있다(최경석, 2006).
- 학업문제: 자녀는 부모의 이혼 후 친부모와의 원만하지 못한 관계나 계속되는 갈등으로 스트레스와 긴장에 빠지고 정서적으로 불안정해지는데, 이런 경우

다(최경석, 2006).

- **형제자매 관계 문제:** 이혼은 형제간의 갈등, 공격, 경쟁의식, 이탈 등에 관여하고, 이것은 또다시 아동의 외적인 행동문제에 영향을 미친다(Hetherington & Clingempeel, 1992).

- **성인기에 나타나는 문제:** 부모가 이혼한 가정에서 자란 성인은 결혼생활에서도 배우자에 대해 비현실적인 기대를 가지며, 결혼생활에서 오는 문제에 잘 적응하지 못하는 편이다. 또한 결혼 전에도 미래의 배우자를 믿지 못하고, 결혼생활이 성공적이지 못할 것이라는 생각을 더 많이 갖는다(Franklin, Janoff-Bulman, & Roberts, 1990).

9) 디지털 중독 아동의 문제

디지털 중독에는 휴대전화 중독과 인터넷 중독이 있는데, 휴대전화 중독은 휴대전화가 없으면 불안과 초조가 밀려오는 증상을 보이며, 특별한 이유 없이 불필요한 통화를 하는 경우라 할 수 있다. 또한 인터넷 중독은 인터넷에 탐닉해 현실세계와 가상세계를 혼돈함으로써 초래되는 정신질환의 일종이라고 정의한다. 인터넷에 접속되어 있지 않으면 불안하고, 인터넷에서 무슨 일이 일어나고 있는지 궁금해하며, 인터넷 접속에 아주 강한 충동을 느끼는 것이라고 볼 수 있다(강영실 외, 2005).

2000년대에 들어와 디지털 기기의 보급이 급속도로 빨라지면서 삶의 질이 변화되는 등 긍정적인 측면도 있으나 이에 따른 피해 또한 급증하고 있다. 이러한 피해 사례가 속속 보고되고 있는데, 몇 가지를 소개하면 다음과 같다(강영실 외, 2005).

- 게임 중독에 걸려 수면부족이나 친구관계를 기피하는 사생활 장애 현상을 보인다.

- 시력 및 건강 악화에 따른 영양실조 등의 문제를 겪는다.
- 기계문명으로 인한 비인간화를 더욱 가속화하여 개인과 사회를 병들게 하는 원인으로 작용한다.
- 사이버상의 다양한 범죄에 악용된다.

10) 저출산문제

저출산문제가 심각한 사회문제로 대두되고 있다. 2018년 3분기(7월, 8월, 9월)의 출생아 수가 2017년 같은 기간에 비해 9,000명 이상 감소했고, 또한 이 기간 동안 합계 출산율은 0.95명으로 2분기(4월, 5월, 6월)의 0.97명에서 0.02명 더 줄었다. 「2018년 9월 인구동향」(통계청, 2018. 11. 28.)에 따르면 2018년 9월의 출생아는 2만 6,100명으로 2만 7,000명이었던 8월에 비해 더 감소했고, 2017년 9월과 비교하면 13.3%(4,000명)나 줄었다. 2023년도 합계출산율은 0.7명에 머물렀다. 이러한 급격한 저출산은 아동복지정책의 근간을 새롭게 설계해야 하는 문제를 대두시키게 될 것이다. 사후개입 중심의 아동복지정책에서 사전개입으로서 출산을 장려하고 아동 양육을 적극적으로 지원하는 정책과 서비스를 개발해야 할 것이다. 예를 들어, 임신 신고와 더불어 태내에서부터 건강관리를 국가가 책임지고 양육과 교육을 국가가 책임지는 정책을 도입할 필요가 있다.

5. 아동문제의 해결방안

우리나라에서 아동문제는 1950년 한국전쟁 이후 전쟁고아와 부모의 결손 및 빈곤에 따른 요보호 아동에서 부모의 취업에 따른 요보호 아동으로 관심이 바뀌고 있고, 일부 아동의 보호에서 전체 아동의 보호와 발전으로 바뀌고 있다(이용교, 2006). 1990년대에는 아동복지에서 영유아보육과 청소년복지가 분리되는 경향이 있었고, 다양한 아동복지 대상에 대한 구체적인 서비스가 강조되었다(성영혜, 김

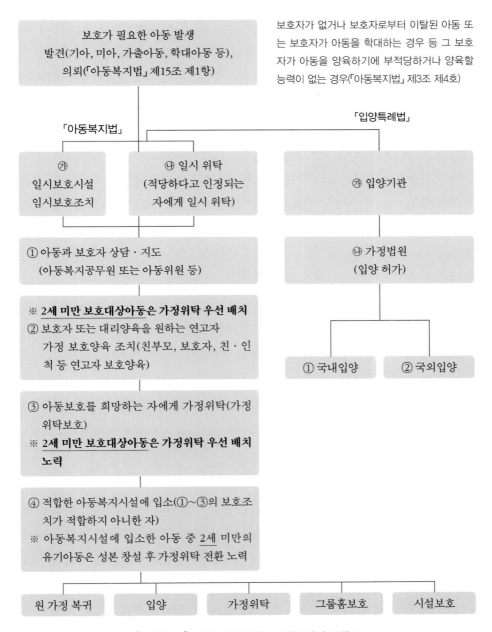

보호자가 없거나 보호자로부터 이탈된 아동 또는 보호자가 아동을 학대하는 경우 등 그 보호자가 아동을 양육하기에 부적당하거나 양육할 능력이 없는 경우(「아동복지법」 제3조 제4호)

보호가 필요한 아동 발생
발견(기아, 미아, 가출아동, 학대아동 등),
의뢰(「아동복지법」 제15조 제1항)

「아동복지법」   「입양특례법」

㉮
일시보호시설
임시보호조치

㉯ 일시 위탁
(적당하다고 인정되는
자에게 일시 위탁)

㉮ 입양기관

① 아동과 보호자 상담 · 지도
(아동복지공무원 또는 아동위원 등)

㉯ 가정법원
(입양 허가)

※ **2세 미만 보호대상아동은 가정위탁 우선 배치**
② 보호자 또는 대리양육을 원하는 연고자
가정 보호양육 조치(친부모, 보호자, 친 · 인
척 등 연고자 보호양육)

① 국내입양   ② 국외입양

③ 아동보호를 희망하는 자에게 가정위탁(가정
위탁보호)
※ **2세 미만 보호대상아동은 가정위탁 우선 배치**
노력

④ 적합한 아동복지시설에 입소(①∼③의 보호조
치가 적합하지 아니한 자)
※ 아동복지시설에 입소한 아동 중 2세 미만의
유기아동은 성본 창설 후 가정위탁 전환 노력

원 가정 복귀   입양   가정위탁   그룹홈보호   시설보호

[그림 3-1] 보호아동 발생 시 업무처리 흐름도

연진, 1997; 장인협, 오정수, 2001; 주정일, 이소희, 1992). 이러한 변화는 단순히 부모의 양육환경 변화뿐만 아니라, 아동관의 변화와도 밀접한 관련이 있다. 즉, 아동은 보호의 대상에서 권리의 주체로 바뀌었고, 1989년 '아동의 권리에 관한 국제협약'을 채택함으로써 권리 실현의 주체라는 시각이 확산되고 있다. 또한 급격한 출산율 저하는 2018년 2월 28일 「아동수당법」을 탄생시켰고, 3월 23일 「아동수당법 시행령」이 제정되었으며, 2018년 12월 13일 소득과 관계없이 만 6세 미만 모든 아동에게 아동수당을 지급하는 「아동수당법」 개정안이 제정되었다. 또 2019년 9월부터는 아동수당 지급 대상이 최대 생후 84개월(만 7세 미만)로 확대되었다. 이제 우리나라에서도 아동문제를 보편적으로 바라보는 시각이 공감대를 형성하게 된 것이다.

다양한 아동문제를 해결하기 위해서는 아동의 권리와 아동복지 실천을 위한 조건 및 원칙에 비추어 우리나라의 정책과 실천방안을 검토하고 대안을 제시하는 것이 중요하다. 보건복지부(2018)의 '아동분야 사업안내'를 중심으로 보호아동 발생 시 업무처리 흐름도를 제시하면 [그림 3-1]과 같다.

이 외에도 장애아동은 「장애인복지법」과 「장애인 등에 대한 특수교육법」에 따라 보호를 받고 있으며, 보육아동은 「영유아보육법」에 따라 도움을 받고 있다. 다음은 아동문제를 궁극적으로 해결하기 위해 우리나라가 아동복지 부분에서 더욱 노력해야 할 사항이다.

- **국가 차원의 인식전환**: 아동의 권리를 보장하는 국가와 사회 차원의 새로운 인식전환이 요구된다. 저출산 고령화 사회에서 아동 하나하나의 인적 자원의 소중함과 전인격성을 인식하고 아동복지를 위한 정책과 제도를 확립해 나가야 한다. 2018년도에 「아동수당법」이 제정되어, 지금까지 사후약방문식의 개입으로 아동이 가정에서 버림을 받았을 때 부득이 국가와 사회가 개입하는 수준에서 예방적 차원의 보편적 서비스로 방향을 전환하고 있으나 보다 적극적으로 국가가 개입할 필요가 있다. 임신 초기부터 건강한 아기를 출산하고 신체적·정서적으로 안정된 발달을 할 수 있도록 체계화해 나가야 한다.

- **아동복지의 정책 수립**: 우리나라 아동복지는 한국전쟁을 겪으면서 요보호 아동을 중심으로 전개되어 왔다. 여성가족부에서 담당하는 보육사업 말고는 아직도 요보호 아동을 중심으로 하는 선별주의에 입각한 서비스가 대부분이다. 이를 위해서 보건복지부는 기존의 생활시설 중심의 아동복지시설을 이용시설 중심으로 전환하여 보편주의에 입각한 아동복지서비스를 제공할 수 있도록 정책을 개발해야 한다.
- **재가복지서비스로의 전환**: 생활시설보호 중심의 서비스에서 지역사회를 거점으로 하는 재가복지서비스로 전환하여야 한다. 아동은 가정에서 생활하는 것이 가장 바람직하므로 아동이 아동생활시설에 입소하는 것을 예방할 수 있는 프로그램이 다양하게 마련되어야 한다. 이를 위해 부모가 아동을 양육하는 데 어려움이 없도록 물질적 지원과 심리적·정서적 지원을 할 수 있도록 해야 한다. 또 부득이한 경우는 가정위탁제도나 입양제도를 통하여 가정에서 생활할 수 있도록 하는데, 이를 위해서는 가정위탁제도를 현실화하고 입양에 따른 규제를 점진적으로 폐지하며, 입양가정에 대한 지원을 확대해 나가도록 해야 한다.
- **아동문제의 예방정책 수립**: 전문적인 서비스를 강화해 나가는 한편, 아동문제 예방을 위한 정책과 서비스를 개발해야 한다. 자녀와의 상호작용에 어려움을 갖고 있는 부모를 위한 교육프로그램과 전문적인 상담이나 치료가 가능한 전문기관을 지역주민이 접근하기 수월한 위치에 설립하도록 해야 한다.
- **요보호 아동의 정책 수립**: 사회가 발전해도 특별한 보호가 필요한 아동은 발생하기 마련이다. 이러한 아동을 위한 체계적이고 구체적인 정책이 수립되어야 한다. 요보호 아동을 위한 사회복지서비스를 전문화하여 전문기관을 확대 설립하고 전문가를 양성하여 양질의 서비스를 제공할 수 있도록 해야 한다.
- **포괄적 서비스의 개발**: 아동복지 실천을 위한 새로운 전달체계와 포괄적인 서비스를 개발해 나가야 한다. 현재 우리나라 아동복지 전달체계는 중앙부서가 다양하게 나누어져 있다. 보건복지부와 여성가족부 청소년보호위원회,

교육부 등 전달체계가 다원화되어 있다 보니 예산과 프로그램이 중복되어 부족한 예산이 소모적으로 사용되는 예가 많다. 그러므로 이러한 부분을 통합하여 실시할 수 있도록 조정해야 한다. 또한 아동복지는 그 성격상 포괄적인 서비스를 제공해야 하므로 각 기관을 통합하거나, 지역사회 네트워크를 효과적으로 구성하여 아동복지서비스를 제공하도록 해야 한다.

생각해 볼 문제

1. 출산율 저하와 이용시설 중심의 아동복지시설 전환에 따른 유휴 양육시설의 활용방안을 제시해 보자.
2. 국내 입양과 가정위탁 활성화 방안을 제시해 보자.
3. 지역아동센터의 활성화 방안을 설명해 보자.
4. 보육서비스의 발전을 위한 사회복지 측면의 서비스를 설명해 보자.
5. 우리 사회에서 발생할 것으로 예견되는 아동복지 문제를 설명해 보자.

🌱 참고문헌

강영실, 고명석, 김경신, 박상하, 백선복, 성윤숙, 안진, 양철호, 이양훈, 이장희, 최용(2005). 사회문제론. 대왕사.

공계순, 박현선, 오승환, 이상균, 이현주(2006). **아동복지론(2판)**. 학지사.

국어사전편찬위원회(2002). 새로 나온 국어사전. 민중서관.

김기환(1996). 빈곤아동의 이해와 복지정책. 한국가족단체협의회 학술대회 자료집.

김미경, 김영수, 김욱, 노명우, 박상태, 윤성복, 윤여덕, 전상진, 정성우, 최우익(2004). 현대사회의 이해. 형설출판사.

김익균, 이명현, 장동일, 정영일(2003). 사회문제론. 창지사.

김현용, 윤현숙, 노혜련(1997). 현대사회와 아동: 아동복지의 시각에서. 소화.

노혜련, 장정순(1998). 육아시설아동의 심리사회적 문제에 관한 연구. 한국사회복지학, 34, 45-67.

박정란, 서홍란(2001). 아동복지론. 양서원.

보건복지부(2018). 2011년도 아동분야 사업안내.

성영혜, 김연진(1997). 아동복지. 동문사.

안동현(1997). 아동의 권리: 필요성, 역사성 및 과제. 아동권리, 1, 9-21.

윤욱(1992). 아동복지. 수학사.

이용교(2006). 디지털사회복지개론. 인간과복지.

임춘식 외 24인(2007). 사회복지학개론. 공동체.

장인협, 오정수(2001). 아동 · 청소년 복지론(개정판). 서울대학교출판부.

정진영(1992). 한국의 이혼실태와 이혼가정 자녀들의 문제에 대한 연구. 서울여자대학교 인문사회과학논총, 7, 11-33.

주정일, 이소희(1992). 아동복지학(개정판). 교문사.

최경석(2006). 한국가족복지의 이해. 인간과복지.

통계청(2018). 2018년 9월 인구동향.

표갑수(1994). 아동 청소년 복지론. 청주대학교출판부.

표갑수(2000). 아동 청소년 복지론. 나남출판사.

한성심, 송주미(2003). 아동복지론. 창지사.

허남순(1993). 아동학대의 실태 및 대책. 한국아동복지학, 1, 23-45.

Brooks-Gunn, J., & Duncun, G. J. (1997). The effect of poverty on children. *The Future of Children, 7*(2), 55-71.

Downs, S. W., Costin, L. B., & McFaddem, E. J. (1996). *Child welfare and family services.* Longman.

Finkelhor, D. (1979). *Sexually victimized children.* The Free Press.

Franklin, K. L., Janoff-Bulman, R., & Roberts, J. E. (1990). Long-term impact of parental divorce on optimism and trust: Changes in general assumptions or narrow beliefs? *Journal of personality and Social Psychology, 59*, 743-755.

Hetherington, E. M., & Clingempeel, W. G. (1992). Coping with marital transitions: A family systems perspective. *Monographs of the Society for Research in Child*

Development, 57(2-3), 1-242.

Kadushin, A. (1980). *Child welfare services.* Macmillan Publishing.

Kadushin, A., & Martin, J. A. (1988). *Child welfare services* (4th ed.). Macmillan Publishing.

Kempe, R. (1976). Arresting or freezing the developmental process. In R. E. Helfer & C. H. Kempe (Eds.), *Child abuse and neglect: The family and community* (pp. 55-73). Ballinger.

Pecora, P. J., Whittaker, J. K., Maluccio, A. N., & Barth, R. P. (2000). *The child welfare challenge* (2nd ed.). Aldine De Gruyter.

Whittaker, J. K. (1985). Group and institutional care: An overview. In J. Laird & A. Hartman (Eds.), *A handbook of child welfare* (pp. 617-638). The Free Press.

제4장

노인문제

　사회경제적 발전의 결과로 남녀의 평균수명이 계속 높아지면서 노인인구의 절대 규모와 비율이 크게 증가했지만, 세대 간 가치관 갈등과 생활방식의 차이로 인해 신체적, 경제적으로 취약한 노인들은 여전히 많은 현실이다. 사회복지 측면에서 생활주기상 중요한 시기는 아동기와 노년기인데, 특히 우리나라는 아동인구 비율이 줄어드는 것과 달리 노인인구 비율이 빠르게 증가하고 있으며, 문제의 심각성도 아동보다 노인 쪽이 더 크다고 볼 수 있다. 노인층의 절대 규모와 인구 비율이 높아지는 고령화는 보호와 지원의 부담이 커진다는 의미도 있지만, 동시에 사회 발전의 핵심 목표 중 하나가 실현되고 있음을 의미하기도 한다. 노령사회에서는 특권층뿐 아니라 일반 시민들까지도 보편적으로 장수의 복을 누리며 생명의 평등이 실현될 필요가 있다. 그러나 성취된 노년기가 적절한 보호나 지원 대책의 부재로 인해 노인의 삶이 고통스럽고 무력해진다면, 이는 개인적 장수의 의미뿐 아니라 국가 발전의 의미도 상실될 것이다.

1. 노인의 개념

노인이란 산업사회에서는 60세 이상의 나이가 많은 사람 혹은 늙은 사람을 지

칭하는 말이지만 21세기의 고령사회에서는 전반적으로 평균수명이 연장됨으로
인하여 특정 시점을 기준으로 한 노인의 구분은 적절하지 않다는 의견이 대부분
이다. 사회복지 실천현장 혹은 정책집행 과정에서 노인을 어떻게 규정할 것인가
는 매우 중요한 과제다. 몇 세를 기준으로 노인복지 관련 서비스를 제공할 것인지
혹은 노령연금을 몇 세부터 지급할 것인지 등 노인의 기준을 명확히 설정해야 적
절한 서비스 제공이 가능해지기 때문이다. 따라서 먼저 노인의 정의에 대해 살펴
보고자 한다. 추상적으로 노인을 정의하고 있는 연구(Breen, 1960)에 따르면, 노인
은 다음의 세 가지로 정의된다.

① 생리적, 생물학적인 측면에서 퇴화기에 있는 사람
② 심리적인 측면에서 정신 기능과 성격이 변화되고 있는 사람
③ 사회적인 면에서 지위와 역할이 상실된 사람

1951년 국제노년학회가 발표한 노인의 정의는 다음과 같다.

① 환경 변화에 적절히 적응할 수 있는 조직 기능이 감퇴되고 있는 사람
② 인체의 자체 통합능력이 감퇴되고 있는 사람
③ 인체의 기관, 조직, 기능에 쇠퇴 현상이 일어나는 시기에 있는 사람
④ 인체의 적응능력이 점차 결여되고 있는 사람
⑤ 조직의 예비능력이 감퇴하여 적응이 제대로 되지 않는 사람

개인의 자각에 의한 노인을 노인으로 정의하기도 한다. 이를테면 스스로 판단
하여 노인이라고 생각하는 사람을 노인으로 규정하는 것이다. 그러나 이는 매우
주관적인 기준으로 사회복지 현장 혹은 정책집행 과정에서 사용되기는 어려운 정
의라 할 수 있다.

실제 노인이 인지하는 노인의 연령 기준은 평균 70~71세다. 각 조사시점마다
약간의 변동이 있기는 하지만 70~74세에 대한 응답이 가장 높았다. 또한 2011년

표 4-1	노인이 생각하는 노인 연령 기준의 변화*					(단위: 명, %)
구분*	2004년**	2008년**	2011년	2014년	2017년	2020년
전체	3,025 (100.0)	10,798 (100.0)	10,534 (100.0)	10,279 (100.0)	10,073 (100.0)	9,919 (100.0)
60세 미만	0.6	0.4	0.0	0.3	0.0	0.1
60~64세	12.9	7.2	3.4	3.4	0.0	1.3
65~69세	30.8	24.1	12.9	17.9	13.8	24.6
70~74세	47.2	50.0	59.0	46.7	59.4	52.7
75~79세	4.3	4.3	11.3	16.2	14.7	14.9
80~84세	4.1	7.3	12.7	14.3	11.6	5.7
85세 이상	0.2	0.7	0.7	1.0	0.5	0.8
평균	–	–	71.0	71.8	71.4	70.4

주: * 샘플 가중치 적용, 본인 응답자 기준 값임
  ** 2004년, 2008년은 범주형으로 질문하여 평균값 산출이 불가능함
자료: 1) 한국보건사회연구원(2004). 2004년도 노인실태조사 원자료 재분석.
  2) 계명대학교 산학협력단(2008). 2008학년도 노인실태조사 원자료 재분석.
  3) 한국보건사회연구원(2011). 2011년도 노인실태조사 원자료 재분석.
  4) 한국보건사회연구원(2014). 2014년도 노인실태조사 원자료 재분석.
  5) 한국보건사회연구원(2017). 2017년도 노인실태조사 원자료 재분석.
  6) 한국보건사회연구원(2020). 2020년도 노인실태조사 원자료 재분석.

을 기점으로 70세 미만을 노인으로 보는 비율은 점차적으로 감소하고, 75세 이상을 노인으로 보는 비율이 증가하는 경향을 보인다. 즉, 노인으로 간주하는 평균 연령은 시계열적으로 거의 유사하나, 연령 구간은 최근으로 올수록 고연령에 속하는 구간에서의 비율이 증가하는 것으로 나타났다.

한편, 사회적 역할 상실을 기점으로 노인을 정의하는 방식도 있다. 즉, 노인이란 지금까지 수행해 오던 주요한 사회적 지위 및 역할이 상실된 상태에 있는 사람으로 사회적 직업활동에서 퇴직한 경우가 주로 해당한다. 그러나 이 경우, 사회적 역할의 측면을 강조하고 있는 탓에 기존에 사회적 지위 및 역할이 불분명하거나 없던 사람에게는 적용이 어렵다. 게다가 우리나라 평균 정년 연령이 50대임을 감안하면 50대부터 노인에 해당하는데, 사회적 통념상 해당 기준을 차용하는 것은

적절치 못하며 「노인복지법」에서 정하고 있는 노인 연령 기준인 65세와도 정합성이 떨어진다.

앞서 살펴본 다양한 정의 방식의 단점을 보완하고 객관적으로 노인을 정의할 수 있는 방식은 역(歷)연령에 의해 노인을 규정하는 것이다. 이 방식은 시간 경과의 단위인 달력상의 시간에 의하여 일정한 연령에 도달한 사람으로 정의하는 방식으로, 일반적으로 65세 이상인 사람을 노인으로 규정한다. 이 정의는 노인의 생리적 · 신체적 · 심리적 측면과 노화의 제 특성을 어느 정도 잘 반영하고 있으며, 노인의 개념을 판단하기 쉽고 입법적 · 행정적인 측면의 편의성이 높아 가장 보편적으로 사용되고 있다(최성재, 장인협, 2021).

2. 노인문제의 이론

1) 노화측정도구

먼저 미국 보건의료기관(U.S. Health Department)에서는 건강의 단계를 총 9단계로 구분한다(〈표 4-2〉 참조). 1단계는 사회적 · 신체적 · 정신적으로 건강한 상태(social, physical, mental well-being)를 의미한다. 그러나 신체적 · 정신적 이상이 없더라도 사회생활상에서 소외되고 위축되어 있는 등 사회적 관계에 문제가 있다면 1단계에 포함되지 못하는 상태로 본다. 2단계는 질병이나 장애가 없는 상태(absence of disease or impairment)로, 사회적 위축이 있더라도 특별한 정신적 · 신체적 질환이나 장애가 없는 상태를 가리킨다. 3단계는 이상이 발생한 상태(presence of a condition)로, 구체적 증상은 없으나 이상을 호소하는 상태를 의미한다. 4단계는 치료가 필요한 상태(treatment is sought)로, 질환이 나타나서 치료가 필요하지만 생활에 불편이 없는 상태를 의미한다. 5단계는 활동에 제약을 받는 상태(restriction of activity)로 일반적 동작, 즉 식사, 목욕, 운동 등에 제약을 받는 상태를 가리킨다. 6단계는 주요 활동이 제약받는 상태(restriction of major activity)

표 4-2 건강에 관한 단계적 척도

단계	상태
1단계	사회적 · 신체적 · 정신적으로 건강한 상태(social, physical, mental well-being)
2단계	질병이나 장애가 없는 상태(absence of disease or impairment)
3단계	이상이 발생한 상태(presence of a condition)
4단계	치료가 필요한 상태(treatment is sought)
5단계	활동이 제약받는 상태(restriction of activity)
6단계	주요 활동이 제약받는 상태(restriction of major activity)
7단계	주요 활동이 불가능한 상태(inability of major activity)
8단계	보건의료기관의 돌봄을 받아야 하는 상태(institutionalization)
9단계	사망(death)

로 생계활동, 집 보기, 학교생활에 지장이 있는 상태에 해당한다. 7단계는 주요 활
동이 불가능한 상태(inability of major activity)로, 이를테면 가족의 치료와 보호를
받아야 하는 상태를 의미한다. 8단계는 보건의료기관의 돌봄을 받아야 하는 상태
(institutionalization)로, 요양원이나 병원에 입원하여야 하는 상태다. 마지막으로
9단계는 사망(death) 상태를 의미한다.

　노인의 신체적 건강상태는 일상생활수행능력(Activity of Daily Living: ADL)을 통
해 측정하기도 한다. 일상생활수행능력(ADL)은 자신을 돌보는 데 필요한 기본적
인 일상생활 및 사회생활을 유지하기 위한 일상생활들을 독립적으로 수행해 낼
수 있는 능력을 의미한다. 1963년에 카츠(Ford Katz)가 제시한 이래 세계적으로 널
리 활용되는 도구로 국내에서는 요양시설 등의 입소자격을 판단하거나 입소 후
건강상태의 변화를 측정하는 지표로 활용되기도 한다. 구체적인 항목은 옷 벗고
입기, 세수하기, 양치질하기, 목욕하기, 식사하기, 체위 변경하기, 일어나 앉기, 옮
겨 앉기, 방 밖으로 나오기, 화장실 이용하기 등의 10개 항목으로 구성되어 있다
(〈표 4-3〉 참조).

표 4-3 일상생활수행능력 평가항목

항목	정의
옷 벗고 입기	일상적인 옷을 입고 벗는 능력
세수하기	수건 준비, 수도꼭지 돌리기, 물 받기, 얼굴 씻기, 옷이 젖는지 확인하기, 수건으로 닦기 등의 능력
양치질하기	칫솔에 치약 바르기, 칫솔질하기, 헹굼용 물 준비하기, 가글하기 등의 능력
목욕하기	목욕이나 샤워를 할 때 비누칠하기, 헹구기 등을 통해 개인위생을 유지하는 능력
식사하기	식사를 위해 음식을 입으로 가져오고 삼키는 능력
체위 변경하기	돌아눕기, 엎드리기, 옆으로 눕기 등의 행위와 관련된 능력
일어나 앉기	누운 상태에서 상반신을 일으켜 앉는 능력
옮겨 앉기	침상에서 휠체어, 의자에서 휠체어, 휠체어에서 침상, 휠체어에서 의자로 이동하는 능력
방 밖으로 나오기	자신의 방에서 복도, 거실 등으로 이동하는 능력
화장실 이용하기	배뇨 및 배변과 관련된 일련의 능력

도구적 일상생활수행능력(Instrumental Activities of Daily Living: IADL)이란 일상생활수행능력(ADL)보다 더 복잡하고 독립적인 활동을 평가하는 지표다. ADL이 기능유지 및 자립성을 평가하는 지표라면, IADL은 사회·경제적인 기능과 독립성을 평가하는 지표라 볼 수 있다. 즉, ADL이 저하되면 일상생활을 스스로 수행할 수 없게 됨에 따라 삶의 질의 저하로 직결된다. 따라서 ADL 유지는 에이징 인 플레이스(Aging In Place)를 실현하는 핵심요소가 되며, IADL은 이보다 더 복잡한 지역사회 생활 및 활동적인 삶의 유지와 관련된 개념이다. 구체적인 평가항목은 〈표 4-4〉와 같다.

표 4-4 **도구적 일상생활수행능력 평가항목**

항목	정의
식사준비	요리, 식사준비, 맛보기 등의 활동
가사활동	집안 청소, 정리, 세탁 등의 활동
금융활동	은행, 보험 등 금융거래 활동
건강관리활동	의료서비스 이용, 병원 방문, 약물복용 활동
전화 및 기술활용	전화, 소셜미디어, 컴퓨터, 스마트폰 사용
쇼핑	쇼핑, 상점 방문
여행	여행 예약, 외부활동, 이동 등

출처: 원장원 외(2002).

2) 노화와 관련된 이론

(1) 생물학적 노화이론

모든 사람은 신체적 노화를 경험하게 된다. 피부노화, 골격 및 근육의 노화, 시청각 및 미각, 촉각 등의 감각기능 노화뿐 아니라 소화기능, 혈액순환기능, 호흡기능, 기초대사기능, 수면 및 생식기능, 기억력 감퇴 등 다양한 측면에서 노화를 경험한다.

노화의 원인에 대해 아직까지 명확하게 밝혀지지 않은 측면이 많지만, 생물학적 노화를 설명하기 위해 현재까지 제시된 이론들은 유전적 노화이론과 비유전적 세포노화이론으로 구분된다.

① 유전적 노화이론

• 유전자결정이론: 노화를 성장, 수명 등과 같이 유전인자(DNA)에 의해 정해진 계획에 따라 진행되는 현상의 일부로 보는 견해다. 정해진 시기에 이르게 되면 노화를 일으키는 특정 유전자가 적극적으로 작용하여 세포를 노화시키면서 노화가 진행된다는 것이다.

- DNA 작용착오이론(유전자오류이론): 리보핵산(Ribonucleic Acid: RNA)은 디옥시 리보핵산(Deoxyribo Nucleic Acid: DNA)과 함께 세포핵 속에 위치하고 있으며, DNA로부터 전달된 정보를 받아 세포나 기관의 생성과 생명유지에 필요한 단백질 합성을 인도하는 핵산이다. 이러한 DNA와 RNA 사이의 정보전달 과정에서 착오가 발생해 리보핵산이 잘못된 단백질을 합성하고, 이것이 축적되어 세포, 조직, 기관에 손상을 입힘으로써 노화를 유발시킨다는 것이 유전자오류이론의 핵심이다(고수현, 윤선오, 2021).
- 유전자돌연변이이론(체세포변이이론): 세포 내에 축적된 노폐물 등에 의해 유전정보가 있는 DNA의 특정 부분인 유전자가 손상을 입게 되면 DNA 복구 시스템이 손상된 유전자를 정상 유전자로 복구시킨다. 그러나 DNA 복구 시스템의 작동이 비정상적일 경우 일부 유전자 정보가 상실되어 돌연변이 세포가 생성되는데, 이러한 돌연변이 세포들이 누적되면서 노화가 발생한다는 것이다.

② 비유전적 세포노화이론

- 마모이론: 기계를 오랜 시간 사용하게 되면 마모되어 손상되는 것과 유사한 원리로, 인체의 세포와 조직들이 노화에 의해 닳거나 손상되어 기능에 이상이 발생하게 된다는 것이다.
- 노폐물누적이론: 살아가는 동안 인체 내부에 해로운 물질이 점차 체내에 축적되어 정상적인 세포 기능이 방해를 받게 되고, 그 결과 노화가 진행된다는 이론이다.
- 교차연결이론: 세포 내부의 분자들이 상호교착되어 활동성을 잃고 둔감하게 되거나 분자의 교착으로 기능상의 문제를 가진 단백질이 세포와 조직에 상처를 주면서 신체기능 저하가 야기된다는 것이다.

(2) 심리학적 노화이론

① 지속성 이론

뉴가튼(Bernice Neugarten)의 지속성 이론은 심리학적 노화를 설명하는 이론 중 하나다. 이 이론은 노화가 일정한 패턴을 따르며, 개인이 연령에 따라 다른 과제를 직면하고 이를 극복하려고 노력하는 것을 강조한다. 지속성 이론의 주요 개념들은 다음과 같다.

- **노화에 따른 변화의 지속성:** 뉴가튼은 노화가 일정한 패턴을 따르며, 개인이 연령을 먹을수록 변화의 속도와 방향이 일정하게 유지된다고 주장한다. 이는 노화가 예측 가능한 과정이라는 것을 의미한다.
- **노화와 연령에 따른 과제:** 이론에 따르면, 노화 과정에서는 각 연령에 따라 다른 과제가 존재한다. 예를 들어, 청소년기에는 독립성과 정체성 형성이 중요한 과제일 수 있고, 노년기에는 의미 있는 활동과 사회적 참여가 중요한 과제가 될 수 있다.
- **비약적 변화(Discontinuities):** 뉴가튼은 노화가 단계적이고 연속적인 과정이 아니라, 때때로 비약적인 변화가 발생한다고 주장하였다. 이는 개인의 삶에서 중대한 사건이나 변화가 생길 때 그에 따른 비약적인 변화가 일어날 수 있다는 것을 의미한다.
- **지속성의 역할:** 이론에 따르면, 개인이 노화 과정에서 과거의 경험을 유지하고 이에 따른 지식과 기술을 적용함으로써 변화에 대응할 수 있다. 이러한 지속성은 노화 과정을 지지하고, 새로운 상황에 대처하는 데 도움이 된다.

즉, 이 이론은 노화가 예측 가능한 패턴을 따르며, 개인이 연령에 따른 다양한 과제를 극복하고 지속성을 유지하려고 노력한다는 관점을 제공한다.

② 성장발달이론

노인심리 성장발달이론은 노인기에 발생하는 심리적인 변화와 성장을 설명하는 이론이다. 이러한 이론은 노인들이 생애주기의 다른 단계와 마찬가지로 심리적으로 성장하고 변화하는 것을 강조한다. 여러 가지 노인심리 성장발달이론이 있지만, 그중에서 주목할 만한 것을 살펴보고자 한다. 먼저 에릭슨(Erikson)은 인간의 발달을 여러 단계로 나누었는데, 노인기에 해당하는 단계는 '인테그리티 vs. 절망'이라는 단계로 본다. 이 단계에서 개인은 자신의 삶을 돌아보고 통합성과 만족감을 찾으려고 노력하며, 이를 통해 노인기를 성공적으로 보낼 수 있다.

다음으로 적응 모델(The Adaptation Model by Baltes)이 있다. 이 모델은 노인기에 적응과 변화가 심리적인 성장과 관련이 있다고 제안한다. 노인은 새로운 상황에 적응하고 자신의 자원을 최대한 활용함으로써 성장과 발달을 이루어 나갈 수 있다고 설명한다.

이러한 노인심리 성장발달이론들은 노인의 삶의 다양한 측면에서 심리적인 변화와 성장을 이해하는 데 도움을 준다. 이론들은 노인의 심리적 발달을 이해하고 지원하는 데 활용될 수 있으며, 노인의 삶의 질을 향상시키는 데 기여할 수 있다.

3. 노인 관련 정책

급속한 고령화로 인해 노인인구가 증가하면서 다양한 노인복지정책을 마련하고 있다. 이러한 정책들은 노인의 경제적 안정, 건강 증진, 주거 복지, 사회적 참여 촉진 등을 통해 노인들이 보다 나은 삶의 질을 유지하고, 사회적 고립을 방지하는 데 중점을 두고 있다. 각 정책은 국가와 지자체 차원에서 촘촘하게 설계되어 있으며, 이를 통해 노인문제 해결을 지원하고자 한다.

1) 소득 지원

노인 빈곤율이 높은 현실을 반영하여 노인의 기본적인 경제적 안정을 위한 소득 지원 정책이 마련되어 있다. 대한민국은 노후 소득 보장을 위해 다양한 지원 제도를 운영하고 있다.

(1) 기초연금

만 65세 이상 소득 하위 70%의 노인에게 매월 일정 금액을 지급하여 기본적인 생활을 지원한다. 2024년 기준 기초연금 수급자는 이동통신 요금의 일부 감면 혜택도 받을 수 있으며, 정부는 지속적인 기초연금 인상과 확대 방안을 검토하고 있다. 이 기초연금은 노인의 최소한의 생계 보장에 중요한 역할을 하고 있으며, 노인 빈곤문제 완화에 기여하고 있다.

(2) 국민연금

일정한 가입 기간을 채운 사람들에게 연금을 지급하는 제도로 노후 소득을 지원하는 핵심 제도이다. 국민연금은 강제 가입 제도로 운영되며, 노후에 일정한 소득을 확보하는 역할을 한다. 정부는 연금 제도 개편을 통해 지급액을 확대하고 연금 재정의 안정성을 유지하려는 노력을 기울이고 있다.

(3) 노후 긴급자금 대부사업

만 60세 이상 국민연금 수급자를 대상으로 전월세 자금, 의료비, 장제비, 재해복구비 등의 긴급 생활안정자금을 저금리로 대출할 수 있도록 지원하여, 예상치 못한 긴급 상황에서도 안정적인 생활을 유지할 수 있도록 돕고 있다.

2) 일자리 지원

노인들이 경제활동을 통해 소득을 보충하고, 사회에 적극적으로 참여할 수 있도록 다양한 일자리 지원사업을 시행하고 있다. 특히 노인들이 안전하게 근무할 수 있는 공익형 일자리와 사회서비스형 일자리 제공에 중점을 두고 있다.

(1) 노인일자리 및 사회활동 지원사업

만 65세 이상 노인을 대상으로 공익활동, 사회서비스형 일자리 등을 제공하여 사회 참여와 소득 지원을 도모하고 있다. 2024년에는 노인일자리를 103만 개로 확대하고, 공익형 일자리 수당을 월 27만 원에서 29만 원으로 인상하였다. 공익 활동은 지역사회의 환경 개선, 돌봄 서비스 지원 등 다양한 분야에서 이루어지며, 노인의 사회적 역할을 강화하는 효과가 있다.

(2) 지역사회 연계 일자리

각 지자체는 노인을 위한 맞춤형 일자리를 운영하여 지역 내 경제활동을 지원하고 있다. 예를 들어, 지역 특산물 판매 지원, 지역 환경 보호 활동 등 노인이 참여할 수 있는 다양한 일자리를 발굴하여 노인의 사회 참여를 촉진하고 있다.

(3) 고령친화산업 연계 일자리

노인의 건강과 안전을 고려한 고령친화산업 일자리를 창출하고, 관련 교육과 기술 훈련을 통해 노인이 새로운 기술을 습득할 수 있도록 돕고 있다.

3) 건강 지원

노인의 건강문제는 삶의 질에 큰 영향을 미치는 요소로, 이를 지원하기 위한 다양한 건강관리 정책이 마련되어 있다. 특히 만성질환 관리와 예방 차원에서 의료 지원이 확대되고 있다.

(1) 국가예방접종 지원

만 65세 이상 노인을 대상으로 인플루엔자 백신과 폐렴구균 백신을 무료로 접종하여 감염병으로부터 보호하고 있다. 예방접종은 노인의 건강을 지키는 데 필수적인 예방조치로, 매년 무료 접종을 통해 감염병에 대한 저항력을 높이고 있다.

(2) 치매국가책임제

치매 관리와 치료를 위한 지원 정책으로, 치매 조기검진, 치료·관리비 지원, 치매안심센터 운영 등을 통해 치매 예방과 관리를 강화하고 있다. 특히 치매안심센터에서는 치매 환자와 그 가족에게 맞춤형 서비스를 제공하여 치매로 인한 부담을 줄이고, 사회적 지지를 제공하고 있다.

(3) 의료비 지원

저소득층 노인의 의료비 부담을 완화하기 위해 본인 부담 상한제를 도입하고, 만성질환 관리비 지원 등을 통해 의료 접근성을 높이고 있다. 저소득 노인의 경우 특정 의료비 지원 프로그램을 통해 필요한 진료와 약물 치료를 받을 수 있도록 돕고 있다.

4) 돌봄 지원

혼자 생활하거나 일상생활이 어려운 취약 노인에게는 다양한 돌봄 서비스가 제공된다. 이는 노인의 생활 편의성을 높이고 사회적 고립을 방지하는 데 중요한 역할을 한다.

(1) 노인맞춤돌봄서비스

일상생활이 어려운 취약 노인에게 안전지원, 사회참여, 생활교육, 일상생활 지원 등의 맞춤형 서비스를 제공하고 있다. 2024년부터는 돌봄 서비스 시간이 월 16시간에서 20시간으로 확대되어 보다 충분한 지원을 제공하고 있다.

(2) 응급안전안심서비스

독거노인과 같은 취약계층의 가정에 화재·가스감지기와 활동센서, 응급호출기를 설치하여 응급상황 발생 시 신속하게 대응할 수 있도록 한다. 이 서비스는 혼자 생활하는 노인의 안전을 강화하고 고독사를 예방하는 데 기여하고 있다.

(3) 재가노인 복지시설 지원

노인이 가정에서 생활하면서도 필요한 지원을 받을 수 있도록 재가노인복지시설을 운영하고 있다. 방문 간호, 가사 지원 등의 서비스를 통해 노인의 일상생활을 돕고 있다.

5) 주거 지원

노인의 주거 안정성을 보장하기 위한 정책도 마련되어 있다. 고령층의 경우 주거 환경이 노후화되어 안전문제가 발생할 수 있기 때문에 주거 지원은 노인의 삶의 질 향상에 중요한 요소이다.

(1) 고령자 맞춤형 공공임대주택

무장애 설계가 적용된 고령자 맞춤형 공공임대주택을 제공하여 노인의 안전한 주거 환경을 조성하고 있다. 이 주택은 안전 손잡이, 경사로, 장애인 접근성을 고려한 설계 등을 갖추고 있어 노인의 안전한 거주를 돕는다.

(2) 연금형 매입임대

노인이 주택을 정부에 매입한 후 이를 연금 형태로 지급받는 방식으로, 고령자가 안정적인 주거와 소득을 동시에 확보할 수 있도록 돕고 있다. 이를 통해 노인은 주거 불안 없이 생활을 유지할 수 있다.

6) 사회참여 및 교육 지원

노인들이 활발하게 사회에 참여할 수 있도록 돕기 위한 다양한 프로그램이 마련되어 있다. 노인의 사회적 역할을 강화하고, 고립을 방지하는 데 중점을 둔 정책이다.

(1) 노인대학 및 문화센터 운영

노인들에게 평생교육과 문화활동 기회를 제공하여 노인의 학습 욕구를 충족시키고 사회적 네트워크를 형성할 수 있도록 지원한다. 노인대학은 건강 교육, 문화예술, 정보화 교육 등을 통해 노인들이 새로운 지식을 습득하고, 삶의 활력을 찾는 데 기여하고 있다.

(2) 노인자원봉사 활성화

노인들이 지역사회에서 자원봉사 활동에 참여하도록 지원하며, 이를 통해 사회적 기여와 자아실현을 도모하고 있다. 자원봉사는 노인의 사회적 역할을 확립하고, 지역사회에 활력을 불어넣는 효과가 있다.

(3) 디지털 격차 해소 교육

노인의 디지털 소외문제를 해결하기 위해 스마트폰, 인터넷 사용 교육을 제공하고 있다. 이 교육은 온라인 금융서비스나 공공서비스를 원활하게 이용할 수 있도록 돕고, 노인들이 디지털 사회에 적응할 수 있는 기회를 제공한다.

4. 노인문제의 실태

고령화는 단순히 인구 구조 변화에 그치지 않고 경제, 사회, 건강 등 다양한 측면에서 복합적인 문제를 초래하며, 노인 빈곤, 사회적 고립, 건강관리 등의 이슈가 점점 더 커지고 있다. 우리나라 노인문제의 주요 실태와 그로 인한 문제점들을 살펴보면 다음과 같다.

1) 급속한 인구 고령화

우리나라의 고령화는 세계에서 가장 빠른 속도로 진행되고 있다. 2024년 기준 65세 이상 인구는 전체 인구의 약 19.5%를 차지하며, 초고령사회(65세 이상 인구가 20% 이상인 사회) 진입을 눈앞에 두고 있다. 2000년에 고령화사회(65세 이상 인구가 7% 이상)로 진입한 후, 2017년에 고령사회(65세 이상 인구가 14% 이상), 그리고 불과 7년 만에 초고령사회에 가까워지고 있는 상황이다. 이는 선진국이 보통 50년 이상에 걸쳐 이루어진 것과 비교해도 매우 빠른 속도. 고령화의 원인으로는 출산율 저하와 평균수명의 연장이 주요 원인으로 꼽힌다. 특히 한국의 출산율은 2023년 기준 0.8명 수준으로 세계 최저 수준이며, 고령화가 더 빨리 진행되는 중요한 요인이 되고 있다. 이로 인해 젊은 층의 부양 부담이 증가하고 있으며, 생산 인구의 감소로 경제 성장이 둔화할 우려가 커지고 있다.

2) 높은 노인 빈곤율

대한민국은 노인 빈곤율이 매우 높은 편이다. 2020년 기준으로 66세 이상 인구의 빈곤율은 약 40.4%로, 이는 경제협력개발기구(OECD) 평균(약 14.2%)보다 훨씬 높은 수준이다. 특히 76세 이상의 빈곤율은 52%에 달하며, 절반 이상의 노인이 빈곤층에 속하는 상황이다. 원인으로는 노후 대비 부족, 불충분한 연금 제도, 고용 기회의 제한 등 여러 요인이 노인 빈곤을 초래하는 것으로 지적된다. 특히 과거 경제적 어려움으로 인해 자산 형성이 어려웠던 노인 세대는 자녀를 위한 교육비나 의료비 지출로 노후 준비가 부족한 경우가 많다. 노후 소득 구조를 살펴보면 국민연금이나 기초연금과 같은 공적 연금만으로는 생활이 어려운 경우가 많다. 따라서 많은 노인이 경제활동을 계속해야 하거나 자녀의 지원에 의존해야 하는 경우가 많다. 높은 노인 빈곤율은 노인의 경제적 불안감을 심화시키고, 경제적 빈곤이 건강문제와 사회적 고립으로 이어질 위험이 크다.

3) 노인 경제활동의 증가

많은 노인이 경제적 이유로 인해 계속해서 일할 수밖에 없는 상황에 놓여 있다. 2022년 65세 이상 노인의 고용률은 약 36.2%로 OECD 국가 중에서도 높은 수준이다. 이는 과거 대비 약 6% 상승한 수치로, 생계를 위한 경제활동 참여가 늘어나고 있음을 나타낸다. 그러나 노인 일자리는 대체로 낮은 임금과 불안정한 일자리로 구성되어 있다. 대다수 노인은 단기 계약직이나 일용직에 종사하며, 안정적인 소득을 얻기 어려운 상황이다. 이에 따라 노인들이 육체적, 정신적으로 힘든 일을 감당해야 하는 경우가 많다. 경제활동을 통해 소득을 확보하는 것도 중요하지만, 안정적이고 안전한 일자리가 보장되지 않으면 오히려 노인의 신체적, 정신적 건강을 악화시킬 수 있다.

4) 노인의 가족 구조 변화와 사회적 고립

과거에는 자녀와 함께 생활하는 다세대 가구가 보편적이었으나, 최근 노인단독가구가 크게 증가하고 있다. 2020년 기준, 노인단독가구는 전체 노인 가구의 약 78.2%를 차지하고 있으며, 이는 2008년의 66.8%에서 크게 증가한 수치이다. 자녀와의 동거를 희망하는 노인 비율이 감소하고, 노인의 사회적 고립이 증가하고 있다. 유사한 맥락에서 혼자 사는 노인의 경우 고독사 위험이 높아지고 있다. 최근 몇 년 동안 고독사가 사회문제로 대두되고 있으며, 가족과의 연락이 끊어진 채 혼자 생활하는 노인이 증가하면서 고독사 사례도 늘어나고 있다. 사회적 고립과 고독사는 노인의 정신건강에 심각한 영향을 미치며, 이를 방지하기 위해서는 지역사회의 관심과 복지서비스 확대가 필요하다.

5) 건강문제와 의료 비용 부담 증가

고령화가 진행되면서 노인의 건강문제는 더욱 심각해지고 있다. 평균 수명은 늘어나고 있지만, 건강하게 살아가는 기간은 상대적으로 짧아 고령자들은 만성질환을 앓는 경우가 많다. 노인 대부분은 고혈압, 당뇨병, 관절염 등 만성질환을 앓고 있으며, 이로 인해 정기적인 진료와 약물 치료가 필요하다. 65세 이상 고령자의 연간 1인당 진료비는 497만 원에 달하며, 이는 일반 인구보다 높은 수준이다. 노인이 감당해야 할 의료 비용이 커지면서 경제적 부담이 가중되고 있다. 특히 저소득 노인의 경우 의료서비스 접근이 어려워지며, 적절한 치료를 받지 못하는 사례가 늘어나고 있다. 이와 같은 건강문제는 노인의 삶의 질에 부정적인 영향을 미치며, 만성질환 관리와 노인 친화적 의료서비스가 강화될 필요가 있다.

6) 소득보장과 사회적 지원

노인문제를 해결하기 위해 정부는 다양한 소득보장과 사회적 지원 정책을 시행하고 있다. 그러나 여전히 많은 노인이 필요한 도움을 받지 못하고 있다. 먼저 노인 빈곤을 완화하기 위해 정부는 기초연금을 제공하고 있으나, 지급액이 생활을 유지하기에 충분하지 않은 경우가 많다. 이에 따라 기초연금의 확대와 지급 대상을 넓히려는 노력이 이루어지고 있다. 또한 정부는 노인 일자리 사업을 통해 일자리 제공을 확대하고 있으나, 대부분의 일자리가 단기적이고 비숙련 직종에 한정되어 있어 안정적인 경제적 지원이 부족한 상황이다. 최근에는 지역사회에서 노인을 위한 돌봄 서비스가 강화되고 있으며, 특히 고독사 방지와 건강관리를 위한 프로그램이 점차 늘어나고 있다. 이와 같은 정책들은 노인의 경제적, 정서적 안정을 지원하는 데 중요한 역할을 하지만, 보다 촘촘한 복지 체계가 필요할 것이다.

7) 디지털 격차 문제

디지털화가 가속화되면서 노인들은 상대적으로 새로운 기술에 접근하기 어려운 상황이다. 많은 노인이 스마트폰, 인터넷 등의 디지털 기기를 활용하는 데 어려움을 겪는 등 디지털 소외를 경험하고 있다. 이에 따라 정부나 의료서비스, 은행 등에서 제공하는 온라인 서비스를 원활하게 이용하지 못하는 경우가 많다. 정부는 디지털 교육을 통해 노인의 디지털 접근성을 높이려 하고 있으나, 보다 체계적이고 쉬운 교육 프로그램이 필요하다. 디지털 격차는 노인의 정보 접근성을 저해하고, 사회와의 연결을 약화하므로 디지털 소외 해소를 위한 노력이 중요하다. 이와 같은 문제들은 노인 복지 정책 강화, 지역사회의 지원 확대, 기업과 개인의 참여를 통해 해결될 수 있다. 대한민국은 점차 고령사회에서 초고령사회로 접어들고 있기 때문에 노인의 경제적 안정, 건강관리, 사회적 참여를 위한 종합적인 노인 지원 체계를 마련하는 것이 시급한 상황이다.

5. 노인문제의 해결방안

첫째, 노인의 경제적 안정을 지원하는 방안이다. 노인의 경제적 어려움을 해결하기 위해서는 기본적인 생활 안정과 소득 보장을 위한 다양한 정책이 필요하다. 노후 소득 부족 문제를 해결함으로써 노인의 빈곤을 완화하고 삶의 질을 향상시키는 데 기여할 수 있을 것이다. 이를 위해 기초연금 확대가 필요하다. 현재 만 65세 이상 소득 하위 70%의 노인에게 지급되는 기초연금은 노후 소득을 보장하기 위해 중요한 정책이다. 기초연금의 지급액을 생활비에 실질적으로 도움이 되는 수준으로 인상하고, 지급 대상을 확대하여 더 많은 노인이 혜택을 받을 수 있도록 해야 한다. 이는 기본적인 생활 안정을 보장하고, 노인 빈곤문제를 완화하는 데 기여할 수 있을 것이다. 이와 함께 국민연금제도의 강화 방안도 고려해야 할 것이다. 국민연금은 노후 소득을 안정적으로 제공하기 위한 핵심 제도이지만, 현행 국민연금만으로는 생활비를 충당하기 어려운 상황이다. 연금 지급액을 현실화하고, 연금 수급을 위한 최소 가입 기준을 완화하여 더 많은 노인이 국민연금의 혜택을 받을 수 있도록 하는 개혁이 필요하다. 또한 연금 재정의 안정성을 확보하여 장기적으로도 지속 가능한 연금 체계를 구축하는 것이 중요할 것이다. 이와 함께 긴급한 상황이 발생했을 때 노후 자금을 지원받을 수 있는 저금리 대출 프로그램을 강화하여, 전월세 자금이나 의료비, 장제비, 재해복구비 등 예기치 못한 비용이 발생할 때 노인들이 안정적으로 자금을 확보할 수 있도록 할 필요가 있다.

둘째, 안전하고 질 좋은 일자리 제공이다. 노인의 경제적 자립과 사회참여를 위해 안전하고 질 좋은 일자리를 제공하는 것이 중요하다. 일자리는 단순한 소득 제공을 넘어 노인의 자존감을 높이고 사회와의 연결을 강화하는 역할을 하기 때문이다. 먼저 고령 친화적 일자리 확대가 필요하다. 고령 친화적 일자리란 노인의 신체적, 정신적 특성을 고려하여 설계된 맞춤형 일자리를 의미한다. 노인들이 무리 없이 수행할 수 있는 일자리와 근무 환경을 조성하고, 장기적으로 안정적인 일자리를 제공하여 경제적 안정과 사회참여를 동시에 촉진할 수 있다. 예를 들어, 지역사회의 커뮤니티 공간에서의 간단한 업무, 고령친화산업(예: 건강식품, 여가용품)에서의 지원 업무 등이다. 또한 사회서비스형 일자리 확대도 필요하다. 공공부문에서 제공되는 사회서비스형 일자리를 통해 노인들이 지역사회에 기여할 수 있도록 해야 할 것이다. 돌봄 서비스 지원, 환경 보호 활동 등 사회적으로 의미 있는 일자리를 제공하여 노인이 지역사회에 봉사할 기회를 확대하고, 이를 통해 자부심과 만족감을 높일 수 있을 것이다. 이와 함께 노인들이 최신 기술을 습득하고, 이를 바탕으로 적합한 일자리에 재취업할 수 있도록 재취업 및 기술 교육 프로그램을 제공도 확대해야 할 것이다. 예를 들어, 디지털 기기 사용법, 고객 관리 등의 기본적인 직무 교육을 통해 노인들이 새로운 기술을 습득할 수 있도록 하고, 이를 바탕으로 재취업 기회를 확대할 수 있을 것이다.

셋째, 건강관리 및 의료 지원 강화다. 노인의 건강문제는 삶의 질에 큰 영향을 미치기 때문에 이를 위해 의료 지원과 건강관리 서비스가 강화되어야 한다. 건강한 노년기를 위한 예방적 건강관리와 만성질환 관리가 필수적이다. 만성질환 관리 및 예방적 건강관리를 통해 노인들이 더 건강한 노년기를 보낼 수 있도록 해야한다. 만성질환 관리 프로그램, 정기적인 건강검진, 무료 예방접종 프로그램(예: 인플루엔자, 폐렴구균 예방접종)을 확대하여 노인들이 감염병과 만성질환으로부터 건강을 지킬 수 있도록 지원해야 할 것이다. 또한 치매와 우울증 등 정신건강문제는 노인의 삶의 질에 큰 영향을 미치기 때문에 치매국가책임제를 강화하여 치매 예방, 조기 검진, 치료 및 관리비 지원, 치매안심센터 운영 등을 통해 노인의 정신건강을 보장할 필요가 있다. 치매 환자와 그 가족을 위한 맞춤형 지원과 상담서비스를 제공하여 치매로 인한 가족의 부담을 줄이고, 치매 환자의 삶의 질을 높일 수 있을 것이다. 거동이 불편한 노인들에게는 방문 간호, 원격 진료 등 재택 의료서비스를 확대하여 병원 방문이 어려운 노인들이 집에서도 필요한 의료서비스를 받을 수 있도록 할 필요가 있다. 이는 노인의 의료 접근성을 높이고, 병원 방문 부담을 줄이며, 일상에서 건강을 유지할 수 있도록 돕는 방법이 될 것이다.

넷째, 사회적 고립을 방지하고 사회참여를 촉진해야 한다. 사회적 고립은 노인의 정신건강과 삶의 질에 부정적인 영향을 미치므로 노인의 사회적 고립을 방지하고 사회참여를 촉진할 수 있는 정책이 필요하다. 이를 위해 일상생활이 어려운 노인이나 독거노인을 대상으로 하는 노인맞춤돌봄서비스를 강화하여 안전 확인, 사회참여 지원, 생활 교육 등의 맞춤형 서비스를 제공한다. 돌봄 서비스의 시간을 확대하고, 지역사회와 연계하여 노인의 고독감을 완화하고 안전을 보장할 수 있는 다양한 활동을 제공할 필요가 있다. 또한 독거노인 가구에 화재·가스감지기와 활동 감지 센서, 응급 호출기를 설치하여 응급 상황 발생 시 즉각적인 대응이 가능하도록 지원함으로써 고독사와 같은 사고를 예방하고, 노인의 안전을 지킬 수 있을 것이다.

노인들이 지역사회에서 활발히 참여할 수 있도록 문화, 교육, 여가 활동 프로그램을 확대하여 노인의 사회적 네트워크 형성을 돕고, 고립을 방지할 수 있는 서비스 확대도 필요하다. 예를 들어, 지역 문화센터나 노인복지관에서 다양한 교육 프로그램, 예술 활동, 자원봉사 활동을 통해 노인들이 적극적으로 사회에 참여할 수 있도록 지원하는 방안을 고민해 볼 수 있다.

　　다섯째, 안전하고 편안한 주거 환경 조성이다. 안전하고 편안한 주거 환경은 노인의 신체적, 정서적 안정에 중요한 역할을 한다. 노인의 생활 특성에 맞는 주거 환경을 조성함으로써 주거 불안을 해소할 수 있을 것이다. 또한 노인의 특성에 맞춘 고령자 맞춤형 공공임대주택을 확충하여 안전 손잡이, 경사로, 비상 연락 장치 등 노인이 안전하게 생활할 수 있는 설비를 갖추고 무장애 설계를 적용하여 노인의 안전한 거주 환경을 제공할 필요가 있다. 기존 주택에 거주하는 노인들이 안전하게 생활할 수 있도록 정부 지원금을 통해 리모델링 비용을 지원하거나 화장실 안전 손잡이 설치, 미끄럼 방지 타일 시공, 조명 개선 등 노인의 안전한 생활을 위해 집 내부를 개선하는 방안도 고민해 볼 수 있다. 이와 함께 노인이 주택을 정부에 매각하고 그 매입 대금을 연금 형태로 지급받아 주거 안정과 소득 보장을 동시에 얻을 수 있도록 하는 연금형 매입임대 정책을 확대하는 방안을 통해 안정적인 주거와 생활비를 확보할 수 있는 방안에 대한 고민도 필요하다.

　　여섯째, 디지털 격차 해소와 정보 접근성 강화를 위한 방안이다. 디지털 사회로의 전환 속에서 많은 노인이 디지털 기술에 적응하는 데 어려움을 겪고 있으며, 이로 인해 사회와 단절될 위험이 있다. 노인들이 디지털 사회에 적응할 수 있도록 돕기 위해 정보 접근성을 강화할 필요가 있다. 먼저 노인들이 스마트폰, 인터넷 사용법 등을 익힐 수 있도록 기본적인 디지털 교육 프로그램을 제공하여 디지털 소외문제를 해결해야 할 것이다. 이를 통해 공공서비스나 금융서비스에 접근하는 데 어려움이 없도록 지원하며, 노인들이 디지털 기술을 통해 더 편리하게 생활할 수 있도록 지원할 수 있을 것이다. 또한 공공서비스, 의료서비스, 금융서비스와 같은 필수적인 서비스에 대한 온라인 접근성을 개선하여 노인들이 쉽게 이용할 수 있도록 개선할 필요가 있다. 예를 들어, 노인이 주로 이용하는 웹사이트나 모바일 애플리케이션의 접근성을 강화하여 사용자가 쉽게 이해하고 이용할 수 있도록 해야 할 것이다. 지역사회의 자원봉사자와 연계하여 노인들이 디지털 기술을 익히고 일상에 활용할 수 있도록 도와주는 커뮤니티 활동을 운영하여 노인들의 디지털 기술에 대한 이해를 높이는 방안도 고민해 볼 필요가 있다.

생각해 볼 문제

1. 고령화가 경제 성장에 미치는 부정적 영향을 줄이기 위한 방안에 대해 논의해 보자.
2. 최근 우리나라가 당면해 있는 노인문제와 해결방안에 대해 논의해 보자.
3. 노인 일자리 창출을 위한 세대 간 경쟁은 공정한지에 대해 생각해 보자.
4. 노인 연령 기준 상향에 대해 본인의 생각을 설명해 보자.

참고문헌

계명대학교 산학협력단(2008). 2008년도 노인실태조사. 보건복지가족부.

고수현, 윤선오(2021). 노인복지론. 수양재.

원장원, 양금열, 노용균, 김수영, 이은주, 윤종률, 조경환, 신호철, 조비룡, 오정렬, 윤도
　　경, 이홍순, 이영수(2002). 한국형 일상생활활동 측정도구(K-ADL)와 한국형 도구적
　　일상생활활동 측정도구(K-IADL)의 개발-항목채집에서 사전조사까지. *Annals of*
　　Geriatric Medicine and Research, 6(2), 107-120.

한국보건사회연구원(2004). 2004년도 노인실태조사. 보건복지부.

한국보건사회연구원(2011). 2011년도 노인실태조사. 보건복지부.

한국보건사회연구원(2014). 2014년도 노인실태조사. 보건복지부.

한국보건사회연구원(2017). 2017년도 노인실태조사. 보건복지부.

한국보건사회연구원(2020). 2020년도 노인실태조사. 보건복지부.

최성재, 장인협(2021). 고령화사회의 노인복지학. 서울대학교 출판문화원.

Breen, L. B. (1960). The Aging individual. In C. Tibbitts (Ed.). *Handbook of social*
　　gerontology (pp.145-162). University of Chicago Press.

장애인문제

장애인은 국민의 한 사람으로서 인간성과 인권이 존중되어야 하며, 인간다운 생활을 할 권리를 가진 인격체다. 따라서 그들도 건강하고 문화적인 생활을 누릴 동등한 자격을 가지고 있다. 하지만 사회현실은 여전히 장애인에 대해 인간의 기본권을 제한하고 있으며, 불평등과 차별을 일삼고 있다. 이에 따라 장애인이 당면한 문제는 사회문제가 되고, 그들은 일반인과 똑같은 인격체로 대우받고 인권과 인간의 존엄성 회복을 위해 저항하고 있다. 따라서 이 장에서는, 첫째, 장애인의 개념, 둘째, 장애인의 문제, 셋째, 장애인문제의 치료모델, 넷째, 장애인문제의 실태, 다섯째, 장애인문제의 해결방안을 중심으로 살펴보고자 한다.

1. 장애인의 개념

1) 장애인의 정의

2004년에 개정된 「장애인복지법」 제2조는 장애인의 정의를 규정하고 있는데, 제2조 제1항에 "장애인은 신체적 · 정신적 장애로 인하여 장기간에 걸쳐 일상생활 또는 사회생활에 상당한 제약을 받는 자를 말한다."라고 명시하였다. 여기서 '신체

적 장애'라 함은 주요 외부 신체기능의 장애, 내부 기관의 장애 등을 말하고, '정신
적 장애'라 함은 지적장애 또는 정신질환에 의해 발생하는 장애를 말한다. 따라서
장애를 규정하는 개념은 신체적 또는 지적 결함의 정도에 두는 것이 일반적이다.

2) 장애인의 분류

2001년 5월 세계보건위원회(World Health Assembly)는 ICF(International
Classification of Functioning Disability and Health)를 세계적으로 통용될 수 있는 장
애인분류체계로 승인하였다. ICF는 ICIDH-2에 제시된 대부분의 내용을 계승하
면서, 분류체계와 언어 사용을 보다 긍정적이고 환경지향적인 맥락에서 수정한
것이다.

ICF는 다양한 전문 영역과 실천 현장에서 기여하고자 하는 복합적인 목적을 가
지고 있으며, 이를 요약하면 다음과 같다.

- 건강 및 건강과 관련된 상태, 건강 관련성과 건강 관련 결정요소 등을 이해하
  기 위한 과학적 기초를 제공한다.
- 건강보호전문가, 연구자, 정책입안자, 장애인을 포함한 일반 대중 등 서로 다
  른 집단의 의사소통을 증진하기 위하여 공통의 언어를 제공한다.
- 국가 간, 건강보호 전문 분야 간, 서비스 간, 시기 간의 자료 비교가 가능하게
  한다.
- 건강정보체계에 대한 체계적인 기록수단을 제공한다. ICF는 장애가 있는 사
  람에게만 적용할 수 있는 것이 아니라, 모든 사람의 건강 관련 요소를 설명해
  주는 보편적인 적용이 가능한 틀이다.

ICF는 인간의 기능과 기능의 제한요소인 연관된 상황을 묘사할 수 있도록 해 준
다. 이 체계는 정보를 조직화하기 위한 틀로서 제1영역에서는 기능과 장애를 다루
며, 제2영역에서는 상황 요인을 다룬다. 이러한 요인을 설명하면 〈표 5-1〉과 같다.

표 5-1 WHO의 국제장애분류 개정판(ICF의 장애 개념)

구분	영역 1: 기능과 장애		영역 2: 상황요인	
구성요소	신체 기능 및 구조	활동과 참여	환경적 요인	개별적 요인
영역	• 신체기능 • 신체구조	생활 영역 (과업, 행동 등)	기능과 장애에 영향을 미치는 외적 영향력	기능과 장애에 영향을 미치는 내적 영향력
구성물	• 신체기능의 변화 (생리학) • 신체구조의 변화 (해부학)	• 표준환경에서의 과제수행 능력 • 현재 환경에서의 과제수행 정도	물리적·사회적·인식적 측면에서 촉진 또는 방해하는 힘	개별 특성에 따른 영향
긍정적 측면	기능적·구조적 통합성	활동과 참여	촉진요인	해당 없음
	기능			
부정적 측면	손상	활동제한 및 참여제한	장벽/방해물	해당 없음
	기능			

2. 장애인의 문제

1) 복합적 문제

장애인은 장애 자체에서 파생되는 개인의 문제뿐만 아니라 이들을 둘러싸고 있는 주위 환경에서 부차적으로 파생되는 여러 가지 문제에 부딪힌다. 즉, 학교 입학의 어려움, 취직난, 가족의 혼인에 미치는 영향 등의 고통을 받고 있다. 이와 같이 한 사람의 장애인에게 있어 문제는 중층화되고 복잡한 구조로 나타난다. 복잡한 양상을 나타내고 있는 장애인문제의 밑바닥에는 사회 전체가 가지고 있는 그릇된 '장애인관'이 있다. 이와 같은 그릇된 장애인관은 사회가 만들어 내며, 그릇된 가치관과 장애인관에 대하여 사회적 차원에서 일대 변혁을 추구하는 의식개혁이 있어야 할 것이다(손광훈, 2004).

2) 생활적 문제

개인주의적 관점에 따르면, 빈곤자는 경쟁사회에서 생존하기 위한 능력, 힘, 동기가 결여되어 있다. 우리나라에서는 빈곤에 대한 구조적인 설명이 최근에 와서야 중요시되고 있지만, 개인주의적인 해석이 지배적이다. 이러한 상황 속에서 장애에 따른 불평등이 원천적으로 작용한다. 모건(Morgan, 1962)은 빈곤의 원인을 개인적 원인과 사회적 원인으로 구별하였다. 개인적 원인은 다시 두 가지로 나뉘는데, 첫째, 개인의 동기 부족, 낮은 열망 수준, 무절제, 게으름, 의타심, 과다한 출산, 부적응 등과 같이 개인적인 결함에 기초한 자발적인 원인, 둘째, 가구주의 사망, 질병, 장애, 노화, 가구원의 질병, 낮은 교육수준 등과 같은 비자발적인 원인이 있다. 따라서 장애에 따른 빈곤은 비자발적인 원인 때문에 발생하는 경우로, 그에 대한 대책 마련은 사회가 책임져야 한다고 강조하며, 개인에게 과중한 책임을 묻는 것은 지양해야 한다고 주장하였다.

3) 차별적 문제

우리가 살아가는 사회는 대다수의 일반인을 중심으로 구조화되고, 그들의 취향에 맞게 만들어진 사회다. 다시 말해, 소수의 장애인을 염두에 두고 형성된 사회가 아니라는 것이다. 예를 들어, 장애인에 대한 편의시설, 교통수단, 건축물 등은 소수인으로서 장애인이 겪는 차별의 대표적인 예다. 편견의 결과로서 나타날 수 있는 것이 차별이다. 장애인에게 장애가 엄연한 사실로 존재하는 이상 편견과 차별은 중요한 문제가 된다. 장애를 극복하였다 하더라도 장애가 있다는 이유만으로 사회에서 냉대를 참고 견뎌야 하는 일은 장애인이 이중의 불행을 지고 살아간다는 것을 의미한다(손광훈, 2004). 즉, 하나는 장애를 가진 것이고, 다른 하나는 사회의 이해 부족이나 편견과 차별을 상대하지 않으면 안 된다는 것이다. 차별과 편견이 뿌리 깊이 박혀 있는 현대사회에서 평등의식의 존중을 위한 부단한 노력은 장애인복지의 이념으로서 중요한 요건임을 확실히 인식하여야 한다.

3. 장애인문제의 장애 개념 모델

　장애를 보는 관점은 장애인 개인의 능력을 강조하느냐, 아니면 장애인을 둘러싼 사회구조적 특성을 강조하느냐에 따라 차이가 있다. 기존의 장애 개념과 새롭게 제기되는 장애 개념으로 '개별적 모델(individual model)'과 '사회적 모델(social model)'이 있다(오혜경, 2005; 이성규, 2000; Oliver, 1996). 장애를 보는 관점에 따라 분류한 것으로 개별적 모델은 장애를 개인이 가진 의학적 · 기능적 문제라고 보는 시각이며, 사회적 모델은 장애인이 살고 있는 사회환경의 문제를 중요하게 인식하는 시각이다. 다음에서 장애 개념의 두 가지 모델을 구체적으로 살펴보면 다음과 같다.

표 5-2 **개별적 모델과 사회적 모델의 비교: Oliver**

개별적 모델	사회적 모델
개인적 비극이론	사회억압이론
개인적 문제에 관심	사회적 문제에 관심
개별적 치료	자조
의료화	개별적/집합적 책임
전문가의 지배	집합적 정체성
개별적 정체성	장애인의 목표 선택
목표에 대한 전문가의 통제	사회변화
개별적인 적응	소비자의 권리
환자 보호	

출처: Oliver, M. (1996), p. 34.

1) 개별적 모델

개별적 모델(individual model)은 장애를 개인의 속성으로 이해하고 장애 그 자체에 관심의 초점을 기울인다. 장애라는 현상을 질병, 종양 및 건강 조건 등에 따라서 직접적으로 야기된 '개인'의 문제로 간주하는 개별적 모델은 근본적으로 두 가지 점을 강조한다.

- 개인의 장애'문제'에 그 핵심을 둔다.
- 문제의 원인이 장애를 발생시키는 근본적인 제한 혹은 심리적인 상실에서 발생한다.

이러한 관점은 장애의 개인적 비극이론을 구성하는 것으로, 장애는 불행한 개인에게 발생하는 끔찍한 사건이라는 것이다. 이 관점은 '의료전문가의 개별적 치료'라는 형태의 의료보호를 해결책으로 제시하며, 장애 관리의 초점을 개인의 보다 나은 적응과 행위의 변화에 둔다.

한편, 개별적 모델을 의료적 모델로 보는 의료전문가의 영향력은 신체적 기능에만 국한되지 않는다. 심지어 직업을 구하는 장애인에게도 의료전문가가 개입한다. 또한 의료전문가는 장애가 있는 사람들이 어떤 학교를 다녀야 하는지, 어떤 사회서비스를 받을 것인지, 어떤 복지급여를 받을 것인지, 어떤 종류의 직업이 가능한지를 결정해 주는 역할을 수행한다.

2) 사회적 모델

사회적 모델(social model)은 장애가 있는 사람의 사회통합이라는 관점에서 장애라는 현상을 '사회적(societal)'인 문제로 간주한다(Oliver, 1996). 장애는 개인에게 귀속된 것이 아니고 사회적 환경에 따라 생성된 조건의 복잡한 집합체라고 규정한다. 이러한 사회적 모델의 중요성은 장애인을 더 이상 그들 속에 무엇인가 잘못된 것을 가진 존재라고 보지 않는 데 있다. 사회적 모델은 개인적 비극 또는 병리학의 패러다임을 거부한다. 그러므로 장애인이 어떤 과업을 더 이상 수행할 수 없는 것은 장애인 개개인의 부족함 때문이 아니라 장애인에 대한 편견, 제도적인 차별, 접근 불가능한 공공건물, 이용 불가능한 교통체계 그리고 분리교육에서 노동의 배제 등을 모두 포함한다.

올리버(Oliver, 1998)는 사회적 모델의 특징으로, 장애인의 소외를 손상에서 오는 불가피한 결과로 보지 않고 장애인 개개인이 고착화된 사회가치와 장애인을 무력하게 하는 사회질서에 대해 어떻게 대응하느냐에 따라 달라질 수 있는 성질의 것으로 본다. 이러한 견해는 장애를 '자연적 특징의 한 종류'나 '불변의 자연적 사실에서 오는 불이익'으로 간주하지 않는다. 장애가 비정형, 비이상적 혹은 문제가 있는 생물학적 상태와 전혀 관련이 없다고는 아무도 생각하지 않는다. 개별적 모델이 신체의 기능을 중심으로 장애의 내적 요인을 강조하였다면, 사회적 모델은 장애의 외적 요인을 강조한 것이다. 즉, 장애인의 사회참여를 제한하는 것은 개인적인 선택에 따른 것이 아니라 사회적 장벽에 따른 것이다(김형식, 2005).

장애는 장애인 개인에게 귀착되는 개별적 문제가 아니고 사회 내에 존재하는 것이며, 장애인의 욕구를 사회조직 내에서 수용하지 못하고 이에 대한 적합한 서비스를 제공하지 못하는 것은 사회의 실패를 의미한다. 이러한 사회적 실패의 결과는 단순하고 무작위적으로 개인에게 곧바로 주어지는 것이 아니고, 사회 전체를 통하여 체계적으로 제도화된 차별로 장애인에게 전달된다. 따라서 장애에 대한 사회적 모델의 이해는 장애를 그 자체의 문제로만 인식하는 것이 아니라, 다양한 사회적 배경을 이해하고자 하는 것이다. 그러므로 사회적 모델이 제시하는 장애의 개념은 장애란 손상 그 자체로 존재하는 것이 아니라 인간과의 관계, 사회환경과 제도의 관계에서 이해될 수 있는 사회적 산물이라는 것이다.

4. 장애인문제의 실태

1) 장애인 현황

2022년도 전국의 등록장애인은 265만 명 이상으로 전체 인구의 5.2%로 나타났다.

2) 소득 및 경제적 문제

2010년 장애인연금 도입 등 장애소득보장이 지속적으로 확대되고 장애인 의무고용제도와 일자리 지원도 대폭 확대되는 등 장애인의 소득분배 개선을 위한 노력은 최근 10년간 이전과 비교할 수 없을 정도로 매우 강화되었다. 이러한 정책 노력으로 2010년대 전반기 장애인의 빈곤율이 빠르게 감소하는 등의 가시적 성과가 나타났다. 하지만 여전히 장애인 빈곤의 절대적 수준은 매우 높으며, 2010년대 중반 이후부터는 장애인의 빈곤율이 정체 상태로 머무르고 있다.

장애인의 낮은 소득 수준은 낮은 경제활동 수준에서 기인하는 바가 크다. 신체나 정신의 손상에 의해 장기적으로 일상생활에 제약을 받는 장애인의 특성상 비장애인에 비해 경제활동 참여 수준이 낮고, 이로 인해 노동시장에서 획득하는 소득 자체가 상대적으로 낮다. 장애급여나 장애인에 대한 일자리 정책은 이러한 상황에 대응하기 위한 국가의 수단으로 복지국가의 역사에서도 오랜 전통을 가진다.

그런데 최근 한국 장애인의 소득분배 상황이 정체 혹은 악화되고 있는 것은 이렇게 노동시장에서 상대적으로 취약한 장애인의 지위만으로 설명되지 않는다. 장애인 소득분배 개선 추이의 정체는 장애 인구 구성의 변화, 전체 시장소득 분배의 변화, 소득보장제도의 영향 등이 혼재된 결과일 수 있다. 특히 최근 장애인에 대한 소득보장 및 고용지원 강화에도 불구하고 소득분배가 개선되지 않는 상황에서 확인되지 않는 정책 효과의 원인을 체계적으로 규명할 필요가 있다.

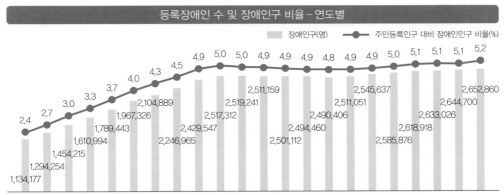

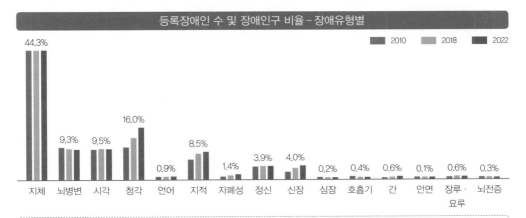

- 2022년 기준 전체 등록장애인 수는 2,652,860명으로, 전체 인구(51,439,038명) 대비 5.2%임
  - 연도별로 살펴보면, 전체 등록장애인 수는 2012년부터 감소 추세였으나 2016년부터 지속적으로 증가하는 추세임
  - 장애유형별로 살펴보면, 지체장애가 44.3%로 나타났으며 청각장애 16.0%, 시각장애 9.5%, 뇌병변장애 9.3%, 지적장애 8.5% 순임
- 장애유형 확대: 5개 유형 ➡ 10개 유형(2000. 1.) ➡ 15개 유형(2003. 7.)

[그림 5-1] 장애인구 비율

출처: 한국장애인개발원(2023).

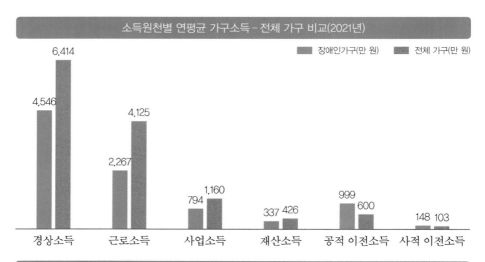

- 2021년 장애인가구 경상소득은 4,546만 원으로 전체 가구 6,414만 원의 70.9% 수준에 불과함
- 장애인가구의 근로소득은 경상소득의 49.9%, 공적 이전소득은 22.0%를 차지하고 있는 반면에, 전체 가구는 각각 64.3%, 9.4% 수준임
  - 이러한 결과는 장애인가구가 전체 가구에 비해 공적 지원이 상대적으로 많으며, 노동시장에서 열약한 현실에 처해 있음을 보여 줌
- 2021년 연간 소비지출액을 살펴보면, 장애인가구는 연평균 2,221만 원으로 나타났으며, 전체 가구는 2,856만 원으로 장애인가구에 비해 약 1.29배 높은 것으로 나타남
  - 장애인가구는 전체 소비지출액 중 의료비 지출 비율이 약 11.4%로 전체가구 약 7.1%에 비해 약 4.3% 높은 것으로 나타남

[그림 5-2] 장애인 소득과 소비

출처: 한국장애인개발원(2023).

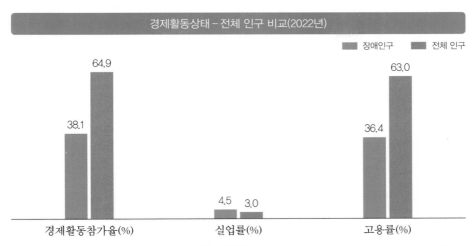

- 2022년 기준 장애인의 경제활동참가율은 38.1%로 전체 인구 64.9%보다 26.8%p 낮음
  - 실업률은 장애인구 4.5%로 전체 인구 3.0%보다 1.5%p 높으며, 고용률은 장애인구 36.5%로 전체 인구 63.0%보다 26.6%p 낮게 나타나 전반적으로 장애인구의 경제활동 참여수준이 낮은 것으로 보임
- 전체 장애인구의 경제활동상태를 연도별(2020~2022년)로 살펴보면, 경제활동참가율과 고용률은 비슷한 수준을 유지함. 실업률의 경우 2020년에서 2021년 증가하나, 2022년 감소하는 경향을 보임
  - 성별로 살펴보면, 남성의 고용률은 46.2%로 여성 23.1%에 비해 23.1%p 높음

[그림 5-3] 장애인 경제활동 상태

출처: 한국장애인개발원(2023).

2023년 장애인실태조사 결과, 장애인가구의 주관적 경제 상태에 대해 상층 혹은 중층으로 인식하는 비율은 13.0%로 나타났다. 장애인의 87.0%는 자신의 가구를 경제적으로 어려운 저소득 가구(일반 가구의 1.8배)로 인식하고, 전체 인구는 60.9%가 자신을 중상층으로 인식하여 상반된 경향을 보이고 있다. 또한 장애인가구는 낮은 소득 수준과 식·주거 및 의료비 지출 비중이 높은 열악한 경제 구조로 파악되었다.

장애인가구 소득을 전체가구와 비교하면 월평균 3,058천 원으로 전체가구 평균소득(4,834천 원)의 63.3% 수준이며, 소득분위로는 하위 분위(1~2분위)에 장애인가구의 59.8%가 분포하는 등 저소득가구 비중이 높았다. 장애인가구의 소비지출을 보면 식·주거비 44.6%, 기타소비지출 22.1%, 의료비 11.6% 등으로 전체가구에 비해 의료비 비중이 높은 것으로 나타났다.

3) 교육보장문제

주요 현황을 살펴보면 2023년 특수교육대상자는 109,703명, 일반학교 배치 학생 수는 80,467(73.3%)명, 특수학교는 194교, 특수교육 교원은 총 25,599명으로 나타났다. 교육보장을 위한 주요 현안은 다음과 같다.

첫째, 특수교육 기관 확충이 시급하다. 지역별 균형과 수요를 반영한 특수학교 신설이 추진되어야 하며, 예술과 체육 및 직업교육 등 특정 분야에 전문화된 교육과정을 제공하는 다양한 유형의 특수학교 설립이 필요하다.

둘째, 장애영아 무상교육 지원을 강화하여야 한다. 영유아 검진부터 장애진단과 등록까지 특수교육 정보전달 강화를 통해 적기에 특수교육 서비스가 제공되어야 한다. 또한 특수학교 유치원 과정 및 유아특수학교, 특수교육지원센터 내 영유아 특수학급이 확대되어 조기교육 개입이 필요하다. 이를 위해서는 장애 발견, 진단, 배치체계 구축이 교육기관과 지자체, 병의원, 보건소 등 유관기관 간 협력이 강화되어야 한다.

셋째, 모두를 위한 통합교육 지원 강화가 절실하다. 특수교사와 일반교사의 통

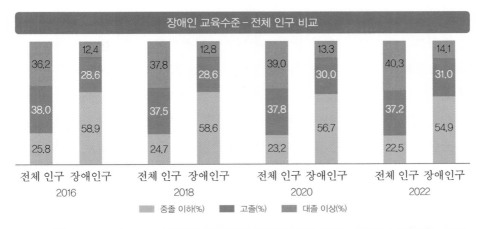

- 전체 인구와 장애인구의 대졸 이상 비율은 매년 증가하고 있는 편임
  - 장애인의 교육수준은 2022년 기준 중졸 이하가 54.9%로 가장 높고, 고등학교 31.0%, 대졸 이상 14.1% 순임
  - 반면 전체 인구의 교육수준은 대졸 이상이 40.3%로 가장 높고, 고졸이 37.2%, 중졸 이하 22.5% 순으로, 전체인구의 교육수준과 비교했을 때, 장애인구의 교육수준이 낮은 편임을 알 수 있음
- 2022년 장애아 전문 어린이집은 전체 176개소이며, 보육아동 중 장애아동 수 6,169명, 보육교직원 수 3,807명, 장애아반에 배치된 보육교사 수 1,211명, 특수교사 수 906명임
- 2022년 장애아 통합 어린이집은 전체 1,393개소이며, 보육아동 중 장애아동 수 6,143명, 보육교직원 수 23,311명, 장애아반에 배치된 보육교사 수 1,490명, 특수교사 수 599명임

[그림 5-4] 장애인 교육실태

출처: 한국장애인개발원(2023).

합교육 협력모형 확산을 위해 컨설팅지원, 우수사례 발굴 및 확산 등 통합교육 지원이 강화되어야 한다. 또한 통합교육 여건을 개선하고 장애이해교육 내실화를 위해 통합학교에 학교 장애인식지수 적용 및 활용 프로그램 개발과 보급이 필요하다.

넷째, 장애인 평생교육 지원체계가 시급하다. 장애유형별 평생교육 프로그램 및 온라인 콘텐츠 개발과 보급, 발달장애인 문해교육 증진, 평생교육 담당인력의 전문성 향상 등이 시급하다.

4) 접근권 문제

일반적으로 접근권은 그 하위 권리 범주로서 시설접근권, 이동권, 정보접근권 세 가지 권리로 구성된다(유동철, 2009). 시설접근권은 각종 건축물을 장애인이 이용할 수 있는 권리를 말한다. '장애인의 기회평등에 관한 표준규칙' 제5조는 접근성의 세부 범주를 설명하면서 물리적 환경에 대한 접근과 정보 및 의사소통에 대한 접근으로 이분화하고 있으나 장애인권리협약은 이를 세분화하여 세 가지 권리로 규정하고 있는데 표준규칙의 물리적 환경에 대한 접근에 해당하는 내용을 이동권과 시설접근권으로 분리하여 규정하고 있다(차선자 외, 2010). 이 중 이동권이란 장애인이 교통수단, 여객시설 및 도로를 장애인이 아닌 사람들과의 차별 없이 이용하여 이동할 수 있는 권리를 말한다. 장애인권리협약은 이동권 중 개인의 이동에 대한 지원 부분은 제20조에 독자적으로 규정하고 있다. 이동은 개인적인 것이고, 접근은 환경적인 것을 의미한다는 논리이다(변용찬 외, 2006). 정보접근권은 장애인이 각종 정보에 접근할 수 있는 권리를 의미한다. 특히 이러한 정보접근성은 변화하는 현대사회에서 필수적인 부분으로 자리매김되었다(국가인권위원회, 2007). 장애인이 인터넷을 비롯한 새로운 정보습득 및 공유수단, 새로운 의사소통수단을 이용 및 활용할 수 있도록 정보 및 정보기술에 대한 접근성을 보장하는 구체적인 방안을 마련하도록 하기 위해 동 협약에서도 이 부분이 강조되고 있다.

장애인의 접근권이 보장되지 않았을 경우 발생할 수 있는 주요한 문제점은 다음과 같다. 첫째, 장애인의 접근권이 보장되지 않으면 사회적 차별과 배제가 발생할 수 있다. 장애인들은 공공장소, 교통, 건물 등에서의 접근성이 제한되어 일상생활에서 여러 어려움을 겪을 수 있다. 이로 인해 장애인들은 사회적으로 고립되고 사회참여의 기회를 제한받을 수 있다. 둘째, 장애인들이 교육 및 고용 기회에 접근하기 어려울 경우 그들의 인적 자원과 잠재력이 제대로 발휘되지 못하고 낭비될 수 있다. 이는 장애인들의 경제적 자립을 어렵게 만들고 사회적으로 경제활동에 참여하는 기회를 제한할 수 있다. 셋째, 생활환경의 불편함으로 장애인들이 거주하는 주택이나 공공시설 등에서의 접근성이 보장되지 않으면 일상생활에서 불편함을 겪을 수 있다. 출입문이나 화장실 등의 시설이 장애인들의 편의를 고려하지 않고 설계되었을 경우 장애인들은 일상생활에서 어려움을 겪을 수 있다. 넷째, 정보 접근의 제한으로 장애인들에게 필요한 정보가 접근 가능한 형태로 제공되지 않으면, 그들은 사회적인 활동에 참여하거나 필요한 서비스를 이용하는 데 어려움을 겪을 수 있다. 정보 접근의 제한은 장애인들의 권리를 제한하고 사회적인 평등을 저해할 수 있다. 이러한 문제점을 해결하기 위해서는 장애인의 접근성을 보장하기 위한 법률과 정책의 개선, 공공시설의 설계와 보수에 대한 관심과 투자, 장애인에 대한 인식 개선과 교육 등 다양한 차원에서의 노력이 필요하다. 장애인의 접근권을 보장함으로써 사회적 포용과 평등을 실현할 수 있다.

5. 장애인문제의 해결방안

1) 소득 보장

장애인들의 소득보장과 경제적 지원을 위해 다양한 방안이 있다. 첫째, 장애인 복지급여는 장애인들이 기본 생활비를 충당할 수 있도록 지원하는 제도다. 장애인 연금은 장애인이 일시적 또는 영구적인 장애로 인해 일반적인 취업이 어려운 경우에 해당하며, 이 제도는 장애인이 경제적으로 안정된 생활을 할 수 있도록 돕고 사회적 포용을 촉진하기 위해 마련되었다. 장애인 연금을 받기 위해서는 장애인 등록과 관련된 절차를 거쳐야 한다. 이 과정에서 장애인의 장애 정도와 종류, 경제적 상황 등이 고려되며, 정부 기관이나 사회복지기관을 통해 신청 및 심사 과정이 이루어진다. 장애 수당은 장애인이 일상생활에서의 경제적 부담을 덜어 주고, 보다 안정적인 생활을 할 수 있도록 돕는 제도다. 장애 수당은 장애인의 장애 정도, 경제적 상황, 가족 구성원 수 등을 고려하여 산정될 수 있으며, 이를 통해 장애인은 일상생활에 필요한 경제적인 지원을 받으면서 기본 생활비, 의료비, 교육비, 보조 기구 구입 등을 보다 쉽게 할 수 있다.

2) 고용 보장

장애인 고용보장을 위한 정책은 다음과 같은 다양한 형태로 시행되고 있다. 첫째, 장애인 고용 의무제도는 경쟁고용을 통해 노동시장에 진입하기 어려운 장애인의 고용을 위하여 국가에서는 일정 규모 이상의 기업이 일정 비율의 장애인을 고용하는 것을 의무화하고 있다. 이를 통해 장애인들의 고용 기회를 확대하고 사회적 포용을 증진하려는 목적을 가지고 있다. 둘째, 장애인 고용 장려금제도는 장애인을 고용하는 기업에게 장려금을 지급하는 제도를 운영하고 있다. 이를 통해 기업이 장애인을 고용함으로써 발생하는 추가 비용을 상쇄하고, 장애인 고용을 더욱 유도한다. 셋째, 장애인 고용을 촉진하기 위해 다양한 지원 프로그램이 운영되고 있다. 이는 장애인의 직업 훈련, 취업 지원, 일자리 매칭 등을 포함할 수 있으며, 이러한 프로그램은 장애인들이 적합한 직업을 찾고, 직장에서의 성공적인 적응을 돕는 데 도움을 줄 수 있다. 넷째, 기업들은 장애인을 위한 친화적인 근로 환경을 조성하는 노력을 기울여야 한다. 이는 시설 접근성 개선, 보조 기기 및 지원 시스템 제공, 업무 조정 등을 통해 이루어질 수 있다. 장애인들이 능력에 따라 적합한 일자리를 수행할 수 있도록 돕는 것이 목표다. 다섯째, 장애인 직업 재활 및 커리어 개발 지원 프로그램을 통해 필요한 기술과 능력을 개발할 수 있어야 한다. 이는 장애인들이 직업적으로 성장하고, 자신의 잠재력을 최대한 발휘할 수 있도록 돕는 것을 목표로 한다. 여섯째, 또한 장애인 고용보장을 위해서는 장애인에 대한 인식과 편견 개선, 교육 및 정보 제공, 기업과 사회의 협력 등 다양한 측면에서의 노력이 필요하다. 장애인 고용보장 정책은 국가 및 지역의 상황과 필요에 맞게 조정되어야 하며, 지속적인 관심과 지원이 필요하다.

3) 교육권 보장

장애인에 대한 교육권 보장을 위해 다음과 같은 방안들이 속히 고려되어야 한다.

첫째, 정부는 장애인들에게 포용적이고 공정한 교육 기회를 제공하기 위한 정책을 수립해야 한다. 이는 보편교육에 대한 접근성을 개선하고, 장애인 학생들이 일반 교육 환경에서 학습할 수 있도록 돕는 것을 포함한다.

둘째, 적절한 교육 환경 제공을 위해 교육기관은 장애인 학생들이 적절한 시설과 자원을 활용할 수 있도록 제공해야 한다. 이는 장애 유형에 따라 보조기기, 특수 교육자재, 접근성 개선 등을 포함한다.

셋째, 교사와 학부모의 지원 강화를 위해 교사들은 장애인 학생들의 다양한 학습 스타일과 요구에 부응하기 위한 교육 방법과 자원을 보다 적극적으로 활용할 수 있도록 지원되어야 한다. 학부모들은 장애인 학생들의 교육에 대한 이해와 협력을 돕기 위한 교육 프로그램과 자원을 제공받을 수 있어야 한다.

넷째, 학생들은 그들의 개별적인 요구와 능력에 맞는 교육 프로그램을 받을 수 있어야 한다. 이는 개인교육계획(IEP)의 수립과 실행을 통해 이루어질 수 있다.

다섯째, 교육 전문가의 교육 및 역량 강화를 위해, 교사들과 교육전문가들은 장애인 교육에 대한 전문적인 지식과 기술을 보유해야 한다. 이를 위해 교육전문가들의 교육과정과 교육 기회를 강화하고, 장애인 교육에 대한 연구와 개발에 투자해야 한다.

여섯째, 사회적 인식과 편견 개선을 위해, 정부, 교육기관, 매체 등이 적극적으로 사회적 인식 개선을 위한 캠페인과 교육을 실시해야 한다. 그러므로 장애인에 대한 교육권 보장은 다양한 측면에서 접근되어야 하며, 국가 및 지역의 상황과 필

요에 맞게 조정되어야 하고, 이를 위해 정부, 교육기관, 교사, 학부모, 사회 전체의
협력과 노력이 필요하다.

4) 접근권 보장

장애인의 접근권을 보장하기 위해 다음과 같은 개선방안이 절실히 요구된다.
첫째, 장애인들이 공공시설이나 건물에 쉽게 접근할 수 있도록 시설 접근성을 개
선하는 것이 중요하다. 이는 장애인용 주차장, 경사로, 엘리베이터, 접근 가능한
화장실 등의 시설을 마련하는 것을 의미하며, 이를 통해 장애인들이 일상생활에
서의 장애를 최소화하고 독립적으로 활동할 수 있도록 돕는 것이 목표다. 둘째,
교통 접근성 개선을 위해 대중교통 시스템에서 장애인들이 원활하게 이용할 수
있도록 접근성을 개선하는 것이 중요하다. 이는 장애인용 버스, 지하철역의 접근
성 개선, 시각장애인을 위한 안내 시스템 도입 등을 포함할 수 있다. 장애인들이
교통수단을 이용하여 자유롭게 이동할 수 있도록 돕는 것이 목표다. 셋째, 장애인
들이 정보에 쉽게 접근하고 활용할 수 있도록 정보 접근성을 보장하는 것이 중요
하다. 이는 웹사이트, 애플리케이션, 문서 등의 정보 자료를 장애인들이 이용할
수 있는 형식으로 제공하는 것을 의미하며, 시각, 청각, 인지 장애가 있는 장애인
들이 정보를 이해하고 활용할 수 있도록 돕는 것이다. 넷째, 장애인들이 사회적으
로 참여하고 권리를 행사할 수 있도록 보호와 참여 권리를 보장하는 것이 중요하
며, 이는 장애인을 대상으로 한 폭력, 차별, 학대 등을 예방하고 규제하는 정책과
제도를 마련하는 것을 의미한다. 장애인들이 사회의 일원으로서 자유롭게 참여하
고 인권을 존중받을 수 있도록 돕는 것이다.

5) 자립생활 보장

자립생활의 기본 이념은 장애인 자신의 삶에 대한 결정 시에 타인의 개입이나
보호를 최소한으로 하고 자신의 의지로 선택하며 결정하는 것이다. 그리고 이 모

든 과정에 장애인 당사자의 참여와 주체적인 '자기선택권'과 '자기결정권'을 가지는 데 있다. 이는 재활서비스의 수혜자에서 자립생활 패러다임의 소비자로, 더 나아가 공급자로의 권리를 지닌 당당한 주체이자 인권을 보장받아야 할 가치 있는 존재로서, 소중한 하나의 인격체로 바로 서는 것이다. 이렇듯 자립생활의 가장 중요한 핵심 원칙은 중증장애인 당사자가 선택과 결정권을 가지고 사회적 지원을 받는 일방적 수혜자가 아니라, 스스로 자원을 활용해 만들어 나가며 자신에게 맞는 지원을 결정하고 관리하는 당사자주의라는 것이다. 자립생활과 관련한 주요 서비스를 살펴보면 다음과 같다.

- **동료상담**(peer counseling) **프로그램**: 동료 간 지원체계(peer support system)를 서비스 전달의 기본전제로 하고 있다. 다시 말해, 장애인 자신이 필요하거나 원하는 것에 대한 욕구는 장애인 스스로가 가장 잘 알며, 장애인의 자립이나 지역사회 생활에 필요한 실질적이고 구체적인 지원 내용은 장애 경험이 없는 전문가에게 의뢰하기보다는 유사한 장애 경험을 가진 장애동료에게 의뢰 · 지원하는 것이 실제적이라는 것이다.
- **활동지원서비스**(personal assistance service) **프로그램**: 자신이 할 수 없는 일을 타인에게 위임함으로써 자신이 성취할 수 있는 일에 시간과 에너지와 잠재력을 활용할 수 있게 하는 것을 목적으로 한다. 활동보조서비스 내용이나 시간 등은 고용주인 장애인이 선택하고 결정한다. 예를 들어, 식사준비를 자력으로 할 수 없는 중증장애인은 활동보조인을 고용하여 요리를 주문할 수는 있지만 식사시간, 메뉴, 조리법 등에 관련된 제반 결정이나 선택은 철저하게 장애인 자신에게 있는 것이다. 활동보조서비스에서 서비스 내용은 제한이 없으며, 원칙적으로 장애인이 원하는 고용계약에 포함된 모든 서비스를 제공해야 한다. 여기에는 청소, 외출, 목욕, 식사, 요리, 쇼핑, 신변처리 등의 일반 서비스 및 가정간호, 배변 등의 전문 서비스가 제공된다.
- **교통서비스**(transportation): 시내버스, 지하철, 택시 등과 같은 대중교통 접근권에 제한을 받는 휠체어 장애인 등의 중증장애인을 위한 서비스다. 교통서

비스는 중증장애인의 출퇴근, 병원진료, 여가활동, 쇼핑, 외출 등을 지원함으로써 중증장애인의 직업생활 지원이나 지역사회 내의 프로그램에 대한 참여권 내지 접근권 보장에서 핵심 역할을 한다.

• 주택서비스(housing services): 중증장애인의 경우 지역사회 내의 아파트나 주택에 대한 물리적 접근권을 보장해 줌으로써 자립생활에서 중요한 역할을 한다. 다시 말해, 주거환경이나 지역사회 내의 물리적 환경의 접근권 보장은 장애소비자에게 생산된 상품이나 서비스 선택의 범위를 넓혀 줄 뿐 아니라 자기결정에서 장애요인을 감소시켜 준다. 주택서비스는 아파트나 주택 등 다양한 거주 형태에서 자립생활을 원하는 장애인을 대상으로 한다.

생각해 볼 문제

1. 고령화되어 가는 장애인문제의 해결 방안으로는 어떤 것이 있는지 논의해 보자.
2. 장애인문제를 해결하거나 주요 개선방안을 추진하기 위한 재원 마련의 방법은 무엇인지 논의해 보자.
3. 「장애인차별금지 및 권리구제 등에 관한 법률」이 제정된 후 제기된 주요 권리 침해 사례에 대한 대안은 무엇인지 생각해 보자.
4. 장애인의 사회통합을 도모하는 지역사회 역할을 위한 새로운 모델을 제시해 보자.
5. 현재 시행되고 있는 이슈인 무늬만 장애등급제 폐지에 따른 대안은 무엇인지 논의해 보자.

🌱 참고문헌

김형식(2005). 장애담론과 실천과제. 한국장애인복지학회 추계학술 세미나 자료집, 11-21.

손광훈(2004). 장애인복지론. 현학사.

오혜경(2005). 장애인복지론. 창지사.

유동철(2009). 인권 관점에서 보는 장애인복지. 집문당.

이성규(2000). 사회통합과 장애인 복지 정치. 나남출판사.

차선자, 권건보, 서정희, 윤찬영, 조백기, 허창영(2010). 장애인권리협약의 국내적 이행을 위한 실태조사. 국가인권위원회.

한국보건사회연구원(2024). 2023 장애인실태조사.

한국장애인개발원(2023). 2022 장애인백서.

Morgan, C. A. (1962). *Labor economics*. The Dorsey Press.

Oliver, M. (1996). *Understanding disability: Firm theory to practice*. Palgrave.

Oliver, M. (1998). Theories in health care and research: Theories of disability in health practice and research. *British Medicine Journal, 317*(7170), 1446-1449.

WHO. (2001). *ICF: International classification of functioning, disability and health*. Author.

소수자문제

소수자는 문화나 신체적 차이 때문에 사회의 주류문화에서 벗어나 있는 사람이나 집단을 말하며, 원어 그대로 '마이너리티'라고도 한다. 한 사회에서 소수자는 그 수가 적고 문화나 사회에서 행사하는 영향력은 다소 약한 편이다. 이들은 속해 있는 사회의 문화나 구성원들의 일반적인 신체 특성과는 다른 이유 때문에 차별 대우를 받고, 스스로도 이를 인식하고 있다. '소수자'라고 한글로 번역될 때 적은 수의 사람들을 의미하기는 하지만, 실제로 숫자가 적다는 의미의 '소수'만을 의미하지는 않는다. 이것은 강력한 영향력을 가진 우세집단에 비해 적은 영향력을 행사하는 집단의 사람들을 뜻하는 확대적인 개념이기도 하다. 예를 들어, 사회적으로 우세적인 영향력을 행사하는 정치적 이념이나 종교, 사상, 가치관 등에 동조하지 않는 사람들의 집단을 소수자 집단이라고 할 수 있다. 이 소수자들은 우세 집단이 행하는 차별을 받기도 한다.

경제 분야를 중심으로 나타난 외국인의 한국 사회로의 유입은 다른 분야에서도 조금씩 확대되기 시작하였다. 일부 산업 현장에서는 이주노동자의 합법적인 노동권이 보장되지 않는 경우가 발생하고 있으며, 결혼이주여성에 대한 가족의 차별문제도 언론과 방송을 통해 자주 제기되고 있다. 또한 탈북자의 꾸준한 증가도 나타나고 있다. 종래에 잠시 체류하다 떠나는 외국인이 아니라 짧게는 몇 년 거주하거나, 완전히 한국인으로 귀화하여 살게 되는 경우가 빈번해지면서 우리 사회에는 긍정적인 변화 못지않게 다양한 문제가 발생하고 있다. 가정에서 발생하는 여성 결혼이민자에 대한 배우자 및 그 가족의 학대와 폭력을 비롯하여 결혼이민 자 자녀에 대한 다양한 문제점 및 빈곤과 사회적 인식의 전환 등 우리 사회가 개선 해 나가야 할 점이 많다. 또한 탈북자의 적응문제도 쉽지는 않은 상황이다. 따라 서 이 장에서는, 첫째, 외국인근로자 문제와 관련해서는 현황, 유형, 유입배경, 문 제점 및 지원정책을 살펴보고, 둘째, 다문화가정 문제와 관련해서는 개념, 형성배 경, 현황, 지원정책, 해결방안 등을 중심으로 살펴보고, 셋째, 탈북자 문제와 관련 해서는 개념, 형성배경, 현황, 지원정책, 해결방안 등을 중심으로 살펴보고자 한 다. 넷째, 성소수자문제와 관련해서는 개념, 국내 이슈, 문제점, 개선방안 등을 중 심으로 살펴보고자 한다.

1. 외국인근로자

1) 개요

1990년대 초반부터 외국인 산업연수생제도가 생긴 이후 2020년대인 현재까지 이어지는 대한민국 내 외국인노동자 증가로 인한 사회 문제다. 초저임금 노동시 장에 수요보다 공급이 줄어들게 되자 공장들은 외국으로 그 생산기지를 옮기거나 저임금의 외국인노동자를 필요로 하게 되었고, 이에 따라 외국인노동자의 유입이 급증하면서 발생하는 불법체류자 문제 및 외국인에 대한 인권문제, 범죄율, 취업 률, 다문화가정의 증가 등 각종의 사회적 문제의 총칭을 뜻한다.

아울러 한 사회 내에서 어떤 집단의 문제란 그 집단 자체의 문제가 아니라 그 집단이 전체 사회와 갖는 관계 속에서 생기는 문제를 말한다. 예컨대, 재일코리안 문제라고 하면 일본에 사는 재일코리안들이 일으키는 문제가 아니라 재일코리안 과 일본사회 사이에서 생기는 문제를 가리키는 것이다. 마찬가지로 '외국인노동 자 문제' 역시 외국인노동자와 한국사회 사이의 관계에서 생기는 문제를 말한다.

이런 전제를 염두에 두지 않으면 '외국인이 한국에 들어와 일으키는 문제'로 곡해하며 쉽게 인종주의에 빠질 수 있다(차옥숭, 2013).

2) 정권별 외국인 정책

우선 외국인노동자의 유입 계기는 노태우 정부 때인 1991년부터 실시한 '해외투자기업연수생 제도' 및 1993년에 실시된 '산업연수생 제도'부터였다. 3저 호황과 노동자 대투쟁 등으로 노동조합이 결성된 데다가 최저임금제가 도입되면서 임금이 크게 증가했고 그로 인해 내수시장이 매년 급속히 성장하여 이른바 '질 좋은 일자리'들이 대거 양성되면서 노동조건이 열악하고 임금수준도 낮은 이른바 '3D' 산업체들은 외면받으며 인력부족 현상을 겪게 되었다. 그에 따라 자연히 외국인노동자들이 들어오게 된 것이다.

이후의 연수생 제도로 벌 돈이 더 커지면서 외국인노동자가 급증한 것 또한 사실이며 중국의 개방으로 인해 수많은 중국인, 조선족, 몽골인들이 국내에 들어오게 된다. 그래서 2010년대에 이르면 국내 외국인노동자의 70% 이상이 중국인, 조선족, 몽골인들이며 동남아시아 국가나 스리랑카 출신들이 그다음을 차지하고 있을 정도다. 그리고 그 밖에 러시아인이나 구 소련 소속의 중앙아시아 출신 노동자들도 꽤 많다. 이로 인해 일어난 대표적인 현상은 외국인 불법체류자가 늘어난 것이다. 또한 2003년부터 2011년 사이에는 외국인의 지문 날인이 폐지되어 외국인노동자들의 국내 진입이 더 수월하게 이루어졌다. 인종차별도 문제이지만 불법체류자의 관리 또한 문제라고 할 수 있다.

- 노무현 정부: 2003년 8월 16일 「외국인 근로자의 고용 등에 관한 법률」 공포. 전개 과정
- 이명박 정부, 박근혜 정부: 2013년 6만 2천 명, 2014년 5만 3천 명, 2015년 5만 5천 명, 2016년 5만 8천 명 규모
- 문재인 정부: 2017~2020년 5만 6천 명, 2021년 5만 2천 명 규모

- 윤석열 정부: 2024년 역대 최대 규모인 12만 명을 도입한다는 계획을 발표하고 사업장별 한도를 2배 이상으로 늘렸다. 인력난이 예상보다 더 심각해지자 당초 계획보다 도입 규모를 더 늘려 16만 5천 명을 도입하고, 영주권 취득요건인 5년 거주와 배우자 및 자녀 입국이 가능한 F-2-R 비자를 제도화하면서 단순 고용이 아닌 외국인노동자의 정착을 유도하는 방향으로 정책을 전환하고 있다.

3) 원인 및 문제점

(1) 열악한 근무 환경에 따른 한국인의 3D 업종 기피

대한민국의 경제수준이 크게 향상됨에 따라 1990년대부터 3D(Dirty, Difficult, Dangerous) 업종, 즉 사양 업종들은 내국인들이 취직을 기피하게 되었다. 한국의 3D 업종은 근무환경 및 처우가 개선되긴 했어도 선진국 기준으로 보면 1960년대 이하 수준인 곳이 많았고, 인체에 유해한 화학물질을 보호 장구도 제대로 갖추지 않고 다량 사용하는 등 임금에 비해 목숨을 잃을 위험성이 높은 직업이 대다수인데다가 결정적으로 중소 중에서도 영세기업이나 2, 3차 밴더 기업 한정이라지만 중소기업의 사무직과 큰 차이가 없을 정도로 박봉이었다. 1990년대만 해도 충분한 인력이 사회 전반에 있었던 시절이며, 대한민국의 수반과 정치인들은 당장 눈앞의 손쉬운 해결책을 택했고 그것이 한국에 비해 임금도 낮고 그리 멀지 않은 동남아시아와 남아시아, 중국 출신의 노동력을 데려와 써먹는 것이었다. 오로지 인건비 절감에만 몰두해 자국민과 외국인노동자들을 경쟁시킨 기업인 위주의 정책이 얼마나 잘못된 길을 걸어왔는지는 미국과 한국 건설노동자의 연봉 차이만 봐도 알 수 있다.

(2) 불법체류를 조장하는 일부 업주들의 불법 고용

노동법을 위반해서라도 돈을 벌려는 악덕업주들이 있다. 불법체류자들이 한국에 계속 남아 있는 이유는 대부분 돈을 벌기 위해서인데, 결국 불법체류자들이 일할 곳이 없다면 이들이 문화적으로 완전히 다르고 가족 등 삶의 기반도 없는 이역만리 타지인 한국에 남아 있을 이유가 없어지기 때문이다. 외국인 단순노무자들의 경우 합법적으로 고용하더라도 거의 최저시급에 가까운 급여를 제공하지만, 업주들은 이 돈이 아까워서 불법체류자들을 고용한다. 당연히 사회보험(산재 등)의 법적 혜택을 받을 수 없게 되고, 그나마 월급마저 떼이거나 사고 등으로 일을 할 수 없게 되는 경우 쫓겨나는 등 비참한 상황을 겪을 수도 있다. 이 업주들 중에는 서류상 사장과 실제 사장을 다르게 하는 등의 편법을 이용해 불법체류자들이 다치거나 월급을 줘야 할 상황이 오면 신고를 넣어서 잡혀가게 하기도 한다. 물론 그렇게 신고한 업주 역시 불법체류자를 고용하면 벌금을 내야 한다.

(3) 내국인노동자들과의 일자리 갈등

외국인노동자들이 필요해서 데려온 사람은 자영업자나 중소기업 사장들이다. 하지만 이익을 보는 사람들은 의외로 많은데 우선 영세 자영업자나 공장 사장들이 망해서 사회로 내몰리면 곤란해지는 정부, 인력수급에 성공한 사장들, 그리고 이들 소상공인의 표를 필요로 하는 정치가들이 그렇다. 그리고 적정한 인력이 적정한 봉급을 받고 생산한 국내 제품을 쓸 수 있게 된 국민 개개인도 간접적으로 이득을 본다. 그러나 동시에 당연히 이뤄져야 할, 내국인노동자들에게 주어져야 할 처우개선이 지연되거나 이뤄지지 않으면서 청년들이 극한 노동환경에서 일할 수 없어서 실업자가 되는 현상 또한 문제가 되고 있다. 예를 들어, 공사장의 경우 산업재해 비율이 상당히 높은 편인데 원래라면 안전관리를 철저하게 하고 충분한 봉급을 주고 인력을 여유 있게 운용해야 하지만 외국인노동자들이 적은 돈에도 기꺼이 일하려고 하니 내국인들만으로 구성됐다면 잘 진행됐을 관리가 제대로 되지 않으면서 사회문제가 되고 있다.

다른 한편으로는 체류 기간이 한정되어 있어 취업 준비 기간과 근속 기간이 짧은 비숙련 외국인노동자로 건설 인력을 채우다 보니 자재와 기술은 날로 좋아짐에도 불구하고, 시공 과정에서의 문제를 개선할 수 없어 하자가 빈발하는 등 건물 자체의 품질도 낮아지는 점 또한 문제로 지적되고 있다. 이는 건설업뿐만 아니라,

고용허가제를 통해 들어오는 다른 외국인노동자들도 같다. 일이 손에 익을 만하면 고국에 돌아가야 하기 때문에, 그리고 재허가를 받아야 한국에 돌아올 수 있기 때문에 사장과 외국인노동자가 모두 불만을 갖게 되는 것이다.

(4) 불법체류자

외국인노동자로 들어오지 못할 경우 불법취업을 하러 오는 노동자들은 대부분 잡힌다. 기한을 넘겨 불법화된 체류자가 많은 편이다. 이유는 타국보다 한국에 정착하는 게 쉬운 데다 외국인노동자에게도 최저임금제가 적용되기 때문이다. 한마디로 이들에게 한국은 돈을 벌기에 상당히 좋은 곳이기 때문에 베트남, 필리핀을 비롯한 동남아시아나 네팔, 방글라데시, 파키스탄에서는 한국에 가려는 경쟁이 매우 치열하다. 유학생, 결혼할 신부, 심지어 소승불교 승려 같은 성직자, 교회 목사, 신부로 위장하여 들어오는 경우도 많다.

이들은 불법체류자라는 점을 이용하여 제대로 된 대우를 받지 못하는 경우가 많다. 신분상의 약점 때문에 임금체불 같은 불합리한 경우를 당해도 호소할 길이 사실상 막힌 상태라 그렇다. 같은 동포 브로커나 통역도 악랄하게 구는 경우가 허다하다. 통역이나 브로커가 조폭과 연루되기도 하고, 때론 악질적인 사장과 서로 짜고 엉터리 통역을 알선하거나 여권을 빼앗아 가고, 월급에서 이것저것 따지면서 돈을 빼앗아 가는 경우도 많다고 한다. 문제는 이러한 상황이 악화될 경우 나라, 민족 간 감정의 골이 깊어지게 된다. 네팔이나 여러 나라에서 한국 가서 믿던 자국인에게 배신당했다고 이를 갈던 추방자를 봤다는 사례도 꽤 많다. 다만 대부분의 불법체류자의 입국 과정은 합법적이고 또한 돈을 벌어 나가는 것이 목적이기 때문에 불법체류자가 범죄를 저지르는 일은 드물다.

(5) 외국인 범죄

가벼운 범죄까지 모두 포함한 전체 범죄율의 경우, '저학력 젊은 층 외국인노동자' 범죄율이 '저학력 젊은 층 한국인노동자' 범죄율보다 낮다. 그럴 수밖에 없는 것이 외국인노동자는 제한적인 사회생활을 하기 때문에 한국인이 저지를 범죄 중

많은 것과 무관하기 때문이다. 예를 들어, 명예훼손, 「예비군법」 위반, 음주운전, 병역기피 등을 할 계기가 적기 때문이다. 때문에 외국인노동자 범죄문제에 대한 이야기가 나올 때마다 외국인의 낮은 범죄율만을 언급하며 통계를 의도적으로 악용하는 이들이 있다.

　살인, 강도, 강간 등의 강력범죄율은 외국인노동자가 높다. 아울러 전체 범죄자 중 강력범죄자의 비율 또한 외국인노동자 쪽이 높다. 불법체류 상태의 외국인이 범죄를 저지르면 그 사후 처리에 어려움이 발생할 가능성이 있다. 다만 경찰 관계자의 말에 따르면 불법체류자는 단속에 걸리면 바로 추방되기 때문에 일반적인 외국인보다 더욱 조심하는 경향이 있다고 한다.

4) 개선방안

(1) 역지사지의 관점

　흔히 한국의 외국인노동자 파견을 논한다면 상기한 대로 독일에 광부와 간호사를 파견한 것과 중동에 건축업자들을 파견한 것만 떠올리는데, 엄밀히 본다면 일제강점기 시절 간도나 미국 등 여러 국가로 이민을 간 조선 교포들도 현지인들 입장에서는 외국인노동자들이었다. 즉, 외국에서 일하는 한국인들이 '해외에서 고생하는 우리 동포들'이듯이, 마찬가지로 한국에 있는 외국인노동자는 고국의 입장에서는 '해외에서 고생하는 우리 동포들'이라는 것이다. 당장 한국이나 독일 등 외국에 거주하는 파독 근로자들이 한국의 외국인노동자 문제에 대해 비판하고, 영화 〈국제시장〉에서 덕수가 외국인노동자들을 조롱한 고등학생 양아치들을 혼낸 이유도 이들도 젊은 시절에는 고생을 많이 했기 때문이다.

　실제로 외국에 나간 한국인 동포가 현지인들에게 인종차별적인 대우를 받았다는 소식에는 "백인 놈들 너무하다. 다 같은 인간인데 어떻게 그럴 수 있냐?"라면서 분개하는 이들이 마찬가지로 '외국'인 한국에 파견된 외국인노동자들을 상대로는, 고국인들이 이를 안다면 "한국 놈들 너무하다. 다 같은 인간인데 어떻게 그럴 수 있냐?"라며 분개할 만한 인종차별적인 언행을 서슴지 않는 이중잣대를 보이는 경우가 굉장히 많다. 외국에 나간 한국 동포가 현지인들에게 존중받기를 바라는 것처럼, 한국에 있는 외국인노동자들 또한 존중해 주는 마음가짐이 중요하다.

(2) 사회계약론적 관점

사회계약론의 관점에서 보자면 외국인노동자 문제는 외국인노동자와 내국인노동자가 아니라 내국인 영세 고용주와 내국인노동자 사이의 갈등이다. 외국인노동자는 어디까지나 국가에서 외부인이기 때문이다. 먼 미래에는 유엔의 역할이 강화된다든가 하여 지구가 하나의 국가가 될지도 모르겠지만 아직은 엄연히 국가와 국경이 존재하는 시대다. 외국인에게 보장되는 인권은 생명, 신체에 대한 자유 등 지극히 기본적인 것에만 한정되며, 생계유지 등 그 이상의 것을 제공할 의무는 없는 것이다. 물론 대한민국은 경제대국에 진입하였기 때문에 그에 따라 전인류적인 기여를 할 필요가 있다고 볼 수도 있지만, 그것은 정치권에서의 일이지 서민들이 신경 쓸 일은 아니다. 외국인노동자 인권이라는 핑계로 물타기를 하며 중소기업 및 영세 자영업에 대한 구조조정의 필요성을 외면하는 당국의 태도는 책임회피라고 볼 수 있다.

(3) 해결방안

첫째, 외국인노동자를 보호하기 위해 법률과 규제를 강화하는 것이 중요하다. 불법 노동 및 인신매매와 같은 문제에 대한 엄격한 처벌 제도를 마련하고, 근로조건 및 권리를 보호하는 법률을 개선해야 한다. 둘째, 외국인노동자에게 근로 조건, 권리, 법률 등에 대한 정보를 제공하고 교육하는 것이 중요하다. 이를 통해 외국인노동자들은 자신의 권리를 알고 지킬 수 있으며, 불공정한 대우에 대항할 수 있게 된다. 셋째, 정부는 외국인노동자를 보호하기 위한 정책과 지원 프로그램을 마련해야 하고, 이를 통해 외국인노동자들은 안정적인 근로 환경과 적절한 보상을 받을 수 있게 된다. 넷째, 외국인노동자를 고용하는 기업과 고용주는 책임을 다해야 한다. 적절한 근로 조건을 제공하고, 외국인노동자의 권리를 존중해야 하고, 고용주들은 노동법 및 규정을 준수하도록 권고받아야 한다. 다섯째, 국제 협력 강화 차원에서 외국인노동자 문제는 국경을 넘어서는 문제이기 때문에 국제적인 협력이 필요하다. 국가 간의 정보 공유, 법률 협력, 인력 이동 관리 등을 통해 외국인노동자 문제를 해결할 수 있다(차옥숭, 2013).

2. 다문화가정 문제

1) 개요 및 현황

한국에서 다문화가족정책의 대상은 결혼이주여성, 특히 그중에서 동남아시아와 중앙아시아에서 온 결혼이주여성으로, 다문화는 전체를 아우르기보다는 부분적인 용어로 정착되었다. 그리고 한국에서 다문화가정이라고 하면 '결혼이주여성이 포함된' '동남아의 가난한 국가에서 온' '복지시혜의 대상자'라는 의미가 내재해 있으며, '동남아의 가난한 국가에서 온 여성'이라는 프레임은 한국의 국제결혼 초기부터 다문화가정을 인식하는 중요한 기준이 되어 왔다. 그러나 결혼이주여성의 역사도 20여 년에 접어들면서 한국 사회에 정착하고 있는 이들 여성은 '다문화가정을 대하는 시선의 변화가 필요'하고, 그동안 사용되던 '다문화' 용어의 부정적 요소를 개선할 필요가 있음을 인지하기에 이르렀다.

2021년 9월 기준으로 우리나라의 다문화가정 현황을 살펴보면 다음과 같은 특징을 갖고 있다(통계청, 2022).

- 다문화가정의 증가와 지역적 분포: 우리나라는 글로벌화와 이민 현상의 증가로 인해 다문화가정이 점차 증가하고 있다. 다양한 국적과 문화를 가진 가족들이 한국에 정착하며, 그들의 자녀들이 다문화적인 환경에서 자라고 있다. 이들 다문화가정은 주로 수도권과 대도시 지역에 집중되어 있다. 이는 경제적, 교육적인 기회와 다양한 문화적 자원에 접근하기 쉬운 환경 때문일 수 있다.
- 국적과 문화적 다양성: 다문화가정의 국적과 문화적 다양성이 크다. 한국과 다

른 국가 출신 가족들이 다양한 문화적 배경을 갖고 있으며, 다양한 언어, 음식, 의상, 풍습 등을 지니고 있다.

- **다문화가정의 도전과 과제:** 다문화가정은 언어, 문화, 교육, 사회적 관계 등 다양한 도전과 과제를 직면하고 있다. 언어 및 문화적인 차이로 인한 의사소통 문제, 교육 기회의 불균형, 차별 경험 등이 그 예다.
- **다문화가정을 위한 정책 및 지원:** 정부와 지역사회는 다문화가정을 지원하기 위한 다양한 정책과 프로그램을 운영하고 있다. 다문화가정을 위한 교육, 상담, 문화 활동, 언어 지원 등의 서비스를 제공하며, 다문화가정의 사회적 통합을 촉진하고자 노력하고 있다.

2) 문제점

(1) 차별

- **인종 및 문화적 차별:** 일부 사회에서는 다른 인종이나 문화적 배경을 가진 가족들에 대한 차별이 존재할 수 있다. 이는 인종 편견, 문화적 선입견, 차별적인 태도 등으로 나타날 수 있다.
- **언어적 차별:** 자녀들이 다른 언어를 사용하거나 특정 언어에 능숙한 경우 언어적 차별을 받을 수 있다. 이는 교육기관이나 사회적 활동에서 언어적인 장벽을 겪을 수 있음을 의미한다.
- **사회적 차별:** 일부 다문화가정은 사회적, 경제적 어려움을 겪을 수 있으며, 이로 인해 사회적 차별을 경험할 수 있다. 이는 주거, 교육, 일자리 등 다양한 영역에서 나타날 수 있다.
- **심리적 차별:** 다문화가정에서 자라는 자녀들은 때로는 자신의 다른 문화적 배경에 대해 부정적인 태도를 갖는 사람들로부터 심리적인 차별을 받을 수 있다. 이는 자아존중감을 훼손시키고 정체성에 대한 혼란을 초래할 수 있다.

(2) 자녀 양육

- **언어 및 문화적 차이:** 부모가 서로 다른 언어를 사용하거나 문화적인 차이를 가질 경우, 자녀는 양쪽 문화와 언어에 노출되면서 혼란을 겪을 수 있다. 이는 자녀의 정체성 형성과 언어 발달에 영향을 미칠 수 있다.
- **가치관 충돌:** 서로 다른 문화적 배경을 가진 부모는 자녀의 교육 방법, 가족 구성, 종교적 신념 등에서 가치관 충돌을 경험할 수 있다. 이러한 충돌은 부모 간의 의견 충돌을 야기하고 자녀에게 혼란을 줄 수 있다.
- **이중 언어 및 문화 교육:** 다문화가정에서는 양쪽 문화와 언어를 균형 있게 전달하기 위한 노력이 필요하다. 자녀에게 언어와 문화를 가르치는 것이 중요하지만, 이는 추가적인 노력과 지원을 요구할 수 있다.
- **사회적 통합과 정체성 형성:** 다문화가정에서 자녀는 여러 문화에 노출되면서 자신의 정체성을 형성하는 과정을 겪게 된다. 이는 자녀에게 혼란과 어려움을 줄 수 있으므로 부모는 자녀의 사회적 통합과 정체성 형성을 지원하기 위해 노력해야 한다.

(3) 문화적 가치 충돌

- **가족 구조와 역할:** 서양 문화에서는 개인의 자유와 독립성이 강조되는 반면, 몇몇 동양 문화에서는 가족 중심의 가치가 강조된다. 이러한 차이로 인해 가족 구조와 역할에 대한 이해와 기대가 다를 수 있다.
- **교육 방식과 가치관:** 국가별로 교육 체계와 가치관이 다를 수 있다. 예를 들어, 한국에서는 학업 성취를 중요시하는 경향이 있지만, 다른 문화에서는 개인의 창의성과 자율성을 더욱 중요시하는 경우가 있을 수 있다.
- **종교와 신앙:** 다문화가정에서는 종교와 신앙에 대한 차이로 인한 충돌이 발생할 수 있다. 종교적인 신념과 의식, 예배 방식 등에 대한 이해와 존중이 필요하다.
- **음식 문화:** 음식은 문화적인 가치와 관련이 깊다. 가족 구성원들이 다른 문화의 음식을 선호하거나 금기가 있는 경우 음식 선택과 준비에 대한 충돌이 발

생할 수 있다(박정윤, 채지은, 조몽적, 2020).

(4) 부부 관계

국제결혼을 통해 한국에 거주하고 있는 결혼이주여성은 자국 문화와 한국 문화의 차이, 언어 소통의 어려움, 생활습관 및 사고방식의 차이를 경험하게 된다. 특히 결혼 초기에는 한국어를 잘 구사하기 어렵기 때문에 부부간, 가족 간에 오해가 생기기 쉽다. 또한 전통적으로 남편 중심적인 생활문화를 가지고 있는 한국에서 가족 내 문화 충돌을 일으키기도 한다. 또한 이 여성들은 대부분 가정주부로 지내거나 남편과 함께 농사일을 하므로 한국에서 사회활동에 참여할 기회가 거의 없는데, 주위의 다른 사람들과 어울리거나 사회활동을 하지 못한 채 주로 남편이나 시집 식구와만 지내기 때문에 한국 문화와 사회에 적응하는 것이 더욱 어려워진다. 또한 결혼이주여성은 시부모와 의사소통하기 어렵고 시부모의 간섭을 받을 수 있다.

특히 결혼이주여성의 출신 국가가 한국 사회보다 경제적 수준이 낮을 경우, 이에 대한 편견으로 상처를 받기도 한다. 또한 이들의 국제결혼 동기 중 큰 요인이 본국의 가족에게 경제적으로 도움을 주고 싶은 것도 있으나, 기대했던 것과 달리 한국에서의 가정 내 경제 수준은 낮은 편으로, 이로 인해 부부 갈등이 발생할 가능성도 있다. 결혼이주여성들은 이와 같은 어려움을 해결하기 위해 모국에 있는 친구나 가족에게 하소연하는 경우가 많았으나, 배우자와 보내는 시간이 가장 많고 가까이에서 도움을 줄 수 있는 대상이 배우자이기 때문에 배우자와의 만족도가 다문화가정의 부부 관계에 매우 중요한 요인으로 작용한다.

3) 해결 및 개선방안

(1) 차별

다문화가정의 차별은 문화적 이해와 인종평등을 촉진하는 교육, 법적 보호 및 인권단체의 지원을 통해 완화될 수 있다. 또한 이러한 상황에 직면한 가족은 자신의 권리를 보호하고, 차별에 대항할 수 있는 지원 및 자원을 활용할 수 있어야 한다. 사회적인 변화와 인식 개선을 통해 다문화가정에 대한 차별을 예방하고, 포용적인 사회를 형성하는 것이 중요하다.

자녀들에 대한 차별을 개선하기 위해서는 다음과 같은 방안도 고려할 만하다(조숙정, 2023).

- **개방적인 대화**: 자녀와 소통하며 그들이 경험하는 차별에 대해 자주 이야기하면서 자녀들이 어떤 상황에서 어떤 차별을 경험했는지 이해하고, 그들의 감정과 생각을 들어 주는 것이 필요하다. 이를 통해 자녀들은 자신을 표현하고 문제 상황에 대한 해결책을 모색할 수 있다.
- **문제 해결 및 대응 전략 제시**: 자녀들과 함께 차별 상황에 대한 대응 전략을 고민하는 방안은 자녀들에게 차별 상황에서 친구나 선생님에게 도움을 요청하는 방법을 가르쳐 줄 수 있다. 또한 자녀들이 자신을 지지해 주는 사람들과 관계를 형성하도록 유도하여 강한 지지체계를 구축할 수 있다.
- **문화적 자아 증진**: 자녀들에게 다문화적인 배경과 문화에 대한 긍정적인 자아 개발을 도와준다. 이를 통해 자녀들은 자신의 정체성을 긍정적으로 받아들일 수 있고, 차별에 대한 자신감을 키울 수 있다. 문화적인 자아 증진을 위해 가족의 문화적 전통과 가치를 존중하고 공유하는 활동을 할 수도 있다.
- **지원 및 자원 활용**: 다문화가정을 위한 지원 및 자원을 활용하는 방안으로, 학교, 지역사회, 다문화가정 지원 기관 등에서 제공하는 프로그램과 서비스를 찾아보는 것을 권장한다. 이들은 자녀들을 위한 상담, 교육, 멘토링 등을 제공하여 자녀들이 차별 상황에 대처하고 성장할 수 있는 기회를 제공할 수 있다.
- **법적 보호 및 신고**: 심각한 차별 상황에 직면한 경우 법적인 보호와 신고를 고려해야 한다. 이는 국내 또는 지역의 법률과 절차를 따라야 하며, 법적인 조치는 가해자에 대한 처벌과 차별 행위의 예방을 위해 중요하다.

(2) 자녀 양육

다문화가정에서 자녀 양육에 대한 어려움을 극복하기 위해서는 상호 존중과 이해, 개방적인 대화, 상담 및 지원 서비스의 활용이 중요하다. 부모는 서로의 의견을 존중하고 합의점을 찾을 수 있도록 노력해야 하며, 필요하다면 전문가의 도움을 받을 수도 있다. 또한 다문화 교육 프로그램이나 지역사회의 다문화 지원 프로그램을 활용하여 자녀의 양육과 다문화 경험을 지원할 수 있다.

따라서 다문화가정에서 자녀들이 양육에 대한 다른 문화적 배경을 경험하는 것은 오히려 그들의 성장과 발전에 긍정적인 영향을 미칠 수 있는 장점을 가지고 있다. 부모들은 이러한 다문화적인 경험을 적극적으로 지원하고, 자녀들의 문화적 성장을 존중하며 도와주는 것이 중요하다(이광원, 2020).

- 문화적 다양성 이해: 자녀들이 다른 문화적 배경을 경험함으로써 다양한 문화에 대한 이해와 존중을 갖게 되며, 이는 자녀들이 다른 사람들과의 관계를 형성하고 대화를 나누는 데 도움이 되며, 향후 글로벌화된 사회에서 융합적으로 살아가는 데 도움이 될 수 있다.
- 언어 능력 향상: 다문화가정에서 자녀들은 두 가지 이상의 언어를 동시에 사용하게 되며, 이는 언어적 유연성과 다양한 언어 능력을 발달시킬 수 있는 기회를 제공한다. 또한 다양한 언어를 구사하는 능력은 학업적 성과와 직업적 경쟁력을 향상시킬 수 있다.
- 문화적 자아 정체성 형성: 다문화가정에서 자라는 자녀들은 다양한 문화적 영향을 받으며, 이는 자녀들이 자신의 정체성을 형성하는 데 도움이 된다. 자녀들은 다양한 문화적 가치와 신념을 습득하고, 자신의 정체성을 다양한 측면에서 발전시킬 수 있다.
- 유연성과 적응력: 다문화가정에서 자라는 자녀들은 다양한 문화적 상황에 유연하게 대처하고 적응할 수 있는 능력을 키울 수 있다. 이는 긍정적인 자아 개발과 문제 해결능력을 강화할 수 있으며, 미래에 다양한 환경에서 성공적으로 살아갈 수 있는 장점이 될 수 있다.

(3) 문화적 가치 충돌

다문화가정에서의 문화적 가치 충돌은 적극적인 대화와 상호 이해를 통해 해결할 수 있다. 가족 구성원 간의 소통과 협력을 통해 다양성과 상호 존중을 지향하는 가정환경을 조성할 수 있기를 노력해야 한다.

- **상호 이해와 존중**: 가족 구성원 간의 상호 이해와 존중은 가장 중요한 요소이기에, 서로의 문화와 가치관을 이해하고 존중하는 자세를 갖는 것이 중요하다.
- **개방적인 대화**: 문제가 발생할 때는 개방적이고 솔직한 대화를 통해 의견을 나누고 해결책을 모색하는 것이 중요하며, 서로의 관점을 이해하고 타협점을 찾기 위해 노력해야 한다.
- **문화 교류와 경험**: 가족 구성원이 서로의 문화를 교류하고 경험하는 것은 상호 이해를 높일 수 있는 좋은 방법이기에, 함께 문화 행사에 참여하거나 서로의 음식을 나누는 등의 경험을 통해 가족 간의 유대감을 높일 수 있다.
- **전문가의 도움**: 가족 구성원이 문화적 가치 충돌을 해결하기 어려운 경우, 전문가의 도움을 받는 것도 좋은 방법이기에 문화 중재자나 가족 상담사의 도움을 받아 문제를 해결할 수 있다.

(4) 부부 관계

남편의 지지와 이해뿐만 아니라 시집 식구들의 이해와 노력도 결혼이주여성이 한국 생활에 적응하며 겪는 스트레스를 경감시킬 수 있는 것으로 나타났다. 따라서 다문화가정의 결혼이주여성이 한국 사회의 구성원으로서 가정을 꾸리고 사회에 통합될 수 있기 위해서는 그 가정의 사회적·심리적·문화적 적응에 대한 지속적인 관심과 노력이 필요하다.

다문화가정 부부가 문화적 차이와 가족 내 갈등을 겪는 것은 사실이나, 부부가 다문화가정의 정체성을 확립하고 긍정적인 미래 계획을 세우면서 지역사회에 참여하면 안정적으로 적응할 수 있다. 이러한 성공적인 적응을 위해서는 다문화주의적인 이해를 함께 가지고 서로 맞춰 가는 것이 필요하며, 이와 동시에 다양한 계층의 지지가 중요하게 작용할 수 있다.

3. 탈북자문제

1) 개요

1990년대 초 구소련 연방 및 동유럽 사회주의 국가가 해체된 이후 자본주의 경제체제가 확산되던 시기에 사회주의 경제체제를 근간으로 하는 북한에서는 국내외적 상황으로 인하여 식량과 생필품 배급이 중단되는 사태가 발생하였다. 식량과 생필품이 공급되지 못하는 사태로 인해 북한 경제는 파탄에 이르렀으며, 북한의 경제위기는 순식간에 북한 전역으로 퍼져 나갔다. 이로 인해 북한 주민들은 생계를 유지하고자 국경을 넘어 중국으로, 한국으로, 제3국으로 이동하였다. 그러다 1990년대 후반 이후 탈북자가 급증하고 규모 및 탈북 루트가 다양해졌으며, 제3국에 거주하는 탈북자 수백 명이 한꺼번에 입국하면서 '탈북자 대량입국'이라는 초유의 사태가 일어났다. 특히 기획망명, 브로커 등을 통한 탈북방법도 다양하고 복잡해졌으며, 중국과 동남아에서 떠도는 6만에서 10만 명의 해외탈북자들은 잠재적 입국대상자들로서 해외에서 떠돌고 있는 상황이다. 국내에 탈북자들이 지속적으로 늘어나고 있는 것은 사실이지만 김정은 시대 이후 북한 탈북통제 및 중국 국경강화, 브로커 단속이 심해져 탈북자가 최고점으로 찍었던 2009년 대비 탈북자의 수는 거의 절반으로 줄었다(최대혁, 2019).

한편, 탈북자의 규모나 체류기간이 늘어나고 탈북 루트가 복잡하고 다양해지면서 인접국 및 유관국들의 외교적 부담도 커지게 되었으며, 기획망명이나 집단입국 등으로 인해 탈북자문제가 국가 간 외교 갈등으로까지 확산되는 부작용이 초래되기도 하였다. 다시 말해 탈북자의 유형이 다양화되고 오랜 시간 동안 제3국에 체류하여 탈북자의 지위를 얻고자 하는 과정에서 많은 국제적인 문제점이 발생하고 있는 것은 사실이다. 이에 따라 한국을 비롯한 중국, 미국, 일본, 유럽연합 (EU) 등 주변국에서는 각기 다른 입장을 취하고 있으며 법적 지위 또한 국제법적인 관점과 국내법적인 관점에서 논의되고 있다. 더욱이 한국 정부도 남북관계를 정의하는 접근법, 자세, 방식 등에 따라 다른 것은 물론 국제법적인 차원의 성격이 복합적으로 혼재되어 논의되고 있다. 결론적으로 탈북자 문제는 단순히 인도적 차원이 아니라 정치적·외교적인 차원의 접근이 필요한 문제인 것이다(양양규, 김윤영, 한상암, 2021).

2) 문제점

탈북자들이 한민족으로서의 변하지 않는 민족성을 갖고 있는 존재, 저소득층으로서 복지정책의 수혜자 그리고 민족통일의 인적자원으로 인식될 때, 이런 인식은 이들과 관련된 문제들이 정책에 문제화되는 경향에도 영향을 끼친다.

첫째, 변하지 않는 민족성을 보존하고 있는 존재나 민족통일의 인적자원으로서 탈북자를 재현하면 탈북자 개개인의 특성, 예를 들어 성별, 탈북 배경 그리고 기타 사회문화적 배경 등이 간과되고, 특히 최근 들어 증가하는 탈북자들의 다양한 정체성과 다문화적 특성, 또 이로 인한 새로운 현상 등이 가려지거나 축소된다. 예를 들어, 탈북자들의 탈북 배경이 시대의 변화에 따라 달라지고 있으나 이에 대한 적절한 정책적 대책을 세우지 못하고 있다. 1948년 분단 이후부터 1980년대까지의 탈북자는 주로 남성이었고 이들은 주로 정치적 이유로 남한행을 선택하였다. 그러나 2002년부터 여성 탈북자는 과반수를 넘었으며 경제적인 이유로 국경을 넘는 여성의 비율이 증가하는 세계적인 이주의 여성화의 한 현상으로 볼 수 있다. 뿐만 아니라 탈북의 이유는 중국에서 사업과 관련된 문제가 발생했을 때 책임을 축소해 보고자 하는 이유, 자녀들에게 좀 더 나은 교육 기회를 제공하고자 하는 이유, 그리고 최근에는 '정서적 복지'를 위한 이유까지 포함될 정도로 다양해지면서 20세기의 양상과는 분명히 다른 양상을 보이고 있다. 이런 변화에도 불구하고 탈북자들과 관련된 현상들은 여전히 한민족의 문제, 민족통일과 관련된 문제로만 문제화되고, 탈북자들의 다양한 욕구와 그것을 실현하고자 하는 그들의 노력이 간과되자 한국사회에 대해 실망하고 적응하지 못하는 탈북자, 제3국으로 탈남하는 혹은 다시 북한으로 돌아가는 탈북자들이 증가하게 된 것이다.

둘째, 탈북자들과 관련된 문제를 추상적인 한민족의 민족성에 의지하여 문제화하는 경향은 이들이 처한 현실의 문제를 왜곡시키고 한국 생활에의 적응을 지체시킬 수 있다. 제3국에서 출생하고 다양한 국가를 거쳐 오며 성장한 탈북 청소년의 경우에는 다문화적 배경 및 사회화 과정으로 한국의 학교생활에 적응을 쉽게 하지 못할 뿐만 아니라 한국어를 구사하지 못하는 경우도 적지 않다. 그럼에도 불구하고 여전히 탈북 청소년들이 마주한 문제를 해결하는 방식은 그들의 한민족적 특성에 의지하는 경향이 있다. 또한 한국 학교에서 적응하지 못한 탈북 청소년의 교육을 담당하고 있는 NGO 활동가들은, 탈북 학생들이 한국 학교에 적응하지 못하는 많은 이유 중 하나는 그들의 다문화적 특성이 존중되지 않기 때문이라고 설명했다. 탈북 학생들이 한국 선주민들과 사회적 · 문화적 동종의 집단으로 여겨질 때 오히려 다양한 문화권을 거치며 사회화된 그들의 생활방식과 사고방식은 한국 선주민들과의 다른 특성으로 존중받지 못하고 버릇없는 혹은 이상한 태도로 낙인이 찍힌다고 했다. 그는 '남한의 학교에서 밀려난 아이들이' 대안학교에 다니면서 학교 운영비를 마련하기 위해 후원자들 앞에서 '앵벌이'처럼 '우리의 소원은 통일'을 불러야 하는 역설적 상황에 대해 비판하기도 했다(채경희, 2017).

셋째, 탈북자들이 복지혜택의 수혜자로 재현되고 그들의 경제적 어려움을 해결하는 방안으로 복지적 접근이 문제화되는 것은 한국 선주민 중 저소득층에게는 '역차별'이라는 불만을 불러일으킨다. 탈북자들의 대부분은 정부에서 제공한 임대주택에 거주하고 있으며, 이들이 자비로 다른 지역으로 이사를 한다 해도 그 지역의 선주민들이 거주지를 떠나는 현상이 발생하여, 결국 특정 지역에 탈북자들의 집단 거주지가 형성되는 현상이 발생하고 있다. 선주민 저소득층은 탈북자들의 언어 습관, 음주문화 그리고 쓰레기 처리 방식 등의 문화적 차이 때문에 그들과 생활공간을 공유하는 것을 꺼리고 있으며, 자신들보다 탈북자들이 더 많은 복지혜택을 받는 것 같아 자신들이 역차별당하고 있다고 느낀다. 그러나 실제로 탈북자들의 정착금과 기타 지원이 다른 이주민들에 비해 많은 것은 사실이지만, 탈북자들은 여전히 한국 선주민의 평균 임금에 미치지 못하는 임금을 받고 있으며 실업률은 선주민보다 높은 수준이다. 이런 상황들을 탈북자들이 스스로 경제적 자립을 통해 극복하려 해도 그들의 경제적 어려움을 해결하는 방식이 생활보호대상자와 같은 취약계층을 위한 복지문제로만 문제화되어 오히려 근본적인 문제해결을 어렵게 한다. 따라서 탈북자들의 어려움을 취약계층에 대한 복지문제로만 문제화하는 것은 한국 사회에서의 그들의 고립감과 박탈감 그리고 무력감을 더욱 가중시킬 우려가 있다(류이현, 이덕로, 2021).

3) 개선방안

탈북자문제에 대한 연구는 탈북자들의 열악한 처지를 근본적으로 개선해야 한다는 당위적 전제에서 출발했다. 탈북자문제는 주변 국가 간의 이해관계와 외교관계까지 복잡하게 엉켜 있을 뿐만 아니라 탈북자에 대한 정책은 정부의 다양한 노력에도 불구하고 효과적인 정책으로 자리 잡지 못하고 있다. 국내에 머물고 있는 탈북자는 현재에는 3만여 명에 불과하지만 통일 후에는 수천만 명 수준이 될 것이며, 남북한 주민들 간의 사회통합은 더욱 어려운 문제가 될 것임이 분명하다. 서독의 난민 수용 정책이 독일의 통일을 촉진하는 역할을 했다는 경험으로 비추어 보아 탈북자들의 한국 사회 적응에 관한 문제는 민족화합의 예비과정으로 볼 수도 있을 것이다.

따라서 탈북자들에 대한 정책은 이들을 단순한 생계곤란자로 취급하고 사회복지 차원에서 접근할 것이 아니라 통일로 이끌어 가고 나아가 통일 후에는 남북한 사회통합의 길잡이로 활용하기 위한 장기적이고 적극적인 준비의 차원에서 접근할 필요가 있다. 탈북자문제의 근본적인 해결은 그 발생원인을 제거하는 것이겠지만, 그렇지 않은 상황에서는 탈북 이후 이들을 위한 종합적이고 일관성 있는 정부의 정책 마련과 이행이 중요할 것이다.

아울러 북한에서 또 다른 대량탈북이 발생할 경우를 생각해 보았을 때, 이 문제가 북한 체제의 존립에도 영향을 미칠 확률이 높아지기 때문에 이것이 현실화되었을 경우 우리가 대처할 방안 마련에 주력해야 할 것이고, 촉진을 시도할 경우에는 신속한 대응과 더불어 북한을 전(全)방위적으로 압박하는 국제사회의 공조를 이끌어 내야 할 것이다.

탈북자 문제는 아무리 국가적으로 인권에 대한 의식이 높다고 하더라도, 자국민들의 안전과 권리를 우선시해야 하는 각국 정부의 입장에서 이방인들에게 관대한 정책을 펼치는 것은 쉽지 않아 보인다. 한국 사회 내부에도 양극화가 심화되고 취약계층이 확대되면서 탈북자에게 주어지는 지원정책 등이 '역차별'이라는 반발이 거세지고 있다. 탈북자에 대한 '특별한' 지원 정책이 그만큼 국민에게 설득력을 잃고 있다는 증거라 할 수 있다.

일각에서는 다문화적 접근에 거부감을 보이고 있어 좀 더 신중히 결정해야 할 문제이기는 하지만, 탈북자를 여타 이주민 집단과 다른 특수한 집단으로 대우하는 것은 탈북자 적응에 도움이 되지 않는다는 의견에 대해서도 귀를 기울일 필요가 있다. 다시 말해 탈북자 정책 가운데 일반적 복지와 통합이 가능한 영역은 통합하고 특수성이 고려되어야 하는 일부 문제에 대해서만 특별한 지원 정책을 펴는 것이 바람직한 방향일 것이다. 그래서 더 이상 탈북자 문제를 정치적 · 외교적인 관점에서만 볼 것이 아니라, 더 나아가 정치적인 문제를 넘어 탈북자의 국내 정착을 위한 실질적인 정책을 위해 다양한 측면에서 근본적인 문제의식을 가질 필요성이 있다(이학인, 2015).

- **보호 및 안전 강화**: 탈북자들을 보호하고 안전을 보장하는 것이 매우 중요하기에 국제사회와 협력하여 탈북자들의 인권을 보호하고, 적절한 보호 시설을 마련하는 등의 노력이 필요하다. 또한 탈북자들이 다른 국가로 이동할 때에도 그들의 안전을 최우선으로 고려해야 한다.
- **탈북자의 교육 및 직업 기회 제공**: 탈북자들에게 교육 및 직업 기회를 제공하여 재정적인 안정과 사회적인 통합을 돕는 것이 중요하며, 이를 위해 정부 및 국제기구는 탈북자들을 위한 교육 프로그램과 직업 훈련을 지원하고, 취업 기

회를 확대하는 정책을 마련해야 한다.

- **정보 접근성 향상**: 탈북자들이 국제사회의 정보에 접근할 수 있도록 지원해야 하며, 탈북자들은 자신의 권리와 선택을 알기 위해 정확하고 신뢰할 수 있는 정보에 접근해야 한다. 이를 위해 라디오, 인터넷, 안전한 통신수단 등을 통해 탈북자들에게 정보를 제공하고, 정보 네트워크를 구축하는 것이 필요하다.

- **탈북자 법률 및 정책 개정**: 정부는 탈북자들을 지원하기 위한 법률 및 정책을 개정하고 강화하여 이를 통해 탈북자들의 권리와 보호를 강화하고, 정착을 돕는 제도적인 장치를 마련할 수 있다. 예를 들어, 탈북자들의 교육, 거주, 직업 등에 관한 권리와 보호에 대한 내용을 명시적으로 규정하는 법률을 마련할 수 있다.

- **복지 및 재정 지원**: 탈북자들이 정착과 재생활을 할 수 있도록 복지 및 재정 지원을 제공하는 것이 중요하다. 정부는 탈북자들을 위한 복지 프로그램을 마련하고, 적절한 재정 지원을 제공하고, 이는 거주 지원, 의료 보장, 식량 지원, 교육 지원 등 다양한 형태로 이루어질 수 있다.

- **교육 및 직업 훈련 프로그램**: 탈북자들의 정착을 돕기 위해 교육 및 직업 훈련 프로그램을 제공하고, 이를 통해 탈북자들은 필요한 기술과 지식을 습득하여 직업을 찾을 수 있고, 경제적으로 독립할 수 있게 된다. 교육 기회와 직업 훈련 기회를 제공하는 정책과 프로그램을 마련하는 것이 중요하다.

- **사회적 통합을 위한 정책**: 탈북자들의 사회적 통합을 돕기 위해 다양한 정책이 필요하고, 이는 탈북자들의 사회참여를 촉진하고, 사회적 네트워크를 형성할 수 있는 기회를 제공하는 것을 의미한다. 정부는 다문화 교육, 재능 발휘 기회, 사회 활동 지원 등을 통해 탈북자들의 사회적 통합을 지원할 수 있다.

4. 성소수자

1) 용어 개념

성소수자(性少數者, sexual minority)는 트랜스젠더, 양성애자, 동성애자, 무성애자, 범성애자, 젠더퀴어, 간성, 제3의 성 등을 포함하며 성정체성, 성별, 신체상 성적 특징 또는 성적 지향 등과 같이 성적인 부분에서 사회적 소수자의 위치에 있는 이를 말한다. 성소수자는 매우 포괄적인 용어이지만, 워낙 다양한 성소수자 집단이 존재하는 관계로 그와 유사하게 사용하거나 하위 집단을 일컫는 다양한 용어와 신조어들이 존재한다. LGBT는 레즈비언(Lesbian), 게이(Gay), 양성애자(Bisexual), 트랜스젠더(Transgender)를 함께 일컬어 부르는 단어이다. 성소수자 운동에서 가장 주류적으로 사용되는 용어이나, 수용성이 제한적이기 때문에 비판의 대상이 되기도 한다. 성소수자 권리 운동 초기에는 레즈비언과 게이만 일컫는 레즈비게이(Lesbigay)로, 거기에 양성애자도 더한 LGB로 불리었으나, 1990년대 이후 트랜스젠더도 포함된 LGBT가 되었다. 21세기에 들어서 아직 자신의 성정체성이나 성적 지향에 의문을 가지고 있는 사람들을 일컫는 퀘스처너(Questioner)와 간성(Intersex), 무성애자(Asexual), 범성애자(pansexual)까지 더해 LGBTQIAP라고 부르고 있다. 인도 등 남아시아에서는 히즈라를 H로 표기하여 포함하기도 한다. 또 다른 대안적 단어인 퀴어(Queer)는 원래 '이상한' '색다른' 등을 나타내는 말이었고 성소수자에 대한 비하 명칭으로도 쓰였으나, 지금은 성소수자가 의미를 전복하여 스스로를 표현하는 단어로도 쓰이고 있다.

2) 국내 이슈

성소수자에 대한 다양한 성적 지향에 대해 가장 오랫동안 논의되어 온 주제는 동성애로, 고대 그리스와 로마 시대부터 현대에 이르기까지 항상 존재해 왔으나 호모포비아라는 표현에 나타난 것과 같이, 역사적 관점에서의 동성애에 관한 입장은 이성애 중심주의에 기반하여 성소수자를 부정적인 비난과 혐오의 대상으로 간주했으며, 이러한 문제는 차별을 넘어서 폭력 등의 행위로까지 이어졌다. 그러나 1980년대 후반부터 레즈비언과 게이를 중심으로 한 인권 운동이 서구에서 시작되었고, 동성애문제와 성소수자에 관한 논의들이 구체적으로 이루어지기 시작했다.

　동성애와 관련하여 가장 오랫동안 이슈가 되어 왔던 문제는 '과연 동성애는 질병인가?' '동성애는 치료할 수 있는가?'일 것이다. 과거 동성애는 정신질환의 하나로 인식되어 정신과 진단명으로 포함되어 있었으나 1973년 미국정신의학회의 성명서를 통해 동성애를 정신과 진단명에서 삭제하기로 하였으며, 1992년 세계보건기구는 동성을 대상으로 한 성적 지향을 공식적으로 정상 범주에 해당함을 인정하였다.

　'동성애는 치료할 수 있는가?'에 대한 논의는 2016년 동성애가 질병이 아님을 명문화한 세계정신의학회 성명서 등에서도 나타난 것과 같이 동성애는 질병이 아니므로 치료가 필요하지 않으며, 기존에 외부적인 힘을 통해 성적 지향을 바꾸려는 '동성애 전환 치료'는 치료의 효과와 안전성에 대한 우려가 꾸준히 제기되고 있다. 성소수자에 대한 국제질병분류체계의 개정 및 기존 치료의 안전성에 대한 논의를 고려했을 때, 더 이상 성정체성은 정신병리가 아닌 사회구성원의 다양성으로 인정되어야 할 것이다(이윤정, 2022).

　하지만 동성애를 포함한 성소수자에 관한 문제는 여전히 뜨거운 이슈이며, 세계 가치관 조사에 포함된 '동성애자를 내 이웃으로 받아들일 수 있는가?'에 대해 한국의 경우 이웃으로 받아들일 수 없다는 비율이 높다. 특히 OECD 국가와 비교하여 동성애자를 이웃으로 받아들이기 어렵다는 의견이 높은 것으로 나타나 동성애자에 대한 포용도가 다른 국가에 비해 낮음을 확인할 수 있다. 이는 성소수자에 대한 편견이 단순히 개인의 인식 차원의 문제가 아님을 의미하며, 사회적 성소수자에 대한 편견이 이들에 대한 실제적인 차별행위로 이어질 위험이 클 수 있음을 나타낸다. 한국에서의 성소수자의 경우, 특히 전통적인 유교 사상, 위계적인 전통적 가족 질서 체계, 이들에 대한 지식 부족 등이 국제사회와 비교하여 한국 사회의 동성애자에 대한 낮은 포용도의 주요 요인으로 설명되고 있다. 따라서 변화하는 세계적·국가적 다양성의 수용과 문화적 포용성을 확장하고 성소수자에 대한 인식을 높이기 위한 국가적 차원의 노력이 지속되어야 할 것이다.

국내에서도 2000년 이후 성소수자에 대한 인식이 변화됨에 따라 학문적 관심이 높아지고 있는데, 2000년대 이전 국내에서 성소수자에 관한 연구가 거의 이루어지지 않았던 원인은 우리나라에 성소수자 수가 적어서가 아니라 사회적 분위기가 성적 지향과 성별 정체성의 다양성을 인정하지 않았기 때문이다. 성소수자에 대한 인식 변화의 특징적인 점은 동성애를 비롯한 성소수자들에 대한 인식이 시대의 흐름에 따라 점차 긍정적으로 변화해 왔지만, 동성 결혼의 합법화나 동성 커플이 자녀를 입양하는 문제 및 자녀 양육에 대해서는 여전히 예민한 문제로 다루어지고 있다는 점이다. 이는 개인들이 성소수자의 보호라는 관점에서는 동성 결혼을 합법화하는 것에 대해 지지하면서도, 가족 제도에 영향을 미치는 동성 커플의 입양이나 자녀 양육에 대해서는 다른 논리를 적용하고 있음을 의미한다. 즉, 개인의 취향과 같은 사적 영역에 대해서는 수용적인 모습을 보이지만, 결혼제도나 자녀의 입양 등 사회적 제도화로 영역이 확장될 경우 배타적인 모습을 나타내므로 성소수자에 대한 사회적 관심과 문제 해결을 위해서는 개인의 인식과 사회적 제도 간의 차이를 좁히기 위한 노력이 병행되어야 한다(박선운, 박윤경, 2021).

3) 문제점

- **사회적 편견과 차별**: 사회적으로 성소수자에 대한 편견과 차별이 존재하는 것이 큰 원인 중 하나이며, 성소수자에 대한 편견과 차별은 고정관념, 문화적인 제약, 사회적 압력 등으로 인해 발생할 수 있다.
- **미래에 대한 불안과 사회적인 수용 부족**: 성소수자는 고정관념이나 사회적인 압력으로 인해 자신의 정체성을 인정받지 못하거나 사회적인 수용을 받기 어려운 경우가 많다. 이는 불안감과 사회적인 고립을 초래할 수 있다.

- **부족한 교육과 인식:** 성소수자에 대한 교육과 인식이 부족한 경우 사회 전반에 서 성소수자에 대한 이해와 인정이 부족해질 수 있다. 이는 편견과 차별을 부추기고, 성소수자가 자신의 정체성을 표현하거나 이야기하기 어려운 환경을 만들 수 있다.
- **가족 및 지역사회의 반대와 비이해:** 성소수자의 가족이나 지역사회에서의 반대와 비이해는 성소수자의 정체성과 자아 수용에 큰 영향을 미칠 수 있다. 이는 성소수자가 가정이나 지역사회 내에서 고립되거나 위협받는 상황을 야기할 수 있다.
- **법적인 제약과 인권 침해:** 일부 국가에서는 성소수자에 대한 법적인 제약이 존재하며, 이는 성소수자의 인권을 침해하는 요인이 될 수 있다. 이는 성소수자의 안전과 복지를 위협하고, 자유로운 삶을 제한할 수 있다(민성길, 2023).

4) 개선방안

첫째, 인류의 성 역사와 함께해 온 성소수자에 대한 논의는 2000년대 들어 보다 포용적이고 개방적인 방향으로 이루어지고 있다. 또한 개인별 성소수자로서 정체성의 인식이 젠더를 초월하여 다양하게 변화하고 있다. 이러한 변화에 맞추어 해외의 경우 사회적으로 성소수자의 포용성을 높이고 다양화되는 성소수자의 건강증진을 위한 많은 연구를 시행하고 있으며, 국가적 차원의 노력이 함께하고 있다. 반면 한국 사회에서는 여전히 성소수자에 대한 배타적인 인식이 만연해 있으며, 전체 성소수자를 대상으로 한 사회적·신체적 건강 현황 파악은 이루어지지 못한 상황이다. 이를 개선하기 위해서는 국가 차원으로 진행되는 건강연구에 성소수자의 건강문제를 반영하여 조사함으로써 성소수자 유형별 건강 현황을 정확히 파악하고 이에 따른 건강증진 방안을 마련해야 할 것이다.

둘째, 성소수자 연구에 제약 요인이 되는 의료인들의 성소수자에 대한 지식과 인식의 부족, 성소수자 문화에 포용적이지 못한 태도 등은 가장 먼저 개선되어야 할 과제다. 성소수자 건강문제를 교육에 적용하는 시도들이 국내에서도 시도되고 있다는 점은 긍정적인 변화이므로 임상 현장 의료인 대상의 성소수자 교육 확대와 함께 보건 의료 교육과정에 이론과 실습이 함께할 수 있는 성소수자 교육과정을 도입하여 더 적극적이고 효과적인 개선을 추진할 필요가 있다.

셋째, 성소수자들에게 있어 능동적으로 커밍아웃한 경우 아웃팅으로 노출을 경험한 성소수자보다 정신건강에 긍정적 영향이 있었으므로 커밍아웃에 대한 개방적 문화 조성과 성정체성의 능동적 표현 방법을 성소수자의 정신건강을 위한 중재에 적용할 것을 제언한다.

넷째, 성소수자에 대한 정책의 목표는 다음과 같다.

- **차별 금지**: 성적 지향이나 성정체성에 따른 차별을 금지하고, 모든 사회구성원이 동등한 권리와 기회를 가질 수 있도록 한다.
- **안전한 환경 제공**: 성소수자들이 폭력, 혐오, 괴롭힘으로부터 안전하게 지낼 수 있는 환경을 조성한다.
- **인식과 이해 증진**: 성소수자들에 대한 인식과 이해를 증진시키고, 사회적으로 포용적인 태도를 형성한다.
- **접근 가능한 서비스**: 성소수자들에게 필요한 서비스와 지원을 접근 가능하게 제공한다(현우진, 2018).

생각해 볼 문제

1. 외국인노동자에게 한국 사회의 온정적인 태도를 보이는 방안은 무엇인지 논의해 보자.
2. 증가하는 외국인노동자의 범죄문제 해결 방안은 무엇인지 논의해 보자.
3. 다문화가정이 우리 사회에서 장기 정착할 수 있는 방안은 무엇인지 논의해 보자.
4. 탈북자의 우리 사회 정착 방안에 대해 논의해 보자.
5. 성소수자에 대한 실현 가능한 정책에 대해 논의해 보자.

참고문헌

류이현, 이덕로(2021). 탈북자와 다문화가족 정책담론 비교 연구－WPR(What's the Problem Represented to be) 접근을 기반으로. 현대사회와 다문화, 11(4).

민성길(2023. 12. 25.). 성소수자 스트레스 이론, 크리스천이 본 섹슈얼리티. 기독일보 오피니언 칼럼.

박선운, 박윤경(2021). 성소수자 관련 이슈에 대한 청소년들의 생각: 다문화 시민 교육에의 시사점을 중심으로. 시민교육연구, 53(3).

박정윤, 채지은, 조몽적(2020). 다문화가정 청소년의 문화적응 스트레스, 자아탄력성이 학교적응에 미치는 영향: 다문화가정 중학생을 중심으로. 다문화와 평화, 14(2).

양양규, 김윤영, 한상암(2021). 탈북민 마약류 범죄 대책 개선방안 연구. 한국공안행정학회보, 30(2).

이광원(2020). 한국 다문화 가족의 정책수단에 관한 연구. 한국이민정책학보, 3(1).

이윤정(2022). 한국 성소수자 건강연구에 대한 고찰. 동서간호학연구지, 28(1).

이학인(2015). 북한이탈주민에 대한 사법적 지원 방안에 관한 연구. 연구총서.

조숙정(2023). '다문화가정' 용어에 내재된 차별과 편견에 관한 연구. 다문화사회와 교육연구, 13.

차옥숭(2013). 이주노동자들의 실태와 문제점 해결 방안 모색－남양주 가구단지를 중심으로. 담론201, 16(2).

채경희(2017). 탈북청소년의 사회적지지 및 자아존중감이 문제해결능력에 미치는 영향. 한국산학기술학회논문지, 18(11).

최대혁(2019). 국내 탈북자문제에 대한 역대 정권별 정책 비교연구. 고려대학교 석사 논문.

통계청(2022). 다문화 가정 현황.

현우진(2018. 7. 25.). [한국 성소수자 인권 '12점'⑥] 함께 어울리는 사회 어떻게 만들까. 시사위크.

SOCIAL PROBLEMS…

제7장

범죄 및 비행문제

현대사회는 경제적 발전과 가치관의 혼란에 따른 범죄의 증가와 흉포화가 급속히 진행되고 있다. 최근 범죄는 날이 갈수록 흉포화, 지능화, 조직화, 저연령화되는 양상을 띠고 있다. 특히 다양한 범죄가 매스미디어의 주요 기사로 빠짐없이 장식하고, 대부분 범죄를 가장 중요한 사회문제로 인식하고 있다. 따라서 이 장에서는, 첫째, 범죄문제의 개념, 둘째, 범죄문제의 이론, 셋째, 주요 범죄문제와 해결방안을 중심으로 살펴보고자 한다.

1. 범죄문제의 개념

1) 범죄의 정의

범죄의 개념을 어떻게 규정할 것인가는 결코 간단한 문제가 아니다. 사람들이 범죄문제가 심각하다고 말할 때의 범죄문제란 「형법」에 규정된 살인, 강간, 강도, 폭행, 절도 등 전통적인 범죄만이 아니라 사회적인 해를 끼치는 다양한 행동, 즉 탈세, 뇌물, 마약 거래와 복용, 권력형 비리, 인종 간의 학살 등을 포괄한다. 범죄행위의 내용은 이처럼 포괄적일 뿐만 아니라 가변적이기도 하다. 그렇기 때문에 어느 사회에서나 '사회적인 해'를 끼치는 행위가 무엇인가에 대한 법적 논쟁은 끊이지 않고 있으며, 무엇이 범죄인가를 규정하는 법 자체가 변화한다.

우선, 형식적 의미의 범죄 개념은 법적 개념에 따른 파악, 「형법」상의 범죄 구성요건으로 규정된 행위, 즉 법으로 금지된 행위를 말한다. 죄형법정주의에 입각한 정의로는 '형벌법규에 의하여 형벌을 과하는 행위'를 들 수 있다(이재상, 1997). 실질적 의미의 범죄 개념은 사회적 행동규범의 위반으로서 일반적으로 기대되는 행위와 모범적 행위에서 벗어나는 행위를 가리킨다. 또 일탈행위로 '사회적 유해성' 내지 '법익을 침해하는 반사회적 행위'를 말한다. 그리고 자연적 의미의 범죄 개념은 시간과 문화를 초월하여 범죄로 인정되는 여러 행위다. 즉, 살인, 강도, 강간, 절도 등의 범죄 가운데는 시간과 문화를 초월하여 인정되는 범죄행위가 존재하며, 「형법」상 금지와 무관하게 그 자체로 비난받는 범죄행위를 말한다. 범죄의 유사 개념으로는 일탈행위, (청소년) 비행, 반사회적 행동, 부정·부패행위, 패륜행위 등이 있다.

이러한 특정의 행위가 범죄로 간주되기 위한 세 가지 요건은 우선 해당 행위를 금지하거나 의무로 규정한 법 조항이 존재해야 하고(구성요건 해당성), 법을 위반한 사실이 인정되어야 하며(위법성), 행위자가 자신의 행동에 대하여 책임을 질 수 있는 입장(책임성)에 있어야 한다.

2) 범죄문제의 특징

범죄문제는 사회문제로서의 특성(Schneider & Farberow, 1957)을 잘 갖추고 있다고 할 수 있다. 이러한 범죄의 특성은 다음과 같다.

• **범죄는 특정한 사회에서 발생한 사회적인 문제다.** 범죄의 원인은 여러 가지가 있겠지만 그중 상당 부분은 사회적이다. 여기서 사회적이란 말은 범죄가 개인적인 문제 또는 자연적인 문제가 아니라 사회적인 문제라는 말이다. 또 사회 내적 관계에 따라서 발생한 문제, 사람들의 삶의 질에 영향을 미치는 문제라

는 말이다.

- 범죄는 사람들이 사회문제로 평가하는 것이다. 즉, 객관적 조건만 존재하는 것이 아니라, 사람들이 범죄가 사회문제라는 도덕적 평가를 내린다는 것이다. 범죄는 우리 사회의 질서에 위협이 되고 나아가 우리 사회의 통합성을 저해하는 주요한 사회문제의 하나로 평가받는 문제다. 사회적 위협은 사람들이 사회문제로 평가하기 이전에도 존재할 수 있다(최일섭, 최성재, 2005).

- 사회문제를 연구하거나 사회문제에 특별한 관심을 갖는 사람뿐만 아니라 일반 사람도 사회문제로서 범죄에 관심을 갖는다. 즉, 학자, 정치인, 경찰, 기자뿐만 아니라 일반 사람이 범죄를 주요한 사회문제로 파악하고 있다는 점을 지적할 수 있다. 미국의 한 여론조사에 따르면, 많은 사람이 범죄를 그 사회의 제일가는 사회문제로 인식한다(Schneider & Farberow, 1957). 이는 우리나라에서도 마찬가지다.

- 범죄 때문에 직접 고통을 받지 않는 사람도 범죄의 크고 작은 영향을 받는다. 범죄의 직접 피해자가 입는 고통은 말할 필요조차 없거니와 범죄와 직접적인 관련이 전혀 없는 사람조차 범죄의 영향에서 벗어나기가 쉽지 않으며 정신적·물질적 피해를 입기도 한다. 따라서 사람들은 더 이상 범죄문제에 대한 방관자 또는 관찰자의 입장에 서 있을 수 없다.

- 범죄문제를 해결하거나 경감하기 위한 특별한 조치가 오래전부터 강구되어 왔다. 이러한 조치에는 범죄자를 처벌하거나 교정하는 것부터 범죄를 예방하고 줄이기 위한 교육 등 다양한 활동이 포함된다. 어느 사회든 범죄문제에 대처하는 집단의 노력은 끊임없이 이어져 오고 있다. 이러한 점에 비추어 볼 때 범죄문제는 다른 사회문제 못지않게 사회문제로서의 특성을 갖춘 주요한 사회문제다.

2. 범죄문제의 이론

1) 사회해체이론

사회해체이론(social disorganization theory)은 사회심리학자 쿨리(Cooley, 1902)가 제창하였고, 다수의 학자가 여러 가지 형태로 발전시켜 왔다. 사회해체론자들은 '사회구성원마다 서로 다른 이상과 목표를 추구하기 때문에 범죄가 발생한다'고 믿었다. 사람들이 각기 개별적으로 행동하는 이유는 사회의 각종 제도가 공동의 목표를 위해 조직화되지 못하고 여러 갈래로 분화·분열되어 있어서 사회구성원의 태도와 가치관에 일관성이 없어지기 때문이라고 생각한 것이다. 이들은 사회적 결속의 와해를 의미하는 '사회해체' 상태를 야기하는 원인을 다음과 같이 몇 가지로 요약하여 설명하였다.

- 생활수준의 향상에 따른 급격한 변화를 사회가 적절히 수용하지 못하기 때문이다.
- 해외에서 유입되는 이민인구가 급증하고 있기 때문이다.
- 사회계층 간 이해관계가 상충하여 갈등이 증대되고 있기 때문이다.
- 윤리와 도덕의식이 전반적으로 퇴조하고 약화되었기 때문이다.

2) 차별적 접촉이론

차별적 접촉이론(differential association theory)은 서덜랜드(Sutherland, 1939)가 제시한 학설로, 범죄사회학 발전의 초창기에 미국 학계에 널리 알려져 있던 주요 학설을 보편적 범죄원인론으로 통합한 것이다. 서덜랜드는 인간이 수행하는 모든 상호작용은 공통된 목표와 이익을 추구하는 개개인의 집합체인 사회조직을 통하여 행하게 된다고 보았다. 그리하여 '왜 지역사회마다 범죄율이 다르며, 왜 어느 특정 개인이 범죄자가 되는가?' 하는 의문을 제기하고, 학습을 통하여 이루어지는 범인성 인격 형성의 과정을 사회심리학적인 측면에서 설명하였다. 서덜랜드가 관심을 두었던 '해체된 사회'란 차별적 이익과 차별적 목표를 추구하는 각종 잡다한 조직으로 분화되어서 각기 나름대로의 문화를 형성·계승하고 있는 사회를 지칭한다. 그는 '사회해체'라는 용어 대신 '사회의 차별적 조직화'라는 용어를 사용하였다.

그는 사회 전체를 세 집단으로 구분하였다. 첫째, 범죄적인 행동양식에 동의하고 이를 지지하는 집단, 둘째, 범죄성을 전혀 띠지 않는 중립적 집단, 셋째, 반범죄적 준법집단으로서 각 집단에서의 행동양식은 집단의 구성원으로부터 학습을 통해 터득되는 것이라고 하였다. 그러므로 범죄행위도 범죄적인 행동양식에 동의하고 이를 지지하는 집단 내에서 정상적인 학습을 통하여 터득한 행동양식의 표출로 간주하였으며, 비록 범죄행위일지라도 합당한 이유가 있고 이해할 수 있는 행위로 받아들였다. 즉, 범죄행위 자체는 유전되는 것이 아니라 학습화 과정을 통하여 전승되는 것이다. 학습은 일차적 친근집단 구성원과의 접촉을 통하여 이루어지며, 학습의 내용에는 범행의 기술과 동기, 욕구, 합리화 및 태도의 구체적 관리법이 포함된다.

그런데 서덜랜드가 제창한 차별적 접촉이론은 다음과 같은 이유로 동료학자 혹은 후학의 비판을 받았다. 우선, 서덜랜드는 모든 하위 집단과 그 속에 정착한 문화는 각 집단에 소속된 구성원 모두를 성공적으로 사회화한다고 보았다. 즉, 특정한 하위 집단의 구성원은 누구나 자신이 소속된 집단의 문화와 가치를 자연스럽게 내면화하고 실천한다는 것이다. 따라서 그의 주장에 따르면, 비행을 긍정적으로 받아들이는 문화권에서 성장한 사람은 자신의 행위가 비행에 속한다는 사실을 알면서도 그 행위를 지역사회에서 받아들일 것이라고 믿고 비행을 저지른다는 것이다. 그런데 우리 주변에는 두 사람이 똑같은 환경에서 성장하였지만 각기 다른 행동양식을 나타내는 경우를 얼마든지 찾아볼 수 있다. 즉, 서덜랜드의 이질적 반응문제는 극복해야 할 과제로 남은 것이다.

3) 비행하위문화이론

비행하위문화이론(delinquent subculture theory)은 코헨(Cohen, 1955)이 제시한 이론이다. 코언은 미국 사회의 심각한 문제점으로 지적되는 불량소년집단의 존재를 설명하기 위해 비행하위문화라는 개념을 착안해 내었다. 그는 노동자 계층의 문화권 속에서 사회화된 근로청소년이 비행하위문화를 형성하게 되는 이유를 규명하고자 노력하였다. 이른바 하위문화(subculture)란 동일한 사회 속에 존재하면서도 보편적 문화체계와는 구별되는 이질적인 문화체계를 가리킨다. 하위문화에는 여러 종류(교사문화, 군사문화, 선원문화, 경찰문화, 교도소문화 등)가 있으며, 그 중에서 반사회성을 내용으로 하는 문화를 비행하위문화라고 부른다. 비행하위문화의 특징은 보편적 가치기준에 반하는 행동에 앞장서고, 비행을 정당화함으로써 자신의 존재를 과시하려 하는 점을 꼽을 수 있다. 코언은 불량소년집단에 소속된 청소년이 비행을 일삼는 이유는 비행하위문화에 감염되었기 때문이라고 믿었다.

불량소년집단을 통해 관찰할 수 있는 비행하위문화의 특성은 비공리성, 악의성, 부정성, 순간적 쾌락주의 등으로 요약된다.

- 비공리성: 특별한 목적을 위해서가 아니라, 단순히 상대방을 곤경에 빠뜨려 동료에게 인정받고 싶은 심리에서 비행을 저지르는 속성을 말한다.
- 악의성: 다른 사람이 고통을 받는 모습에서 쾌감을 느끼는 심리적 속성을 말한다.
- 부정성: 사회적으로 널리 보편화된 중산층의 가치관(야심, 책임감, 인내심, 기술습득, 취업 근로, 근면성실, 겸손, 폭력 배척, 건전한 여가활동, 공중도덕의식 등)을 거부하는 심리적 속성을 말한다.
- 순간적 쾌락주의: 장래를 위해 학업에 열중하거나 기술을 연마하는 대신 말초신경의 만족감을 추구하는 데 열중하는 심리적 속성을 말한다.

4) 아노미이론

아노미이론(anomie theory)은 머튼(Merton, 1938)이 주장한 이론이다. 머튼은 누구나 출세하기를 바라지만 수단이 충분하지 못한 미국 사회의 구조적 모순이 사람들로 하여금 긴장감을 느끼도록 만들어 범죄가 발생하는 것이라고 주장하였다. 즉, 모두가 사회적으로 성공하기를 희망하지만 정당한 방법으로 자신의 소망을 성취할 수 있는 사람은 많지 않은 사회적 모순구조가 범죄를 발생하게 만든다고 믿었던 것이다. 이러한 점에서 아노미이론은 범죄정상설의 변형이라고 할 수도 있다. 머튼은 자신의 소망을 성취하는 데 필요한 수단이나 조건을 갖추지 못해 방황하는 사람들의 심리상태를 아노미(anomie)라는 용어로 함축하였다. 즉, 출세에 필요한 적절한 수단을 찾지 못한 상황에서 사회적 박탈감을 심하게 느껴 일체의 규범의식을 상실한 심리상태를 아노미상태라고 부른 것이다.

아노미란 용어는 프랑스의 뒤르켐(E. Durkheim)이 1897년에 발표한 『자살론(Le Suicide)』에서 처음 사용한 개념으로, 정신분석학자가 말하는 초자아의 기능이 마비된 정신상태를 의미한다고 말할 수도 있다. 구조적으로 불완전한 미국 사회를 아노미 사회로 간주하고, 미국인이 현실사회에 적응하는 행동양식을 순응형, 수범형, 혁신형, 퇴행형, 반란형의 다섯 가지로 구분하여 각각을 범죄와 연계하여 설명하였다. 이 중 순응형과 수범형은 범죄와 거리가 멀지만 혁신형과 퇴행형, 반란형은 어떤 형태로든 범죄와 밀접한 관계가 있다.

- **순응형**: 이 행동양식에 속하는 사람은 성공욕구와 성공에 필요한 수단을 동시에 갖추고 합법적으로 자신의 목표를 추구한다.
- **수범형**: 이 행동양식에 속하는 사람은 자신의 한계를 자각하여 규범을 준수하는 순박한 사람이다.
- **혁신형**: 사회적으로 성공하기를 바라지만 합법적인 수단이 제한되어 있어 불법적인 방법도 마다하지 않고 자신의 목표를 추구하는 행동양식을 일컫는다. 머튼은 전통적 의미의 범죄행위는 대부분 이들이 저지르는 것이라고 보

았다.

- **퇴행형**: 사회적으로 성공하기를 바라지 않지만, 그렇다고 해서 착실하게 규범을 준수하지도 않는 일종의 현실도피적 행동양식을 일컫는다. 알코올 중독자, 마약 중독자, 매춘부, 부랑자 등이 대표적이다.
- **반란형**: 선택적으로 성공욕구를 나타내며, 성공을 위한 수단을 취할 때도 선택적인 태도를 보이는 행동양식을 일컫는다. 반정부시위나 혁명모의에 가담하는 경우가 대표적이다.

5) 낙인이론

낙인이론(labeling theory)은 누가 비행을 하느냐보다는 누가 비행자로, 그리고 어떤 행동이 비행으로 규정되는가에 주목한다. 낙인이론은 별로 중요한 비행이 아니더라도 사회나 집단이 일탈이라고 한번 규정해 버리면 그러한 규정을 당한 개인은 정말로 비행자나 일탈자로 발전한다는 이론이다. 탄넨바움(Tannenbaum, 1938)은 일찍이 비행자로서 꼬리표가 어떠한 결과를 낳는지에 관심을 가졌고, 레머트(Lemert, 1967)는 그것을 '일차적 일탈'과 '이차적 일탈'이라는 개념으로 설명하였다. '일차적 일탈'은 대부분의 사소한 청소년의 비행이 일과성인 경우가 많은 것을 말하고, 이들 비행에 대한 깊은 이해 없이 그러한 청소년을 일탈자라고 낙인찍는 것은 그들을 정말로 비행자로 만들 가능성이 있으며 '이차적 일탈'을 유도한다는 것이다.

오늘날 학교교육의 대중화와 고등교육의 기회 확대, 그리고 입시와 취업을 위한 경쟁적 교육풍토 등은 청소년기의 학생을 학교라는 울타리 속에 가두어 두고 오직 한 가지 목표인 학업성취의 향상만을 강요한다. 아무리 교육의 인간화와 민주화를 강조하여도 현실적인 학교교육은 학생의 학업성취에 따라 판가름 나게 되어 있다. 그래서 학교성적이 우수한 학생은 성공자이고 모범생이며 성실자로 인정되지만, 성적이 부진한 학생들은 실패자이고 불량자이며 불성실자로 낙인찍힌다. 이와 같은 학교교육의 제도적 문제점과 교육에 대한 잘못된 인식은 오늘날 청소년문제와 일탈행동의 원인이 되고 있다(양화식, 2000).

베커(Becker, 1974)가 '주된 지위(master status)'라는 개념에서 설명하였듯이 비행청소년이나 전과자로 한번 낙인찍히면 그가 학생, 누구의 아들, 어느 지역의 사람 등인지는 상관없이 비행자로서의 지위가 다른 지위를 크게 압도한다. 결국 그는 학생으로, 누구의 아들로 돌아가지 못하고 그러한 지위(비행청소년)대로 행동할 수밖에 없고, 지속적인 비행을 하게 된다. 또한 낙인이론가는 낙인이 자기충족적예언(self-fulfilling prophecy)을 일으킨다고 하였다. 즉, 아이가 주위로부터 멍청한 아이라고 계속 불리면 그러한 주위의 기대대로 행동할 수밖에 없다는 것이다. 마찬가지로 어떤 아이가 비행청소년이나 나쁜 아이로 낙인찍히면 그러한 과정을 통해 아이는 비행을 저지르게 된다는 것이다.

낙인이론가는 낙인이 찍히면 부정적인 자아가 형성되고, 부정적 자아대로 행동하다가 비행을 저지르는 것이라고 하면서 자아의 역할을 강조하였는데, 이러한 점에서 낙인이론은 사회학이론 중 상징적 상호작용주의(symbolic interactionism)의 영향을 받았다고 평가된다. 즉, 상징적 상호작용주의에서는 다른 사람과의 상호작용에서 남이 나를 어떻게 생각하는가를 사고하는 과정에서 자아가 형성되고, 그 자아는 사람들의 행동을 설명하는 데 매우 중요하다고 주장한다. 낙인이론은 이러한 내적 과정과 자아의 역할을 강조한다. 그러나 비행의 내용이 매우 난폭하고 심각한 것도 있어 이 이론으로는 설명하기 어려운 부분도 있다. 따라서 이러한 청소년 범죄가 낙인이론으로 설명될 수 있다고 보기는 어렵다는 비판도 있다.

3. 주요 범죄문제

1) 살인

(1) 심각성

살인은 가장 심각한 형태의 범죄로, 그 원인과 결과가 사회 전체에 광범위한 영향을 미치며, 살인이 사회문제로서 다루어지는 주요 이유는 다음과 같다.

- **생명의 손실**: 살인은 무엇보다도 인간의 생명을 빼앗는 행위이기에 이는 개인의 권리를 침해하는 것이며, 그 생명이 가진 잠재력과 가치를 영원히 잃게 하는 것이다.
- **사회적 불안감 증가**: 살인 사건이 발생하면 사회 전체의 안전감이 훼손되고, 이로 인해 사람들은 불안과 공포를 느끼게 되며, 이는 일상생활에 영향을 미칠 수 있다.
- **사회적 분열**: 살인 사건이 특정 사회적 계층, 종교, 인종 등을 대상으로 발생한 경우 이는 사회적 분열을 초래할 수 있다. 이로 인해 편견, 혐오, 갈등이 증폭될 수 있다.
- **경제적 부담**: 살인 사건은 법 집행기관에 의한 수사, 재판, 감옥 등의 비용을 발생시키며, 또한 피해자가 사회에서 활동하는 데 기여하던 부분이 사라지므로 생산성에도 손실을 가져온다.

(2) 해결방안

- **범죄 예방**: 범죄 예방은 가장 중요한 요소이며, 이를 위해 사회적, 경제적, 교육적인 측면에서의 대안적인 지원과 프로그램이 필요하다. 빈곤, 교육 부재, 사회적 배려 부족 등과 같은 사회적 요인을 개선하고 예방 프로그램을 통해 젊은 세대에게 적절한 교육과 지원을 제공하는 것이 중요하다.
- **법 집행과 범죄처벌**: 범죄를 저지른 사람들에 대한 강력한 법 집행과 범죄처벌 시스템을 구축하는 것이 필요하다. 범죄자를 신속하게 검거하고, 공정한 재판 절차를 통해 적절한 처벌을 가할 수 있도록 해야 한다. 또한 범죄 예방을 위한 경찰관들의 적절한 훈련과 장비 지원도 중요하다.
- **사회적 지지 체계 강화**: 살인범죄의 배경에는 종종 정신적, 사회적인 문제가 포함될 수 있다. 정신건강 서비스, 상담, 재활 및 사회적 지원 시스템을 강화하여 개인들이 문제를 해결하고 지지를 받을 수 있는 환경을 조성해야 한다.

- **교육과 인식 제고**: 살인문제에 대한 인식과 교육을 강화하는 것도 중요하기에 예방 교육, 괴롭힘 예방, 대인관계 스킬 개발 등을 통해 개인들이 상호 존중과 비폭력적인 해결 방법을 습득할 수 있도록 해야 한다.
- **사회적 연대와 협력**: 살인문제는 개인의 문제가 아니라 사회적인 문제이기에, 사회적 연대와 협력을 통해 지역사회, 단체, 정부기관, 비영리단체 등이 협력하여 살인문제에 대한 종합적이고 효과적인 대응을 할 수 있다(수사연구, 2024).

2) 자살

(1) 심각성

- **인간의 생명 손실**: 가장 중요한 것은 무엇보다도 사람의 생명이 손실된다는 점이기에, 그 생명이 가진 잠재력과 가능성 그리고 그 사람이 사랑받고 사랑하던 모든 것이 한순간에 사라지게 된다.
- **가족과 주변인들에게 미치는 영향**: 자살한 사람의 가족과 친구들은 깊은 슬픔과 충격 그리고 죄책감을 느끼며, 이로 인해 그들 역시 심리적인 문제를 겪게 될 수 있다.
- **사회적 비용**: 자살은 의료비용, 생산력 손실, 사후 처리 비용 등 사회적 비용을 초래한다.
- **사회적 분열**: 자살 원인이 부당한 사회적 압박이나 불평등 등으로 인해 발생하는 경우 사회적 분열과 공분을 야기할 수 있다.

(2) 해결방안

- **정신건강 지원 강화**: 자살은 종종 정신적인 고통과 문제의 결과로 발생할 수 있다. 따라서 정신건강 서비스의 접근성과 품질을 향상시키는 것이 중요하다. 심리상담, 정신건강 치료, 위기 상황 대응 등을 포함한 종합적인 정신건강 지원 시스템을 구축하고, 사람들에게 적절한 도움과 지원을 제공해야 한다.

- **사회적 연대와 인지 제고:** 자살 예방을 위해서는 사회적 연대와 인지 제고가 필요하다. 자살에 대한 인식과 이해를 높이고, 사회적 선입견과 편견을 줄이는 데 집중해야 한다. 교육, 캠페인, 정보 제공을 통해 자살 예방에 대한 인식을 높이고, 자살 위기에 처한 개인들에게 도움을 주는 사회적 지원 시스템을 구축해야 한다.
- **위기 대응 시스템 강화:** 자살 위기 상황에 대응하기 위한 신속하고 효과적인 위기 대응 시스템을 구축해야 한다. 위기 상담 전화센터, 위기 상황에 대한 교육 및 훈련, 위험 인지 및 관리 방법 등을 포함한 자살 예방 네트워크를 구축하고, 자살 위기에 처한 개인들이 적절한 도움을 받을 수 있도록 지원해야 한다.
- **매체 보도 가이드라인 개발:** 언론과 매체는 자살에 대한 보도를 신중하게 다루어야 한다. 자살을 미화하거나 악화시키는 보도는 자살 예방에 부정적인 영향을 미칠 수 있기에 매체 보도 가이드라인을 개발하여 적절한 자살 보도 방법과 메시지를 전달하도록 유도하는 것이 중요하다.
- **사회적 지지 체계 구축:** 사회적 지지 체계를 구축하여 개인들이 사회적 연결성을 느끼고, 고립과 외로움을 해소할 수 있도록 해야 한다. 가족, 친구, 학교, 지역사회 등에서의 사회적인 지지와 연대감은 자살 예방에 큰 도움이 될 수 있다(한국자살예방협회, 2007).

3) 아동성폭행

(1) 심각성과 원인

아동성폭행은 매우 심각한 범죄로 간주되며, 이 행위는 어린이의 신체적, 정서적 및 사회적 건강에 지속적인 영향을 미칠 수 있으며, 희생자의 삶을 파괴할 수 있다. 아동성폭행은 피해 아동에게 심각한 외상을 유발하고 정상적인 발달에 영향을 미칠 수 있다. 이는 심리적 스트레스, 우울, 불안, 자살 시도 등 여러 가지 부정적인 영향을 초래할 수 있다. 주요한 원인들은 다음과 같다.

- **성폭력 문화와 성차별**: 사회적으로 성폭력이 용인되거나 성차별이 존재하는 문화에서 아동성폭행이 발생할 수 있다. 성폭력에 대한 인식이 부족하거나 성별에 따른 권력 차이가 존재하는 사회에서 아동성폭행이 더 자주 발생할 수 있다.

- **가정 내 부적절한 환경**: 가정 내에서 아동이 보호받지 못하거나, 가정 내에서 성적인 학대나 갈등이 존재하는 경우 아동성폭행의 위험이 높아질 수 있다. 가정 내 부적절한 관계나 가정 폭력은 아동의 정서적 안정과 안전을 침해하는 요인이 될 수 있다.

- **정서적인 문제와 가해자의 문제**: 아동성폭행을 저지르는 가해자는 종종 정서적인 문제를 겪고 있을 수 있다. 가해자의 정서적인 불안, 불만족, 자기 통제 능력의 결여 등은 아동성폭행의 원인이 될 수 있다.

- **관계적인 요인**: 아동과 가해자 사이의 관계적인 요인도 아동성폭행의 원인이 될 수 있다. 가해자가 아동과 권력 관계에 있는 경우 신뢰와 존중이 부족한 관계에서 아동성폭행이 발생할 수 있다.

- **문화적인 영향**: 특정 문화나 지역에서는 성에 대한 터부를 가지고 있거나, 아동의 권리와 보호에 대한 인식이 부족할 수 있다. 이러한 문화적인 영향은 아동성폭행의 발생을 촉진할 수 있다.

(2) 해결방안

- **교육과 인식 제고**: 아동성폭행에 대한 인식과 이해를 높이기 위해 교육 프로그램과 캠페인을 실시해야 한다. 아동과 성에 대한 올바른 정보와 경고 신호에 대한 교육은 아동이 위험 상황을 인지하고 도움을 요청할 수 있게 돕는다. 또한 성폭력의 심각성과 법적 제재에 대한 인식도 필요하다.

- **가해자 교육과 치료**: 가해자에게는 성폭력 행위의 잘못된 행동과 성에 대한 건강한 태도를 가르치는 교육과 치료 프로그램이 필요하다. 가해자의 성적 문제나 정서적 문제를 다루고, 대안적인 행동 전략을 제공하여 재범 가능성을 줄일 수 있다.

- **아동보호 체계 강화**: 아동보호 체계를 강화하여 아동의 안전을 보장하는 것이 중요하다. 아동학대 신고 절차와 신속한 조치를 위한 체계를 구축하고, 아동보호 전문가들의 역량을 강화해야 한다. 또한 아동들이 학대나 성폭력에 대한 신고를 할 수 있는 안전한 환경을 조성해야 한다.
- **가족 및 사회적 지원**: 가정 내에서의 관계 개선, 가족 간 의사소통 강화, 부모교육 프로그램 등을 통해 가정환경을 지원해야 하며, 사회적인 지원 체계를 구축하여 가정이나 아동에게 필요한 서비스와 지원을 제공해야 한다.
- **성폭력 예방 교육**: 학교에서는 성폭력 예방 교육을 실시하여 학생들에게 성에 대한 올바른 태도와 경계를 가르치는 것이 중요하다. 학교 내에서는 안전한 환경을 조성하고, 학생들의 신고를 받을 수 있는 체계를 마련해야 한다.
- **법적 조치와 처벌**: 아동성폭행에 대한 강력한 법적 조치와 처벌이 필요하기에, 법 집행기관은 아동성폭행 사건을 신속하게 수사하고 가해자에게 엄벌을 내려야 한다. 이를 통해 다른 가해자들에게 경각심을 심어 줄 수 있다(굿네이버스, 2006).

4) 도박

(1) 심각성 및 원인

① 심각성
- **도박 중독문제**: 우리나라에서는 도박 중독으로 인한 문제가 심각한 사회적 이슈로 대두되고 있다. 도박 중독은 개인과 가족, 사회에 심각한 영향을 미치며, 재정적인 문제와 사회적인 고립, 가정 붕괴 등을 초래할 수 있다.
- **불법도박문제**: 불법도박은 우리나라에서도 여전히 존재하는 문제이며, 정부의 규제를 받지 않고 운영되는 도박 사이트나 장소에서 이루어지는데, 이는 도박 중독 위험을 증가시키고 범죄와 부정부패 등과도 연관될 수 있다.
- **온라인 도박문제**: 인터넷과 모바일 기술의 발달로 인해 온라인 도박이 늘어나

고 있다. 온라인 도박은 익명성과 쉬운 접근성으로 인해 중독 위험이 더욱 커지는 경향이 있다. 정부는 온라인 도박 사이트에 대한 접속 차단 등의 방안을 시행하고 있으나, 이에 대한 대응이 여전히 어려운 상황이다.

• 정부의 대응과 규제: 우리나라 정부는 도박문제에 대한 대응을 위해 다양한 정책과 규제를 시행하고 있다. 예를 들면, 도박 관련 범죄의 처벌 강화, 도박 중독 예방 및 치료 프로그램의 확대, 불법 도박 사이트 접속 차단 등이 있다. 그러나 도박문제는 다양한 요인과 복잡한 구조로 인해 완전히 해결되기 어려운 문제이다(부민서, 조윤오, 2023).

② 원인

• 욕구 충족: 도박은 금전적인 이득을 얻을 수 있는 활동으로 인해 욕구 충족을 도모할 수 있다. 도박 중독자들은 도박을 통해 자신의 욕구를 충족시키려는 경향이 있다.

• 정서적 문제: 스트레스, 우울감, 불안 등과 같은 정서적인 어려움을 겪는 사람들이 도박에 의존할 수 있다. 도박은 일시적인 해소감을 제공하여 정서적인 어려움을 잠시 동안 잊게 해 줄 수 있다.

• 문화적 영향: 도박이 사회적으로 수용되고 인정받는 문화적인 영향이 도박 문제의 원인이 될 수 있다. 도박이 사회적으로 긍정적으로 인식되거나, 도박 환경이 쉽게 접근 가능한 경우에 도박문제가 증가할 수 있다.

• 광고와 마케팅: 도박 회사들의 광고와 마케팅 활동은 도박 중독문제를 야기할 수 있다. 과도한 광고와 유혹적인 마케팅은 도박에 대한 관심과 참여를 촉진시키며, 중독으로 이어질 수 있다.

• 쉽게 접근 가능한 도박 시설: 도박 시설이 쉽게 접근 가능하고 이용하기 편리한 경우, 도박 중독의 위험이 증가할 수 있다. 도박 시설이 주변에 많이 위치하거나 온라인 도박 사이트가 쉽게 이용 가능한 경우에도 도박 중독문제가 증가할 수 있다.

• 사회적인 지원 부족: 도박 중독에 대한 사회적인 지원 시스템이 부족한 경우 중

독자들이 도움을 받을 수 있는 기회가 제한되며, 도박문제가 악화될 수 있다.

(2) 해결방안

- **예방 교육**: 도박문제를 예방하기 위해 교육과 정보 제공이 필요하다. 도박의 위험성과 문제점에 대해 교육하고, 도박 중독의 조기 증상을 알리는 교육 프로그램을 개발하여 사람들에게 인식과 이해를 높일 수 있도록 해야 한다.
- **상담과 치료**: 도박 중독에 대한 상담과 치료 서비스를 제공해야 한다. 도박 중독에 대한 전문가들이 상담과 치료를 통해 도움을 주고, 중독자들이 도박에서 벗어나고 회복할 수 있도록 지원해야 한다.
- **자기 차단 기능 강화**: 도박 중독자들을 보호하기 위해 도박 사이트와 카지노에서 자기 차단 기능을 제공해야 한다. 이를 통해 중독자들이 스스로 도박 사이트에 접근을 차단하고 도박으로 인한 피해를 최소화할 수 있다.
- **법과 규제 강화**: 도박문제를 해결하기 위해 법과 규제를 강화해야 한다. 불법 도박 사이트나 도박 중개 업체에 대한 단속과 처벌을 강화하여 도박문제의 확산을 억제해야 한다.
- **사회적 지원 시스템 구축**: 도박 중독자와 그 가족을 위한 사회적 지원 시스템을 구축해야 한다. 상담, 재활, 재취업 프로그램 등을 포함한 통합적인 지원 서비스를 제공하여 중독자들이 사회로 복귀하고 정상적인 삶을 회복할 수 있도록 해야 한다.

5) 마약

(1) 마약류 일반 동향

국제 불법 마약류의 최근 동향을 살펴보면 세계 마약 남용인구(15~64세)는 개발도상국의 젊은 층(청소년 및 20~30대)을 중심으로 증가 추세를 보이고 있다. 세계 마약 남용인구(15~64세)는 2009년 2억 1천만 명(세계 인구의 4.8%)에서 약 28% 증가하여 2018년 2억 6,900만 명(세계 인구의 5.3%), 선진국(7%) 대비 개발도상국

(28%)의 증가폭이 컸으며, 젊은 층의 증감률은 선진국이 10% 감소한 반면 개발도 상국은 16% 증가하였다. 대마류가 가장 많이 남용되고 있고, 아편류의 폐해가 가장 심각(2018년 기준)하다. 마약류별 남용인구는 대마류가 1억 9,200만 명, 아편 유사제(opioids) 및 아편제(opiates) 5,800만 명, 암페타민류 2,700만 명, 엑스터시 2,100만 명, 코카인 1,900만 명으로 파악되고 있어 그 심각성이 더 커지고 있고 대책이 시급한 상황이다.

(2) 심각성

- **공공안전문제:** 마약 중독자들은 종종 범죄 활동에 관련되곤 하며, 이는 돈을 벌기 위한 방법일 수도 있고, 마약 사용으로 인한 판단력 감소 때문일 수도 있다. 이로 인해 사회 안전에 큰 위협이 될 수 있다.
- **경제적 부담:** 마약 중독 치료와 범죄 예방 그리고 이로 인한 사회적 비용은 국가와 사회에 큰 경제적 부담을 주게 된다.
- **가족 및 사회구조 파괴:** 마약 중독은 가족구조를 파괴하고, 사회구조를 불안정하게 만들 수 있다. 중독자의 가족은 심리적, 경제적 스트레스를 겪게 되며, 이는 사회구조 전체에 영향을 미칠 수 있다.
- **건강문제:** 마약은 사용자의 건강에 심각한 영향을 미치며, 이는 감염성 질병의 전파, 신체적 및 정신적 건강문제를 유발할 수 있다. 이러한 건강문제는 공중보건에 큰 부담을 주게 된다.
- **교육 및 직장에서의 문제:** 마약 문제는 교육 과정과 직장에서의 생산성을 저하시키며, 학생들의 학업성취도가 떨어지고, 직장인들의 업무 효율성이 저하되는 등의 문제가 발생할 수 있다(김대권, 2023).

(3) 원인

- **심리적 원인:** 스트레스, 불안, 우울증 등의 심리적 문제를 해결하려는 시도로 마약을 복용하는 경우가 있다. 이러한 문제는 개인의 생활환경, 가족 및 사회적 상황에 따라 달라질 수 있다.

- **사회적 원인**: 환경적 요인 또한 중요한 원인 중 하나다. 가난, 실직, 가정 내 폭력, 학교문제 등 사회적, 경제적 불안정성은 마약 복용을 유발하는 원인이 될 수 있다.
- **유전적 원인**: 가족 내에 마약 중독자가 있는 경우 그 확률이 높아질 수 있다. 이는 유전적 요인이 마약 중독에 영향을 미칠 수 있음을 보여 준다.
- **친구나 동료의 영향**: 사람들은 친구나 동료의 영향을 받아 마약을 체험하게 될 수 있다. 이런 경우 일시적인 체험에서 중독으로 이어질 수 있다.
- **호기심 및 탐험**: 특히 청소년들은 새로운 경험에 대한 호기심과 탐험 욕구로 인해 마약을 시도해 볼 수 있다.

(4) 해결방안

- **예방 교육**: 청소년들에게 마약의 위험성에 대해 교육하는 것이 중요하며, 이를 통해 청소년들이 마약을 시작하는 것을 방지할 수 있다.
- **치료 프로그램**: 마약 중독자들에게 치료 프로그램을 제공하는 것이 필요하며, 이는 마약 중독자들이 마약을 끊을 수 있도록 돕는 방법이다.
- **법적 제재**: 법적 제재를 강화하는 것도 중요하기에 마약을 판매하거나 사용하는 사람들에게 엄격한 처벌을 내리는 것이 필요하다.
- **사회적 지원**: 마약 중독자들에게 사회적 지원을 제공하는 것도 중요하며, 이는 마약 중독자들이 마약을 끊고, 일상생활로 돌아갈 수 있도록 돕는 방법이다. 마약 문제는 여러 법적인 문제와 엉켜 있기 때문에 수면 위로 잘 드러나지 않고 숨기게 되는 경우가 많다. 법적 및 사회적인 영역을 떠나 분명한 것은 마약 중독이 의학적인 정신질환 중 하나라는 점이기에, 마약 중독을 겪고 있는 이들이 적절하게 치료를 받을 수 있도록 이끌어 주기 위하여 사회적인 관심과 논의가 꼭 필요하다.
- **가족의 역할**: 가족은 마약 중독을 겪고 있는 이들이 의학적 치료의 영역으로 나아갈 수 있도록 돕는 역할을 할 수 있다. 마약문제가 있는 분들은 많은 경우 다양한 심리적 고통을 겪어 왔고 또 경험하고 있다. 가족은 가장 가깝고

중요한 인간관계이며, 역설적으로 가족으로부터 받는 상처와 아픔이 유난히 크고 아프게 느껴지는 경우가 많다. 하지만 그럼에도 불구하고 가장 중요한 인간관계이니만큼, 가족이 줄 수 있는 치유의 힘 역시 강력할 수밖에 없다. 평가하고 판단하는 태도가 아닌, 이해하고 공감하려는 태도로 관심을 보여준다면 약간의 변화만으로도 때로는 큰 효과를 보일 수 있다.
- **의료 인력 확충**: 마약 중독에 대한 국가 차원의 치료적 개입과 방지 노력이 필요한 시점에 도달했다. 하지만 마약 문제는 법적인 문제 등과 연결되어 있으며 다루기 어려운 문제라는 인식이 높기 때문에 아직 마약 중독을 다룰 수 있는 의료 인력 역시 매우 부족한 상황이다.

6) 사이버범죄

(1) 특성
- **익명성**: 인터넷을 통한 사이버 공간에서의 활동은 익명성을 제공하기에 범죄자들은 가명을 사용하거나 다른 사람의 신원을 도용하여 범행을 저지를 수 있다. 이러한 익명성은 범죄자들이 추적과 식별을 어렵게 만들어 범죄 활동을 증가시킨 특징이다.
- **국경을 넘는 범죄**: 사이버범죄는 인터넷을 통해 국경을 넘어 범죄가 이루어질 수 있다. 범죄자들은 다른 국가에 위치한 피해자를 대상으로 범행을 저지를 수 있으며, 범행 경로의 복잡성으로 인해 법 집행기관들의 수사와 협력이 어려워질 수 있다.
- **기술적 지식 요구**: 사이버범죄는 디지털 기술과 컴퓨터 지식을 요구하는 특성을 가지고 있다. 범죄자들은 악성코드를 개발하거나 네트워크 보안을 우회하는 등의 기술적인 능력을 갖추어야 하며, 이는 사이버범죄의 전문성과 난이도를 증가시키는 요인 중 하나다.
- **다양한 범죄 유형**: 사이버범죄는 다양한 형태의 범죄를 포함하고 있다. 예를 들면, 개인정보 유출, 사기, 악성코드에 감염된 컴퓨터를 이용한 DDoS 공격,

온라인 사기, 은닉화폐를 이용한 돈세탁 등이 있다. 이러한 다양한 범죄 유형
은 사이버범죄의 복합성과 다양성을 나타내는 특징이다.

- **글로벌한 영향력**: 사이버범죄는 글로벌한 영향력을 가지고 있다. 인터넷의 보
  급과 연결성으로 인해 사이버범죄는 국가적, 지역적인 범위를 초월하여 전
  세계적으로 영향을 미칠 수 있다. 이는 국제적인 협력과 조정이 필요한 특징
  이다(김학주, 2021).

(2) 유형

- **해킹**: 불법적인 방법으로 다른 사람의 컴퓨터 시스템에 침입하는 행위이며,
  이를 통해 개인정보를 훔치거나, 시스템을 파괴하거나, 데이터를 변경하는
  등의 행위를 포함한다.
- **사기**: 이메일이나 웹사이트를 통해 사용자로부터 개인정보나 금전을 훔치는
  행위이며, 대표적인 예로는 피싱, 스미싱, 악성코드 감염 등이 있다.
- **사이버테러**: 컴퓨터 네트워크를 이용해 테러 행위를 하는 것을 말한다. 이는
  주로 시스템을 마비시키거나, 중요한 정보를 삭제하거나, 특정 기관을 공격
  하는 등의 목적으로 이루어진다.
- **개인정보 유출**: 불법적으로 개인정보를 수집하거나 유출하는 행위로, 이는 특
  히 사회적 네트워킹 서비스(SNS)에서 주로 발생한다.
- **디지털 저작권 침해**: 불법적으로 디지털 콘텐츠를 복사하거나 배포하는 행
  위로, 이는 음악, 영화, 소프트웨어 등 다양한 형태의 디지털 콘텐츠에 적용
  된다.

이 외에도 사이버스토킹, 사이버불링 등 다양한 형태의 사이버범죄가 있다. 이
모든 범죄는 법적인 처벌을 받게 된다.

(3) 원인

- **기술의 발전**: 인터넷과 디지털 기술의 발전은 정보의 접근성을 높였지만, 그

와 동시에 사이버범죄의 기회도 증가시켰다. 특히 해킹 기술의 발전과 함께 사이버보안의 취약점이 노출되었고, 이를 악용한 범죄가 증가하였다.

• **개인정보의 노출:** SNS의 확산과 함께 개인정보가 쉽게 노출되게 되었고, 이로 인해 사이버 사기나 개인정보 유출 등의 범죄가 일어나게 되었다.

• **법적인 제재의 부재 또는 미흡:** 사이버범죄에 대한 법적 제재가 부재하거나 미흡한 경우 범죄자들은 범죄를 저지르는 데 두려움이 적어지며, 사이버범죄는 국경을 넘나들며 발생하기 때문에 국제적인 협력과 법적 규제가 필요하다.

• **경제적인 이유:** 범죄자들은 금전적 이익을 얻기 위해 사이버범죄를 저지르는 경우가 많다. 이러한 범죄에는 신용카드 사기, 랜섬웨어 공격 등이 포함된다 (김한균, 2017).

(4) 해결방안

• **법과 규제 강화:** 사이버범죄에 대한 법과 규제를 강화하여 범죄자들에게 강력한 벌칙을 부과하고, 사이버범죄에 대한 예방 및 수사 능력을 강화해야 한다. 법 집행 기관과 법률 제도는 사이버범죄에 대응할 수 있는 전문성과 자원을 보유해야 한다.

• **국제적 협력 강화:** 사이버범죄는 국경을 넘어 벌어지는 범죄이기 때문에 국제적인 협력이 필요하다. 국가 간의 정보 공유, 법 집행기관 간의 협력, 국제적인 범죄 헌장을 통한 협력 등을 강화하여 사이버범죄 대응에 효과적인 대책을 마련해야 한다.

• **사회적 인식과 교육:** 사이버범죄 예방을 위해 사회적인 인식과 교육이 중요하다. 개인들은 올바른 인터넷 사용법과 개인정보 보호에 대한 인식을 갖고, 조직과 기업은 사이버보안 교육과 정기적인 보안 업데이트를 실시해야 한다.

• **기술적 보안 강화:** 기업과 개인은 기술적인 보안 조치를 강화해야 한다. 안티바이러스 소프트웨어, 방화벽, 암호화 기술 등을 사용하여 시스템과 데이터를 보호하고, 취약점을 최소화해야 하며, 정기적인 백업과 업데이트를 통해 보안을 유지해야 한다.

• **협력과 보안 전문가의 역할**: 사이버범죄 대응에는 기업, 정부, 학계, 법 집행 기관, 사이버보안 전문가 등의 협력이 필요하다. 보안 전문가들은 사이버보안에 대한 연구와 기술 개발을 통해 새로운 위협에 대응하고, 기업과 기관에 보안 상담과 지원을 제공해야 한다(이성대, 2020).

생각해 볼 문제

1. 최근 급증하는 묻지마 범죄에 대한 대책을 논의해 보자.
2. 청소년자살과 노인자살을 비교하여 논의해 보자.
3. 군 장병들의 휴대전화 사용에 대한 강·약점을 논의해 보자.
4. 우리나라에 민영교도소가 연착륙할 수 있는 방안에 대해 논의해 보자.
5. 마약 범죄자의 연령이 점차 저연령화되는 원인에 대해 논의해 보자.

참고문헌

굿네이버스(2006. 6. 1.). 아동학대예방을 위한 통합적 교육, CES. https://www.goodneighbors.kr/story/storycast/4717165/view.gn

김대권(2023). 마약범죄의 한계와 효율적 통제를 위한 제언. 한국치안행정논집, 20(2), 1-14.

김학주(2021). 사이버폭력의 실태 및 대응방안에 관한 연구. 생명연구, 59, 43-68.

김한균(2017). 사이버성범죄·디지털성범죄 실태와 형사정책. 이화젠더법학, 9(3), 27-57.

부민서, 조윤오(2023). 비행청소년의 문제도박 실태 및 특성 유형화 연구. 한국치안행정논집, 20(1), 35-52.

수사연구(2024). 충격적 살인사건. 수사 연구 12월호.

양화식(2000). 낙인이론. 교정, 291, 12-30.

이성대(2020). 신종 사이버범죄에 대응하기 위한 법제 정비 방안. 형사법의 신동향 (67), 224-258.

이재상(1997). 형법총론. 박영사.

최일섭, 최성재(2005). 사회문제와 사회복지. 나남출판.

한국자살예방협회 편(2007). 자살의 이해와 예방. 학지사.

Becker, H. S. (1974). Labelling theory reconsidered. In P. Rock & M. McIntosh. *Deviance and social control* (pp. 41–66). Tavistock.

Cohen, A. (1955). *Delinquent boys: The culture of the gang*. Free Press.

Cooley, C. H. (1902). *Human nature and the social order*. Charles Scribner's Sons.

Lemert, E. (1967). *Human deviance, social problems, and social control*. Prentice-Hall.

Merton, R. K. (1938). Social structure and anomie. *American Sociological Review, 3*, 672–682.

Schneider, E. S., & Farberow, N. L. (1957). Clues to suicide. Blakison.

Sutherland, E. H. (1939). *Principles of criminology* (3rd ed.). Lippincott.

Tannenbaum, F. (1938). *Crime and the community*. Ginn.

제8장

정신건강문제

인간의 건강은 크게 신체적 건강과 정신적 건강으로 구분할 수 있다. 신체적 질환은 가시적이고 고통이 바로 느껴지기 때문에 발견하기 쉽고 빠르게 치유되는 특징이 있다. 그러나 정신적 질환은 눈에 보이지 않아 바로 발견하기 어렵기 때문에 치료하는 데 어려움이 많다. 사회가 급속도로 변화되면서 기존의 가치관에 적합하지 않은 사회현상이 많아지고 이에 따라 스트레스를 비롯한 정신건강에 대한 위험요소가 증가하고 있다. 즉, 정신건강문제는 사회복지서비스에서 그 비중이 증가하고 있는 추세다. 따라서 이 장에서는, 첫째, 정신건강의 개념, 둘째, 정신건강의 이해, 셋째, 정신건강정책의 동향, 넷째, 정신장애와 정신건강문제, 다섯째, 정신건강문제의 해결방안을 중심으로 살펴보고자 한다.

1. 정신건강의 개념

정신건강에 대하여 살펴보기 위해서는 먼저 정신과 건강의 개념을 파악해야 한다. 이에 대한 개념정의를 살펴보면 다음과 같다. 국어사전에서 정신(精神)을 찾아보면, 첫째, 육체나 물질에 대립되는 영혼이나 마음, 둘째, 사물을 느끼고 생각하며 판단하는 능력 또는 그런 작용, 셋째, 마음의 자세나 태도, 넷째, (주로 일부 명사 뒤에 쓰여) 사물의 근본적인 의의나 목적 또는 이념이나 사상, 다섯째, 우주의 근원을 이루는 비물질적 실재로 정의하고 있다(국립국어연구원, 1999). 이 정의에 따르면, 정신과 마음을 동일하게 보고 있음을 알 수 있다. 즉, 정신은 겉으로 드러나는 육체와는 달리 인간의 내면적인 것으로 사고하는 작용과 정서적인 작용뿐만 아니라 대인관계에서 나타나는 모든 자질을 통틀어 말한다(박선환 외, 2001).

서양에서 건강을 의미하는 'health'의 어원은 고어인 'hal'에서 유래되었는데, 이는 '신체 조건이 양호하다' '전무결하다'는 의미를 지닌 영어의 'whole'에 해당하는 용어로서 '신체상태가 완전하고 양호하다'는 의미를 지닌다. 어원을 중심으로 정의한다면, '건강'이란 질병이 없거나 허약하지 않은 상태라고 생각하기 쉽다(서울대학교 교육연구소, 1998). 그러나 1948년 세계보건기구(WHO)에서는 건강을 '단순히 질병에 걸리지 않았거나 허약한 상태가 아닌 신체적, 심리적, 사회적으로 양호한 상태'라고 선언한다. 즉, 건강이란 단순히 신체적 측면만이 아닌 심리적 · 사회적 · 도덕적 측면에서 올바른 조화와 균형을 유지하는 상태라고 할 수 있다.

1974년 WHO에서는 변화되는 건강의식에 적합하도록 기존의 건강에 대한 정의를 수정 · 보완하여 '건강이란 다만 질병이나 불구의 상태가 아닌 것만을 의미하는 것이 아니라 신체적, 정신적 그리고 사회적으로 만족한 안녕의 상태가 유지되는 것이다'라고 하여 건강의 질에 대한 관심을 표명하였다(박선환 외, 2001). 이는 건강의 개념이 일상적으로 단지 질병이 없고 신체에 이상이 없는 것이라는 과거 협의의 개념에서 확대된 것이다. 다시 말해, 신체적 · 정신적 · 정서적 · 사회적 측면뿐만 아니라 더 나아가 가치적 · 윤리적인 측면까지도 포함하여 개인의 전인적 능력을 주위 환경에 잘 적응시키면서 최대로 발휘할 수 있는 상태라는 광의의 개념으로 발전되었다.

정신건강의 개념을 살펴보면 정신건강이란 일상생활을 언제나 독립적으로나 자주적으로 처리해 나갈 수 있고, 스트레스에 대한 통제력을 갖추고 있으며, 원만한 개인생활과 사회생활을 할 수 있는 상태라고 한다(서울대학교 교육연구소, 1998). 미국정신위생위원회(National Committee for Mental Hygiene)의 보고서에서는 '정신건강이란 정신적 질병에 걸리지 않은 상태만이 아니고 만족스러운 인간관계와 그것을 유지해 나갈 수 있는 능력을 의미한다'라고 정의하고 있다. 이것은 정신적 장애와 정서적 장애로 야기되는 여러 가지 장애를 예방하고 치료하며, 나아가서는 모든 종류의 개인적·사회적 적응을 비롯하여 어떠한 환경에서도 대처해 나갈 수 있는 건전하고(wholesome) 균형적이며(balanced) 통일된(integrated) 성격(personality)의 발달을 의미한다. 캠벨과 웨리(Campbell & Werry, 1989, pp. 318-319)에 따르면, 정신건강은 심리적인 안녕(wellbeing) 또는 충분한 적응을 말한다. 즉, 정신건강은 정신적으로 병적 증세가 없을 뿐만 아니라 타고난 능력을 최대한 발휘하고, 가정·직장·지역사회 등의 제반 환경에 대한 적응력이 있으며, 자주적이고 건설적으로 자기 생활을 할 수 있는 성숙한 인격체를 갖춘 상태라고 할 수 있다.

2. 정신건강의 이해

1) 정신건강의 기초지식

(1) 정신건강의 생리적 기능

인간의 행동과 뇌기능은 밀접하게 관련되어 있다. 따라서 인간의 정신을 바로 알기 위해서는 행동에 미치는 뇌의 생리적 기능에 대한 이해가 선행되어야 한다.

• 뇌의 기능: 뇌의 영역별 기능과 아울러 이에 따르는 각 신경세포의 활동에서 일어나는 물질의 대사 등은 정신기능과 밀접한 관련을 맺고 있다. 첫째, 뇌의 작용이 신체에 전해지는 경로를 신경계라고 하는데, 이 신경계는 중추신경계와 말초신경계로 구성되어 있다. 뇌는 의식과 이성을 통제하며, 학습, 기억, 정서를 통제하는 중추다. 둘째, 인간의 정신과 신체를 연결해 주는 또 하나의 경로는 내분비선 계통에서 방출하는 호르몬으로 신체의 여러 기관에 많은 영향을 미친다.

- **정신과 신체의 관계**: '건강한 신체에 건강한 정신이 깃든다'는 말이 의미하듯이 정신건강은 신체건강과 밀접히 관련되어 있다. 인간의 신체적 조건은 정신건강에 영향을 미친다. 예를 들어, 매우 피로할 때 작업능률이 저하된다든지, 여성의 경우 월경 시나 임신 중의 감정상태 등은 신체적 조건과 정신이 밀접한 관계가 있음을 나타낸다. 또한 심리적·정서적 요인이 원인이 되어 신체적 질환을 야기하는 것을 정신신체장애(psychosomatic disorders)라고 하는데, 시험을 앞두고 배가 아프거나 손에 땀이 배는 등의 현상이 이에 해당한다.

이와 같이 인간의 정신(마음)과 신체(몸)의 관련성을 찾으려는 노력은 과거 수세기 동안 계속되어 왔다. 이 심신의 관계에서 인간을 지배하는 법칙을 찾고자 하였던 것이 심신관계론으로, 인간의 이러한 상호 기능적 성질에 대해 고대 철학자들은 다음과 같은 논의를 하였다(박선환 외, 2001).

- **심신일원론**(psycho-physical monism): 아리스토텔레스(Aristoteles, B.C. 384~322)는 사물의 실체와 영혼의 실체가 생명현상 속에 통합된다고 보았다. 즉, 심신은 별개의 존재가 아니라 동일한 존재의 양면이라고 보았다.
- **심신이원론**(psycho-physical dualism): 플라톤(Platon, B.C. 427~347)은 영혼의 실체와 사물의 실체는 분리된 것으로 인간은 영혼과 육체의 능력을 아울러 갖추고 있다고 보았다.

(2) 정신건강의 심리적 기초지식

인간행동을 이해하기 위해서는 무엇보다도 인간의 동기와 정서를 아는 것이 중요하다. 이를 구체적으로 살펴보면 다음과 같다.

- **동기**(motivation): 동기란 개인으로 하여금 어떤 목표를 추구하도록 행동을 이끌어 가는 내적 충동 상태다. 따라서 동기는 행동의 선택, 방향, 강도를 결정한다. 동기이론의 역사적 배경은 동물이나 인간의 행동은 본능에 따라 결정

된다고 주장한 다윈(C. Darwin)의 본능론에서 시작되었다. 최초로 본능을 심리학적으로 규정한 학자는 제임스(W. James)다. 그는 '사전에 학습한 일도 없고, 결과에 대한 통찰도 없이 어떤 목적을 달성하는 것'과 같은 행동을 본능적 행동이라고 하였다. 그 후 본능 개념은 손다이크(E. L. Thorndike)가 발전시켰는데, 그는 유전적 연구를 통해 행동에서 본능의 중요성을 강조하였다. 맥도걸(W. McDougall)은 동물이 가지고 있는 본능과 마찬가지 차원의 본능을 인간에게 적용한 최초의 심리학자로, 인간의 본능을 여러 가지로 구분하였다. 그는 본능을 인간정신의 가장 근원적인 것으로 인정하였으며, 모든 행동의 근원이라고 생각하여 사회적 행동까지도 본능으로 보았다. 인간의 동기과정을 설명하는 이론으로는 행동주의이론, 인지주의이론, 인본주의이론이 있다. 행동주의 동기이론은 특별한 사고과정 없이 인간행동의 힘과 방향이 결정된다는 관점을 취하였기 때문에 내적이고 관찰 불가능한 동기를 구체적으로 연구하기에는 한계가 있었다. 동기에 관한 인지주의 관점에서는 인간을 능동적이고 적극적으로 사고하는 이성적인 존재로 본다. 인본주의 심리학자들은 인간 자체를 연구의 대상으로 삼아 전체적인 접근을 시도하였다. 이들은 전체로서 인간 혹은 자아를 중시하여 중심 개념으로 자아개념 (self-concept)을 강조하였다. 인본주의 동기이론을 대표하는 것으로 매슬로 (A. Maslow)의 동기위계설을 들 수 있다.

• 정서(emotion): 정서란 내·외적 자극에 따라 유발된 주관적인 심리 상태다. 이와 같은 정서는 자극이 없어지면 그에 따른 정서가 없어지고, 새로운 자극에 따라 새 정서가 유발되는 상태정서(state emotion)와 자극이 없더라도 개인이 항상 지니는 특질정서(state emotion)로 구분할 수 있다. 전자가 정서를 일시적인 심리과정이라고 본다면, 후자는 정서적으로 안정되어 있다든지 불안정하다든지 하는 등의 개인의 정서적 특성으로 본다. 샤흐터(S. Schachter)는 정서 경험은 신체적 경험과 인지의 두 성분으로 형성된다고 설명한다. 즉, 개인의 과거 경험과 현재 일어나고 있는 자극의 맥락을 참고하여 그 상황을 인지한다는 것이다. 예를 들어, 곰이라는 동물을 보고 곰을 봤던 당시에 곰이

무서운 동물이라는 것을 경험한 것이 정서적 경험을 결정하는 데 필수적이라는 것이다.

(3) 정신건강의 환경적 기초지식

현대사회의 급속한 변화는 불가피하게 인간의 신체와 정신에 많은 영향을 미친다. 예를 들어, 결혼, 이혼, 가까운 사람의 죽음, 이사나 전학 등으로 생활환경의 변화를 경험하게 되면 인간은 당혹감을 느끼고, 때로는 방향감각을 상실하기도 한다. 정신건강과 환경은 긴밀한 관계에 놓여 있고, 정신건강에 대한 문제에서 환경의 문제를 배제할 수 없다. 인간의 행동을 이해하려면 개체요인과 환경요인을 모두 고려해야 하는데, 인간의 사회화 과정을 위한 중요한 환경단위에는 가정, 학교, 사회 등이 있다. 사람은 출생과 동시에 한 가정의 구성원이 되고, 일찍부터 부모–자녀 관계, 형제–자매 관계를 통해 세상에 대한 기본 감정을 발달시킨다. 따라서 그 속에서 생활하는 동안 부부관계, 부모–자녀 관계, 형제–자매 관계, 고부관계 등에서 무수한 갈등과 문제가 표출될 수 있기에 정신건강 측면에서 가정은 가장 중요한 환경단위라고 볼 수 있다.

브라운과 해리스(Brown & Harris, 1978)에 따르면, 첫째, 정서적인 관여가 높은 환경으로 돌아온 환자는 정서적인 관여가 낮은 환경으로 돌아온 환자에 비해 상태가 악화되는 경우가 높다.

둘째, 높은 수준의 정서적 관여는 재발 증상을 야기하는 가족의 특성 지표다. 본과 레프(Vaughn & Leff, 1976)에 따르면 결혼하지 않은 남성 정신분열병 환자가 가장 취약한 집단인데, 결혼하지 않은 남성은 약 복용을 멈출 가능성이 크고, 가족과 주당 35시간 이상을 접촉할 수 있으며, 여성보다 재발 가능성도 2배나 높은 것으로 나타났다. 또한 학교는 누구나 거쳐야 할 교육기관인데, 학령기에는 가정에서 지내는 시간보다 더 많은 시간을 보내는 생활터전이 된다. 학교에서의 교우관계와 사제관계를 통해 자아상, 가치, 성격이 형성되기도 하지만, 여러 가지 변화와 위기를 통해 형성되기도 한다. 이뿐만 아니라 현대사회의 생활환경 역시 여러 가지 정신건강의 문제를 야기하고 있다.

이러한 의미에서 시카고의 정신의학자들은 환경적 요인을 강조하면서 3년에 걸쳐 건전한 성격 특성과 환경의 관계를 밝히려는 노력을 기울였다. 그들은 정신적으로 건강한 젊은이를 대상으로 그들의 성격적 특성, 가정환경, 사회 및 문화적 기반 등의 측면에서 환경의 역할을 발견하였고, 이를 토대로 정신건강을 위한 건전한 환경의 척도를 제시하기도 하였다. 그들이 제시한 정신적으로 건강한 사람의 특성을 통해 환경의 역할을 살펴보면 다음과 같다(임승권, 1996).

건강한 사람의 특성

- 출생 시부터 계속하여 건강하다.
- 지능 수준이 보통이다.
- 사회 · 경제적인 가정환경이 비교적 낮다.
- 부모와 만족스럽고 긍정적인 애정관계를 유지한다.
- 자녀 양육문제에서 부모 간에 의견이 일치하고 협조한다.
- 어린 시절의 행동에 대한 제한점을 분명히 인식한다.
- 강화가 합리적으로 그리고 계속적으로 이루어진다.
- 건전한 종교적인 지도가 초기부터 이루어진다.
- 일찍이 직업적인 경험을 가진다.
- 외부 세계에 대해 개념화하여 말하거나 행동하도록 지도된다.
- 금전은 목적이 아니라 수단에 불과하다는 것을 이해하고, 그보다는 만족감, 선행 및 사교 따위를 가치 있는 것으로 생각한다.
- 목표를 추구하는 행동을 하며, 그러한 행동이 위신을 세우고 야심을 이루기보다는 자신이 행하려고 선택한 것을 성공으로 알고 행동한다.
- 부친 또는 부친상의 강력한 동일시나 부친에 대한 사랑과 존경 및 경쟁의식 등이 분명하다.

이렇듯 다양한 환경적 요인에 따라 건강과 행복이 좌우되지 않기 위해서는 자신의 환경에 대처하며 개인적인 욕구를 충족시키는 과정으로 적응과 성장이 필요하다. 적응이란 환경에 대한 관계를 강조한 것인데 반해 성장이란 개인 자신을 강조한 것이라는 점에서 개념적인 차이가 있다. 또한 적응이란 변화하는 환경에 자기를 맞추어 가는 과정인 현상유지를 강조하는데, 성장은 변화, 특히 긍정적이고 의미 깊은 변화를 강조한다. 즉, 인간은 내적·외적 환경의 다양한 요구에 적응해야 하지만, 동시에 우리 자신을 발견하고 자신의 잠재력을 찾아내고 실현해야 한다. 이를 신체건강에 비유하자면 적응은 질병이 없는 상태를 의미하고, 성장은 건강한 상태 또는 건강해지는 상태를 말한다. 질병이 없는 것은 건강의 조건이 되기는 하지만, 그 자체는 소극적 의미의 건강이라 할 수 있다. 적극적 의미의 건강이란 특별히 앓고 있는 병이나 아픈 데가 없는 현상유지 이상의 것으로서 삶의 활력과 기운이 넘치는 상태를 포괄한 것이다.

2) 정신건강에 대한 견해

학자마다 정신건강 내지는 건전한 성격 특성에 대해 다양한 주장을 하고 있다. 이러한 견해가 각각 어떤 규준을 제시하며, 어떻게 설명하고 있는지에 대하여 대표적인 몇몇 학자의 주장을 간략하게 살펴보면 다음과 같다.

- 프로이트(S. Freud, 1856~1939): 정신분석학의 창시자로 건강이란 사랑할 수 있고 생산적인 일을 할 수 있는 능력에 있다고 보았다. 건강한 성격을 지닌 사람은 원초아(id), 자아(ego), 초자아(super-ego)가 잘 통합되어 어느 한편에 치우치지 않고 본능과 현실을 교섭하며 조화와 적응을 이룰 수 있을 만큼 강해져서 욕구 간의 갈등을 적절히 해결할 수 있는 사람이라고 보았다. 성숙된 사람의 중요한 특성은 타인의 행복을 추구하며 아량과 친절, 신뢰를 바탕으로 남을 사랑할 수 있다는 점이다. 또 일할 수 있다는 것에도 생에 대한 의미를 부여하며 자신의 존재를 중요하게 여기고, 가지고 있는 능력을 실현하여 생산적인 삶을 추구할 수 있는 특성이 있다. 즉, 프로이트는 정신건강에 필요한 어떤 준거를 생각하지는 않았으나, 신경증 환자는 사랑을 하고, 일을 할

수 있는 능력을 상실한 사람으로 보았으며, 참으로 건강한 사람은 자신의 잠
재능력 내에서 애타적인 사랑과 생산적인 일을 할 수 있는 것으로 보았다.

- **융**(C. G. Jung, 1875~1961): 융은 성격 전체를 정신이라고 불렀는데, 이는 개
  인을 규명하고, 그 사회적·물리적 환경에 적응시키는 지침 역할을 한다고
  보았다. 정신은 서로 관련되어 있는 수많은 세계와 수준으로 이루어져 있는
  데, 이를 의식, 개인무의식, 집단무의식으로 구별하였다. 건전한 성격이란 무
  의식의 세력에 대한 의식의 감독과 지시를 통해 이루어진다고 보았다.

- **아들러**(A. Adler, 1870~1937): 아들러는 인간의 자기신장, 성장, 능력을 위한
  모든 노력의 근원이 열등감이며, 이런 열등감에 대한 보상적 노력이 결국 건
  강한 성격이라고 보았다. 즉, 인간생활의 궁극적인 목적은 '우월에 대한 추
  구'로 이는 전 생애를 통해 개인의 환경에 대한 적응능력을 좌우한다고 보았
  다. 이 우월의 추구는 파괴적 경향과 건설적 경향을 취하는데, 전자는 신경증
  환자에게서 나타나고, 후자는 심리적으로 건강한 사람에게서 나타난다고 보
  았다.

- **설리번**(H. S. Sullivan, 1892~1949): 설리번은 정신적으로 건강한 사람은 타인
  과 현실적이고 통합적인 관계를 맺으며 행동한다고 보았다. 따라서 궁극적
  인 만족과 안정은 정확한 지각과 자기 자신 및 타인에 대한 신념을 가질 때만
  이루어지는 것으로 보았다.

- **올포트**(G. W. Allport, 1897~1967): 올포트는 건강한 성격을 가진 사람은 이상
  적이고 의식적인 상태에서 기능을 수행하고 자기를 지배하는 힘을 잘 알고
  통제할 수 있다고 보았다. 따라서 이들은 지각과 인식이 효율적이고 정확한
  것이 특징이며, 과거에 구속받지 않고 현재와 미래를 추구한다고 하였다.

- **매슬로**(A. H. Maslow, 1908~1970)와 로저스(C. R. Rogers, 1902~1987) 등: 현상
  학적 이론가들은 새로운 경험에 대해 보다 개방적이고, 자신의 직관을 신뢰
  한다. 즉, 건강한 성격을 가진 개인은 세계와 가치에 대한 자신의 지각에 도
  전해 보는 사고와 생활방식을 가지고 있고, 또한 내적인 장점을 믿고 자신의
  충동을 두려워하지 않는다.

3) 정신건강의 조건

정신건강의 조건은 인간의 다양한 측면이 조화를 이루어야 하는 것이므로 그 견해도 다양할 수 있다. 맥키니(J. P. McKinney)는 정신건강을 내적 안정성으로 보고, 행복감, 활동성, 사회성, 통일성, 조화성, 현실세계에 대한 지향 적응성, 자기책임성의 일곱 가지 요인을 정신건강의 조건으로 제시하였다.

또한 펜톤(A. Fenton)은 정신건강의 조건을 다음과 같이 제시하였다(박선환 외, 2001).

(1) 통일성과 일관성

이는 인격체의 조화를 의미하는 것으로 감성과 이성이 잘 조화되고 균형 잡힌 건전한 성격의 측면을 말한다. 즉, 인격이 조화롭고 환경에 적응적이어서 적당한 정서를 나타낼 줄 아는 것이다. 이는 일시적 갈등이나 불안, 공포 등으로 고통을 겪다가도 곧 인격체의 평형을 회복할 줄 아는 능력이 있다는 것이다. 결과적으로 이러한 사람은 마음의 행복을 유지할 수 있고, 적응적이며 성공적인 성격을 소유하게 된다.

(2) 자신에 대한 승인

이것은 자기 자신을 객관적으로 판단하고, 있는 그대로 수용하며, 자신의 한계를 받아들이는 것이다. 즉, 현실적인 원칙에 따르며 자신이 놓인 현실을 인정하는 것이다. 자신에 대한 정당한 이해 없이 과대평가하거나 과소평가하면 열등감이나 좌절감이 지속되며, 또한 자신의 잠재능력과 유용한 자질을 개발하지도 못하게 된다. 따라서 자신의 능력 조건을 올바로 파악하여 그 한계 내에서 최대의 노력을 하는 것이 바람직하다.

(3) 사회적 유대관계

인간은 사회적 존재이므로 사회 속에서 타인과 정신적 유대와 협력 및 신뢰 관계를 이루어야 한다. 즉, 인기, 친화성, 지도성, 사회적 유능성은 집단 내에서 바람직한 인간관계와 연관된다. 집단 내에서 자신이 맡은 일에 충실하고 성실히 노력하며 제 역할을 다할 때, 자신의 지위가 확보되고 그 집단에서 꼭 필요한 성원으로 인정되며 대인관계에서도 신뢰와 조화를 이룰 수 있다.

(4) 사회적 승인 유지

정신적으로 건강한 사람은 보다 바람직한 환경 조성을 위해 노력한다. 따라서 사회적 승인의 유지란 사회적 현상을 중요시하고 자신의 요구나 욕망을 사회적 이상으로 정정해 나가는 것을 말한다. 현실에 맹종하거나 불평하는 것만으로는 건강 회복이 불가능하다. 항상 이상을 가지고 이상실현에 노력하는 것이 건강한 생활이다. 즉, 개인적인 욕구만족에 매달리지 않고 자기계발과 사회적 이상실현을 위해 자신의 특성이나 능력을 최대로 발휘하는 것이 생산적이며 자기실현적인 바람직한 삶이 된다.

장연집, 박경과 최순영(1999)은 정신건강의 조건을 다음과 같이 포괄적으로 다룬다.

- **자아정체감**: 정신적으로 건강한 사람들은 자신을 긍정적으로 수용하고, 필요한 경우에는 자기개념을 수정하기도 하며 자아정체감을 갖고 있다.
- **자아실현**: 정신적으로 건강한 사람은 자신을 인정할 뿐만 아니라 성장 및 발달하려는 욕구를 가지고 있으며, 또한 궁극적으로는 자아실현의 동기를 갖고 있다.
- **통합력**: 건강한 사람은 정신적으로 균형이 잡혀 있고, 삶에 대한 통합적인 노력을 하며, 스트레스 상황에서도 항상 통정된 행동을 한다.
- **자율성**: 행동의 결정 과정에서 자율적으로 행하며, 독립적인 행동에 대하여 스스로 통제하는 자율성을 보인다.
- **현실지각능력**: 현실지각능력이 정확하여 사물을 왜곡하지 않을 뿐만 아니라 현실에 대한 민감성도 갖추고 있어서 다른 사람에게 보다 적절히 대응할 수

있으며, 적절히 자신의 감정을 주고받을 수 있다.

- **환경적응능력**: 주어진 환경 속에서 대인관계가 적절하고, 환경에 대한 적응능력 및 조정능력이 있으며, 사랑할 수 있는 능력이 있고, 문제 해결 장면에서도 효율성을 보인다.

이와 같은 건전한 정신건강의 조건에는 다음과 같은 네 가지 사항이 공통으로 포함되어 있음을 알 수 있다(조대경, 이관용, 김기중, 1994). 즉, 자기존중과 타인존중, 자신과 타인이 지닌 장점과 한계에 대한 이해와 수용, 모든 행동에는 원인과 그에 따른 결과가 있음에 대한 이해, 자아실현에 대한 동기의 이해 등이다.

3. 정신건강정책의 동향

1) 국외 동향

미국에서는 세계대전 이후 정신건강에 대한 본격적인 관심이 일기 시작하였다. 정신건강전문직에는 정신과의사, 임상심리학자, 정신과 간호사, 정신보건사회복지사 등이 포함되었다. 정신보건사회복지사는 가족과 환경을 다루면서 개인의 과거력, 현재의 환경, 앞으로의 전망 등의 포괄적인 접근을 하며, 사회복지사는 위기개입, 가족상담, 개인과 집단치료에 관여한다. 미국의 정신건강서비스는 지역사회정신건강센터, 정신병원, 사적 실천 등의 세 영역에서 주로 제공된다. 이에 대하여 간단히 살펴보면 다음과 같다.

미국 정신장애인의 1/3가량이 지역사회정신건강센터에서 서비스를 받는다. 지역사회정신건강센터는 정신건강을 증진하는 데 목표를 두는 사회적 개입, 예방서비스 개척, 위기문제에 초점을 둔 단기 임상서비스를 강조한다. 사회복지사는 지역사회정신건강운동의 최전선에 있다(김혜련, 신혜섭, 2006). 지역사회정신건강센터는 통합된 행정체계를 가지고 단기 혹은 장기간의 서비스체계를 넘는 보호의

지속성을 제공한다. 이러한 지역사회정신건강센터는 1950년대 후반기와 1960년
대에 계획되었다.

- 미국에서는 주립정신병원에 입원하는 사례가 줄어드는 추세로, 미국에도 사
  회복지시설을 혐오하는 님비현상이 있어 왔는데, 예컨대 지역사회 주민은 자
  신이 거주하는 지역에 요양원이 세워지는 것에 반발하였다. 사회복지사는
  주민에게 클라이언트가 가지고 있는 질병의 특성과 이들이 지역사회에서 정
  상적인 생활을 할 수 있는 능력에 대한 정보 등을 제공함으로써 지역주민이
  클라이언트를 이해할 수 있도록 도와야 한다. 지역사회와 가정에서 지역주
  민의 정신장애인 보호가 확장되면서부터 정신병원에 입원하는 일이 이전보
  다는 더 줄어들었고 입원은 특정한 문제를 가지고 있는 환자로 제한되었다.
- 사적 실천에서 종사하는 사회복지사의 수는 1980년대에 큰 폭으로 증가하
  였다. 이러한 현상에는 두 가지 요인, 즉 사회복지사에게 보험수가가 적용된
  것과 법적으로 규정된 것이 크게 영향을 미쳤다. 사적 실천을 하는 사회복지
  사에게 보험이 적용된 것은 주 단위의 면허제도가 큰 영향을 미쳤다(Barker,
  1995).

2) 국내 동향

우리나라에서 정신보건 영역에 사회복지사가 개입하기 시작한 것은 1958년 이
후부터다. 한국전쟁 이후 성모병원에서 정신과 전담 사회사업가를 채용하였고,
1965년에는 세브란스병원에 사회사업과가 설치되어 의료업무와 함께 정신과 업
무를 시작하였다. 미8군 병원 정신과에서는 한국인 정신보건사회복지사를 채용
하였고, 우리나라 정신보건사회사업계와 연계성을 갖기 시작하였다. 1973년에는
「의료법」을 개정하고 종합병원에 사회복지사 자격증 소지자를 두도록 규정하여
대학병원을 중심으로 정신의료사회사업가가 고용되기 시작하였다.

1984년 보건사회부가 정신질환 종합대책을 수립(무허가시설 양성화 시작)하였

고, 1985년 정신보건법안을 정부안으로 국회에 제출하였으나 1986년 제12대 국회 회기 만료로 정신보건법안이 자동 폐기되었다. 1988년 정신질환자 치료유병률 제1차 조사를 실시하였고, 1991년 보건사회부 질병관리과로 정신보건 업무가 이관되었다. 1992년 정신보건법안이 정부안으로 국회에 다시 제출되었고, 1993년 정신질환자 치료유병률 제2차 조사를 실시하였다.

1994년 지역사회정신보건사업 연구 용역을 시행하였고, 1995년 「정신보건법」을 제정(보건복지위원회 대안)하여 '정신건강의 날' 행사를 개최하기 시작하였다. 1995년 정신장애인 관리강화 계획에서 정신장애인 방문사업을 지역정신보건사업으로 전개하도록 결정하여 빈곤 지역에 정신보건센터를 설치하게 되었다. 1997년 「정신보건법」이 시행되어 중앙 및 지방정신보건심의위원회를 구성하였고, 보건국 정신보건과가 신설되었으며, 「정신보건법」 제1차 개정으로 정신요양병원제도를 폐지하였다.

1998년 정신보건발전 5개년 계획을 수립하여 모델형 정신보건센터 운영사업 4개소(서울 성동, 서울 성북, 강원 춘천, 울산 남구)를 시작하였다. 1999년에는 모델형 정신보건센터 운영사업을 14개소로 확장하였으며, 지역사회정신보건사업 기술지원단을 운영하고 정신요양시설 제1차 평가를 실시하였다.

2000년에 개정된 「정신보건법」 제7조에서 정신보건사회복지사를 정신보건간호사나 정신보건임상심리사와 함께 정신보건전문요원으로 인정하여 법적 자격을 부여하였다. 또한 정신요양시설 제2차 평가를 시행하고 알코올상담센터 시범사업 4개소를 시작하였다. 2001년 정신보건센터 총 64개소를 확대 운영하였고, 정신질환실태 역학조사, 사회복귀시설 제1차 평가, 알코올상담센터 시범사업을 9개소로 확대하였다. 2002년에는 정신요양시설 제3차 평가가 있었고, 2003년에는 「정신보건법」 개정이 있었다. 2004년 「정신보건법 시행령」 및 「정신보건법 시행규칙」 개정이 있었고, 2005년에는 정신요양시설 및 사회복귀시설 운영비 보조사업을 지방으로 이양하고, 자살 등 위기상담전화를 운영하기 시작하였다.

2006년 「정신보건법 시행령」 및 「정신보건법 시행규칙」을 개정하여 아동·청소년 정신보건사업을 강화하고, 음주폐해 예방 및 알코올중독 치료·재활지원사업, 생명사랑 및 자살예방 사업 추진, 정신질환자 인식개선 및 권익증진 강화, 지방정신보건사업지원단 구성·운영, 정신과전문의 등 정신보건지도자 교육·훈련, 정신질환실태 역학조사 등을 실시하였다.

2007년에는 「정신보건법 시행령」 및 「정신보건법 시행규칙」을 개정하고 정신보건센터 운영지원을 총 165개소(모델형 100, 기본형 65)로 확대하였다. 아동·청소년 정신보건사업 강화, 국가알코올종합대책 '파랑새플랜 2010' 추진, 음주폐해 예방 및 알코올중독 상담·재활지원(알코올상담센터 30개소 운영), 생명사랑 및 자살예방사업 추진, 정신질환자 인식개선 및 권익증진 강화, 중앙 및 지방 정신보건사업지원단 연계체계 강화 및 운영활성화 등의 사업을 실시하였다.

2008년에는 기본형과 모델형 정신보건센터를 표준형으로 통합하고 광역형을 신설(표준형 148개소, 광역형 3개소), 아동·청소년 정신보건사업 및 검진사업 강화(35개 정신보건센터에서 초중고 정신건강검진사업 실시), 국가알코올종합대책 '파랑새플랜 2010' 추진, 음주폐해 예방 및 알코올중독 상담·재활지원(알코올상담센터 34개소 운영), 생명사랑 및 자살예방사업 추진(자살예방종합대책 마련·발표), 정신질환자 인식개선 및 권익증진 강화(「정신보건법」 개정, 2008. 3. 21.), 마약류중독자 치료보호 지원(2008. 9. 29., 식약청에서 업무이관), 국립서울병원의 국립정신건강연구원으로의 개편 계획수립·추진, 「국민건강증진법」 개정 추진(금주구역 지정 등), 인터넷중독 폐해예방 및 치료사업 추진, 중앙 및 지방 정신보건사업지원단 연계체계 강화 및 운영활성화, 보건소 정신보건전문요원 양성사업을 종료하였다.

2009년에는 「정신보건법 시행령」 및 「정신보건법 시행규칙」을 개정 시행(2009. 3. 22.)하였다. 정신보건시설 설치·운영자, 종사자 인권교육 실시, 정신보건전문요원의 수련 과정 등에 관한 규정(고시) 개정, 국가알코올종합대책 '파랑새플랜 2010' 추진, 음주폐해 예방 및 알코올중독 상담·재활지원(알코올상담센터 34개소 운영), 「국민건강증진법」 개정법률안 국회제출(주류판매금지시설 등), 정신보건센터 운영지원 총 158개소(표준형 155개소, 광역형 3개소), 생명사랑 및 자살예방사업 추진(자살예방종합대책 실행계획 수립·시행, 인터넷 자살유해정보 차단 및 집단자살에

방대책 수립), 인터넷중독 폐해예방 및 치료사업부 내 업무이관이 있었다.

2010년에는 「정신보건법」 전부개정법률안 국회 제출(2010. 12.), 정신보건센터 운영 지원(표준형 157개소, 광역형 5개소), 생명사랑 및 자살예방사업 추진(자살예방 종합대책 실행계획 수립·시행, 인터넷을 통한 자살유해정보 유통 및 동반자살 차단을 위한 관련부처 간 협력 강화), 국가알코올종합대책 '파랑새플랜 2010' 평가, 음주폐해 예방 및 알코올중독 상담·재활 지원(알코올상담센터 41개소 운영), 마약류중독자 치료보호 가이드라인 제작·보급 등이 있었다.

2017년 5월 30일 「정신보건법」을 「정신건강복지법」으로 전면 개정하였다. 개정법은 포괄적 정신질환자의 개념을 축소하여 비자의적 입원대상을 '입원치료가 필요한(중증) 정신질환자'이면서 '자·타해 위험성' 요건이 모두 충족된 경우로 강화했다. 특히 정신건강의학과 전문의 1인의 진단만으로 가능했던 기존의 규정을 국공립병원 또는 지정기관의 전문의 1인을 포함하여 2인의 전문의의 일치된 소견을 필수요건으로 하였다. 보건복지부(2024)의 '정신건강사업안내'를 중심으로 정신건강문제의 해결을 위한 정책을 요약하면 다음과 같다.

(1) 정부의 정책비전과 추진전략

비전	마음이 건강한 사회, 함께 사는 나라

정책 목표	I. 재난 심리방역을 통한 대국민 회복탄력성 증진 II. 전 국민이 언제든 필요한 정신건강서비스를 이용할 수 있는 환경조성 III. 정신질환자의 중증도와 경과에 따른 맞춤형 치료환경 제공 IV. 정신질환자가 차별 경험 없이 지역사회 내 자립할 수 있도록 지원 V. 약물 중독, 이용장애 등에 대한 선제적 관리체계 마련 VI. 자살 충동, 자살 수단, 재시도 등 자살로부터 안전한 사회 구현

정책 목표	전략
전 국민 정신건강증진	1. 적극적 정신건강증진 분위기 조성 2. 대상자별 예방 접근성 제고 3. 트라우마 극복을 위한 대응역량 강화
정신의료서비스/ 인프라 선진화	1. 정신질환 조기인지 및 개입 강화 2. 지역 기반 정신응급대응체계 구축 3. 치료 친화적 환경조성 4. 집중 치료 및 지속 지원 등 치료 효과성 제고
지역사회 기반 정신질환자의 사회통합	1. 지역사회 기반 재활프로그램 및 인프라 개선 2. 지역사회 내 자립 지원 3. 정신질환자 권익 신장 및 인권 강화
중독 및 디지털기기 이용장애 대응 강화	1. 알코올 중독자 치료 및 재활서비스 강화 2. 마약 등 약물 중독 관리체계 구축 3. 디지털기기 등 이용장애 대응 강화
자살로부터 안전한 사회구현	1. 자살 고위험군 발굴과 위험요인 관리 2. 고위험군 지원 및 사후관리 3. 서비스 지원체계 개선
정신건강정책 발전을 위한 기반 구축	1. 정책 추진 거버넌스 강화 2. 정신건강관리 전문인력 양성 3. 공공자원 역량 강화 4. 통계 생산체계 정비 및 고도화 5. 정신건강분야 전략적 F&D 투자 강화

[그림 8-1] 정부의 정신건강정책

출처: 보건복지부(2024).

(2) 추진방향

'정신건강 없이는 개인과 사회의 건강도 없다'는 문제의식하에 전 국민의 전 주기적 건강관리를 위해 국가 책임을 강화하기로 하였다.

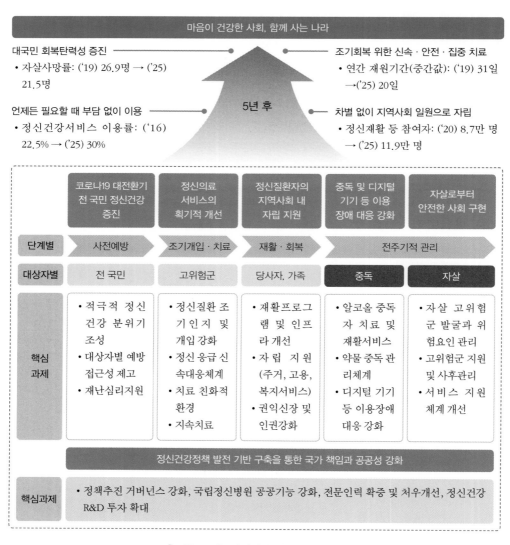

[그림 8-2] 정신건강정책 추진방향

출처: 보건복지부(2024).

(3) 정신건강정책 혁신방안('23. 12. 발표)

대통령 주재 정신건강정책 비전선포대회를 통해 10년 내 자살률 50% 감축을 목표로 예방부터 회복에 이르는 전주기 4대 전략을 발표하였다.

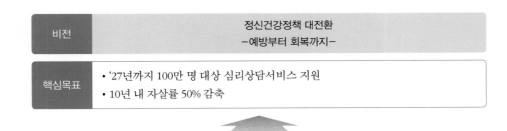

비전	정신건강정책 대전환 -예방부터 회복까지-
핵심목표	• '27년까지 100만 명 대상 심리상담서비스 지원 • 10년 내 자살률 50% 감축

4대 전략 및 핵심과제

일상적 마음 돌봄 체계 구축
• 국민 100만 명에 전문심리상담 지원
• 청년 · 학생 검진주기 단축 및 조기개입
• 직업트라우마센터 확대 및 EAP 활성화
• 상담전화 109 통합 등 자살 예방 강화

정신응급대응 및 치료체계 재정비
• 정신응급대응 강화
• 입원제도개선, 수가확대 등 의료질 향상
• 외래치료지원제 활성화
• 마약치료기관 확충 · 운영 활성화

온전한 회복을 위한 복지서비스 혁신
• 모든 지자체에서 정신재활서비스 제공
• 일상회복을 위한 고용 · 주거 지원
• 보험차별 해소 등 권리보호 강화

인식개선 및 정신건강 정책 추진체계 정비
• 정신질환 편견해소 대국민 캠페인
• 자살예방교육(의무) 1,600만 명 실시
• 정신건강정책 혁신위원회 설치 · 운영

[그림 8-3] 정신건강정책 혁신방안

출처: 보건복지부(2024).

(4) 정신건강서비스 전달체계

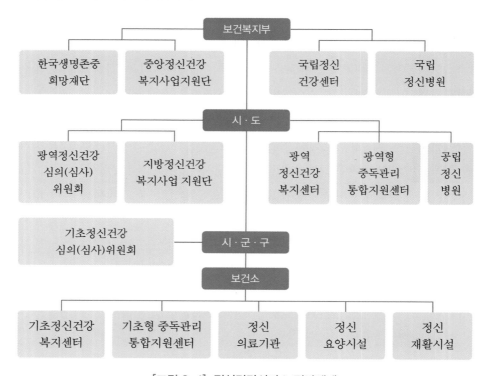

[그림 8-4] 정신건강서비스 전달체계

출처: 보건복지부(2024).

4. 정신장애와 정신건강문제

정신건강문제를 구체적으로 살펴보기 위하여 정신장애의 증상과 생애주기에 따른 정신건강문제를 정리하면 다음과 같다.

1) 정신장애의 증상

사회복지적 개입 여부와 방법을 판단하기 위해서는 정신장애의 정확한 증상을

알아야 한다. 증상은 사고장애, 기분장애, 지각장애, 행동장애, 의식장애, 지남력
장애 그리고 기억장애로 분류하여 살펴볼 수 있다.

(1) 사고장애

사고장애는 사고형태 및 사고체험의 장애, 사고진행의 장애, 사고내용의 장애
로 구분하여 살펴본다.

① 사고형태 및 사고체험의 장애

자폐적 사고는 정신분열증 환자에게서 흔히 볼 수 있으며, 현실을 무시하고 자
신에게만 뜻이 있거나 무의식이나 비현실적인 사고가 이성이나 논리를 대신한다.
구체적 사고는 문자적 사고와 추상적 사고로 구분되는데, 문자적 사고는 은유의
사용이 없고 말의 뉘앙스를 이해하지 못하는 일차원적 사고다. 추상적 사고는 의
미의 뉘앙스를 알고 은유와 가설을 이해하는 다차원적 사고다.

② 사고진행의 장애

- **우원증**: 정신분열증, 기질성 정신장애, 노인정신병, 정신지체에서 나타나며,
  불필요한 내용을 많이 삽입하고 엉뚱한 방향으로 사고가 진행된 후에야 말하
  고자 하는 목적에 도달한다.
- **보속증**: 뇌손상 후유증, 기질적 뇌증후군, 지능장애에서 올 수 있으며, 하나의
  사고에 되풀이해서 또는 계속해서 집착하는 경우를 말하며, 한 관념이 지속
  적으로 반복 표현된다.
- **사고비약**: 조증환자에게서 나타나며, 한 생각에서 다른 생각으로의 연상이 너
  무 빨리 진행되어 원래의 주제에서 벗어나 탈선하므로 사고목표에 도달하지
  못한다.
- **사고지체**: 우울증이나 정신분열증 환자에게서 나타나며, 연상의 시작과 말의
  속도가 느리고 목소리도 낮고 작다.
- **사고차단**: 정신분열증에서 나타나며, 사고의 흐름이 갑자기 중단되는 증상으

로 한참 후에 다시 사고가 진행된다.

- **언어신어증**: 정신분열증이나 자폐증에서 나타나며, 자기만 뜻을 아는 새로운 말을 만들어 낸다.
- **지리멸렬**: 정신분열증에서 나타나며, 사고진행이 와해되어 논리적 연결이나 조리가 없어 도무지 줄거리를 알 수 없으며, 구나 단어들이 흩어진 상태다.

③ 사고내용의 장애

- **망상**: 사실과 다른 신념으로서 개인의 교육 정도나 환경과 맞지 않고 현실과 동떨어진 비합리적인 생각으로, 이성이나 논리적인 방법으로 교정이 어려운 허망한 생각을 말한다. 망상의 종류에는 과대망상, 피해망상 또는 편집망상, 관계망상, 조종망상, 우울망상, 신체망상, 연애망상 등이 있다.
- **건강염려증**: 우울증, 정신분열증, 강박장애 및 다른 불안장애에서 나타나며, 자신이 어떤 병에 걸렸다고 생각하여 신체건강에 관해 과도한 관심을 갖고 계속 건강검진을 받는다.
- **강박관념**: 강박장애와 정신분열 환자에게 볼 수 있으며, 자기 생각이 병적이라는 것을 알고 생각하지 않으려고 노력함에도 계속해서 자꾸 떠오르는 생각, 느낌, 충동을 말한다.
- **공포증**: 어떤 특정 대상이나 상황에 대한 사실무근의 병적인 두려움을 갖는 것으로 단순공포증, 적면공포증, 오물공포증, 고소공포증, 폐쇄공포증, 광장공포증, 질병공포증, 나병공포증, 대인공포증, 불결공포증 등이 있다.

(2) 기분장애

- **우울**: 슬픔과 동반하여 비관, 죄책감, 수치심이 따른다. 환자는 무겁고 처진 느낌, 절망감, 자기비하, 의욕감퇴, 무력감, 흥미와 재미의 상실 등을 가지며 말수가 적어지고 행동이 위축된다. 두통, 피곤, 식욕상실, 변비, 불면, 생리불순, 성욕감퇴, 체중감소 등이 나타난다.
- **고양된 기분**: 보통 이상의 즐거운 기분으로 조증에서 볼 수 있다. 다행감, 의

기양양, 고양, 황홀경 등이 있다.

- **불안**: 두려움, 걱정 등 재난이 임박했다는 지속적 느낌으로 무의식적 충동이나 환경적 요인에 따른 위협에 대한 경고신호로 생각된다. 초조, 공황, 긴장, 부동불안 등이 나타난다.
- **무감동**: 감정적으로 둔하여 방관자처럼 무감동한 상태로, 쾌감이나 불쾌감에 대한 감수성이 감소되어 있다. 둔해진 정동, 제한된 정동이 나타난다.
- **부적절한 정동**: 정신분열병에서 나타나며, 사고내용이나 상황과 어울리지 않게 웃고 운다.
- **양가감정**: 정신분열증에서 흔히 나타나며, 상반되는 감정이 동시에 나타난다.
- **이인증**: 자신이 자신 같지 않고 변했다고 지각하며, 주위 세상이 바뀐 것 같다는 비현실감이 나타난다.

(3) 지각장애

- **착각**: 외부 대상에 대한 감각적 인상을 잘못 해석하는 현상이다.
- **환각**: 자극이 없는데도 마치 외부에서 자극이 들어온 것처럼 지각하는 현상이다. 환청, 환시, 환후, 환미, 환촉, 운동환각, 신체환각 등이 있다.

(4) 행동장애

- **활동 증가**: 경조증 혹은 조증 환자에서 나타나며, 필요 이상으로 지나치게 많은 활동을 하는 경우다.
- **활동 감소**: 우울증과 정신분열증에서 나타나며, 활동에 대한 욕구가 저하되어 동작이 느리고 말수도 적어지며 목소리도 낮다.
- **반복행동**: 정신분열증이나 강박장애에서 나타나며, 남이 보기에는 이유가 없는 것 같은데 같은 행동을 반복한다.
- **자동행동**: 정신분열증에서 나타나며, 남의 명령대로 자동적으로 움직이거나 남의 말을 그대로 되받아서 마치 메아리처럼 따라 한다. 지시자동증, 반향언어, 반향동작 등이 있다.

- **거부증**: 정신분열증이나 노인성정신병에서 나타나며, 다른 사람의 요구에 무조건 반항하거나 반대로 행동하는 경우다.
- **강박행동**: 스스로 자신의 행동이 무의미하다든가 불필요하다는 것을 알면서도 그 행동을 반복하지 않고는 견딜 수가 없는 병적 행동이다.
- **충동행동**: 순간적인 감정의 지배에 따라서 예기치 않은 행동을 폭발적으로 일으키는 현상이다.
- **자살**: 대체로 사랑의 결핍과 무능감, 거부감을 느끼기 때문이거나 자기를 버린 사람에게 죄책감을 불러일으키기 위한 경우가 많다.

(5) 의식장애

- **의식의 혼란**: 주의집중이 잘 안 되거나 자극에 대한 반응이 신속하지 못하거나 이해능력이 떨어지며, 당황해하고 불안해한다.
- **의식의 혼탁**: 감각자극에 대한 지각, 사고, 반응, 기억 등에 장애가 있는 것으로 주의가 산만하고 착란이 있으며 이해력이 부족해진다.
- **몽롱상태**: 일정 기간 착란, 환각 등을 보이며 마치 다른 세계에 있는 것처럼 행동하고 이후에 종종 기억을 하지 못한다.
- **섬망**: 고열, 수술 후 산욕기, 요독증, 중독상태, 알코올 금단 등 급성 뇌증후군의 일반 증상으로, 의식의 혼탁이 급성으로 심한 경우다.
- **혼미**: 운동능력을 상실하고 외부 자극에 대해 거의 반응하지 않으나 일시적으로 강력한 자극을 주어 깰 수 있다.
- **혼수**: 모든 정신활동과 신경조직의 기능이 마비되고 생명을 유지하는 데 필요한 심장과 폐만 살아 있는 경우로서 의식은 완전히 정지해 있는 상태다.

(6) 지남력 장애

뇌증후군, 심한 정신병, 격한 감정상태에서 나타나며, 장소, 방향, 시간 그리고 사람에 대하여 구체적으로 인지하는 능력이 상실된 경우다.

(7) 기억장애

- **기억과잉**: 경조증이나 편집증에서 보이며, 지엽적이고 지나치게 자세한 것까지도 기억해 내는 상태다.
- **기억상실(건망증)**: 기억되지 않는 상태다.
- **기억착오**: 방어의 목적으로 무의식적으로 거짓 기억을 하는 것이다.
- **기시감과 미시감**: 기시감은 낯선 것을 전에 본 것같이 느끼는 현상이며, 미시감은 전에 알고 있는 것을 생소하게 느끼는 것이다.

2) 정신건강문제

사회복지 분야는 인간의 삶에서 영유아기부터 노년기에 이르기까지 매우 폭넓은 분야를 포괄적으로 다루고 있기 때문에 정신건강문제도 생애주기별로 살펴보는 것이 필수적이다. 사회복지사에게 도움을 주기 위하여 아동기, 청소년기, 성인기, 노년기 등 주요 발달주기별 정신건강문제를 정리하면 다음과 같다.

(1) 아동기 정신건강문제

캐너(Kanner, 1943)는 영아자폐증에 관한 연구로 아동 초기의 정신병리에 대한 연구의 계기를 마련하였다. 아동기 정신건강문제의 원인은 복합적인데, 기질적 요인으로는 유전, 뇌손상, 질병 등이 있으며, 가정환경 요인으로는 불안정한 가족구조, 가정폭력, 만성적 가정불화, 아동 성학대를 비롯한 아동학대 및 잘못된 양육, 부모의 정신장애, 빈곤이나 부적절한 주거환경, 영양결핍, 만성적인 스트레스적 상황 등이 있다. 주요 아동기 정신건강문제로는 정신지체, 유아자폐증, 학습장애(읽기장애, 산술장애 및 쓰기장애), 발달적 근육운동장애, 의사소통장애(언어발달장애, 음성학적 장애, 말더듬기), 전반적 발달장애(자폐성장애, 레트장애), 아동기 붕괴성장애(언어기능, 사회적 상호작용, 적응행동기능, 대변이나 소변 조절기능, 놀이기능, 운동성 기능 영역 등의 손상), 아스퍼거장애(사회적 상호작용 장애), 주의력결핍 과잉행동장애(주의산만, 충동성, 흥분성 및 지나친 활동), 아동기 행동장애(반항성장애,

품행장애), 아동기 우울, 학교공포증, 틱장애, 유뇨증, 유분증, 선택적 함구증, 반응성 애착장애 그리고 상동증적 운동장애 등이 있다.

(2) 청소년기 정신건강문제

청소년기는 급격한 신체발달과 더불어 스트레스와 정서적 변화가 많은 시기다. 에릭슨(Erikson, 1963)은 청소년기를 정체성 대 정체성 혼돈의 발달단계라고 하였다. 설리번(Sullivan, 1953)은 청소년기를 세 단계로 구분하였는데, 청소년 이전 시기는 친숙한 또래관계가 형성되고 미래 모든 애정관계의 원형이 된다. 청소년 초기는 동성친구에서 이성친구와의 인간관계로 옮겨 가고 쾌락에 대한 갈망이 나타나며, 인간관계에서 책임감이 문제가 될 수 있다. 청소년 후기는 상징적 추리와 교육 및 장래의 직업에 대한 도전이 생기는 시기다.

청소년기 정신건강문제는 유전적 원인, 선천적 체질, 스트레스적 경험이 상호 작용하여 발병하게 된다. 주요 청소년기 정신건강문제는 적응반응문제, 청소년기 행동장애(주의력결핍 과잉행동장애), 청소년기 품행장애(공격성, 재산파괴, 사기, 도둑질), 청소년기 물질남용, 청소년기 우울, 섭식장애, 정신분열증, 양극성장애, 청소년기 강박장애 등이 있다.

(3) 성인기 정신건강문제

성인기는 청소년기 이후부터 노년기 이전까지의 시기로 주요 발달과제는 인간관계다. 에릭슨(Erikson, 1963)에 따르면, 자아정체감을 확립하고 친밀감을 발달시키는 시기이며, 타인과 적절한 관계를 형성하고 사랑하며 결혼을 통해 가정을 형성하고 자녀를 낳아 양육하는 시기다. 성인기 중 장년기는 직업생활이 큰 의미를 갖는 시기로서 직장 내의 인간관계, 과도한 업무, 신체적 피로가 스트레스로 작용하여 정신건강에 부정적인 영향을 미친다. 성인기의 주요 정신건강문제로는 성격장애, 심인성 정신장애(가족의 사망이나 실직과 같은 충격으로 나타나는 일시적 현상), 정신신체적 증상, 불안장애, 우울장애, 정신분열병, 양극성장애 등이 있다.

(4) 노년기 정신건강문제

노인의 평균수명 증대와 전체 인구에 대한 노인인구의 비율이 증가하면서 노인의 정신건강문제에 대한 관심이 늘어 가고 있다. 노인에게는 일반적으로 네 가지 어려움이 있는데, 노화에 따른 질병, 퇴직에 따른 빈곤, 가족 또는 배우자의 상실에 따른 고독, 사회적 역할 상실에 따른 무위의 문제다. 이러한 문제는 노인의 정신건강문제를 야기하는 요인이 되곤 한다. 노년기의 주요 정신건강문제로는 망상장애(피해망상, 신체망상), 치매(서양—알츠하이머형, 동양—혈관성 치매, 섬망—급성적인 의식의 혼탁으로 집중력과 지각장애, 사고장애, 기억력장애, 지남력장애 및 언어장애 동반) 등이 나타난다.

5. 정신건강문제의 해결방안

다양한 정신건강문제를 해결하기 위해서는 정책적인 거시적 측면과 실천적인 미시적 측면의 방안을 검토하고 대안을 제시하는 것이 중요하다. 정신건강서비스의 양적, 질적 향상을 위한 방안을 제시하면 다음과 같다.

1) 인식전환 및 권익증진

정신질환에 대한 인식전환 및 정신질환자 권익증진이 요구된다. 이를 위해 정신건강시설의 정신질환자 인권보호 대책을 강구해야 하며, 기타 정신질환자 인권침해방지 및 권익보호, 정신보건법령에 규정된 입원요건 및 절차 준수, 진정함 설치 · 운용 등 지도 · 감독 강화, 협회와 단체 등을 통한 자율적인 정신질환자 권익보호활동 유도 등이 이루어져야 한다. 또한 정신질환 편견해소 및 인식개선을 위한 교육과 홍보 등이 필요하다.

2) 지역사회 중심의 서비스 제공

지역사회 중심의 종합적인 정신건강서비스 제공이 필요하다. 정신건강센터 확충 및 운영지원을 통해 지역사회 내에서 정신질환자 조기발견, 상담, 치료, 재활 및 사회복귀를 촉진할 수 있는 정신질환자 관리체계를 구축하고, 자살예방대책을 수립·시행하며, 사회복귀시설도 확충해야 한다. 알코올 중독자에 대한 치료·재활체계 강화도 필요하다.

3) 조기발견체계 구축

청소년 정신건강 조기검진 및 조기중재를 통하여 청소년의 주요 정신건강문제를 조기에 발견하여 사례별로 맞춤형 사후관리서비스를 제공해야 한다. 이를 통해 청소년 정신건강 증진 및 건전한 성장을 도모하고 학교, 보건소, 정신건강센터, 의료기관 등 상호연계 및 의뢰체계를 구축하며, 고위험군 청소년에 대한 낙인에 주의하여 지속적이고 포괄적인 서비스를 제공해야 한다.

4) 정신건강시설 개선

정신건강시설의 요양 및 치료환경을 대폭 개선한다. 정신요양시설 운영을 내실화하고 여건을 개선하며, 정신의료기관 치료환경을 개선하여 양질의 정신의료서비스를 지속적으로 제공하고, 자발적 입원을 유도한다. 또 입퇴원 시 절차 준수 등의 관리 철저, '격리 및 강박지침' 준수 등으로 정신질환자 치료환경의 효율적운영, 지도·감독을 강화한다.

5) 서비스 대상과 내용의 편중 극복

서비스 대상과 내용의 편중성을 극복해야 한다. 우리나라 대부분의 정신건강

관련 서비스 대상이나 내용은 만성 정신장애인에 집중되어 있어 일반인의 정신건
강이나 예방까지 포괄할 수 있는 서비스는 극히 제한적이다. 따라서 정신건강센
터에서는 일반인을 대상으로 하는 정신건강서비스 프로그램을 개발하여 시행해
야 한다.

6) 전달체계 강화

정신건강사업 기반 구축으로서 정신건강서비스 전달 및 연계 체계 강화, 중앙
및 지방 정신건강사업지원단 기능 활성화 및 연계체계를 강화해야 한다. 즉, 중앙
정신건강사업지원단은 지역사회 정신건강사업의 기획 및 조정에 대한 지원, 지역
사회 정신건강사업에 대한 평가, 정신건강 관련 기관·시설의 운영 및 연계 체계
구축을 위한 지원, 정신건강사업 관련 조사 및 통계 생산, 기타 보건복지부 장관
이 필요하다고 인정하는 사항을 담당하도록 한다. 그리고 지방정신건강사업지원
단은 지방자치단체 지역사회 정신건강사업에 대한 업무개발 및 기술지원, 지역보
건의료 계획과 연계하여 지역사회 정신건강사업계획안 수립, 지방자치단체 지역
사회 정신건강사업 및 정신건강시설에 대한 평가, 지방자치단체 정신건강 관련기
관·단체 또는 정신건강시설 간의 연계체계 구축 지원, 지방자치단체 정신건강사
업의 현황 파악 및 통계, 기타 지역사회 정신건강사업과 관련하여 시·도지사가
지시하는 사항 등의 업무를 담당하도록 한다.

7) 일관된 정신건강정책

황금만능주의 시대를 살아가고 있는 국민들의 각종 스트레스를 감안한 일관성
있고 내실화된 정신건강정책이 요구된다. 정부는 정신건강의 중요성을 인식하고
정신건강시설을 증설하고는 있으나 이에 필요한 서비스 프로그램의 개발은 미흡
한 실정이다. 따라서 국민의 정신건강에 필요한 다양한 프로그램을 우리의 상황
에 적합하게 개발하여 보급하는 일이 필요하다.

생각해 볼 문제

1. 현대사회에서 건강의 개념을 논의해 보자.

2. 정신건강에 미치는 가정적 요인을 제시해 보자.

3. 정신건강에 미치는 사회적 요인을 제시해 보자.

4. 생애주기별 정신건강문제를 논의해 보자.

5. 정신장애와 관련된 최근의 동향을 의논해 보자.

🌱 참고문헌

국립국어연구원(1999). 표준국어대사전. 두산동아.

김혜련, 신혜섭(2006). 정신건강론. 학지사.

박선환, 박숙희, 신은영, 이주희, 정이경, 김혜숙(2001). 정신건강론. 양서원.

보건복지부(2024). 2014년도 정신건강사업 안내.

서울대학교 교육연구소 편(1998). 교육학 대백과사전. 하우.

임승권(1996). 정신위생. 양서원.

장연집, 박경, 최순영(1999). 현대인의 정신건강. 학지사.

조대경, 이관용, 김기중(1994). 정신위생(6판). 중앙적성출판사.

Barker, R. L. (1995). Private practice. In R. L. Edwards (Ed.), *Encyclopedia of social work* (19th ed., Vol. 3, pp. 1905-1910). NASW Press.

Brown, G. W., & Harris, T. O. (1978). *Social origins of depression: A study of psychiatric disorder in women.* Tavistock.

Campbell, S. B., & Werry, J. S. (1989). Attention deficit disorder. In H. C. Quay & J. S. Werry (Eds.), *Psychological disorders of childhood* (3rd ed.). Wiley.

Erikson, E. H. (1963). *Childhood & society.* W. W. Norton & Co.

Jourard, S. (1975). Growing experience and experience of growth. In A. Arkoff (Ed.), *Psychology and personal growth* (pp. 307-315). Allyn and Bacon.

Kanner, L. (1943). Autistic disturbance of affective contact. *Nervous Child, 2,* 217–250.

Sullivan, H. S. (1953). *The interpersonal theory of psychiatry.* W. W. Norton & Co.

Vaughn, C. E., & Leff, J. P. (1976). The influence of family and social factors on the course of psychotic illness. *British Journal of Psychiatry, 129,* 125–137.

제**4**부

사회제도문제

SOCIAL PROBLEMS···

제9장

가족문제

가족은 인간에게 가장 기초가 되는 공동체로서 한 인간의 발달 및 성장에서 매우 중요한 역할과 기능을 수행한다. 즉, 인생을 살아가는 데 있어서 기초가 되는 삶의 태도와 자세를 형성하는 데 가장 중요한 영향을 미치는 존재라고 할 수 있다. 최근 급격한 사회변화에 따라 가족 구성원들은 내부 및 외부의 다양한 문제에 당면하면서 어려움을 겪고 있다. 따라서 이 장에서는, 첫째, 가족문제의 개념, 둘째, 가족문제의 이론, 셋째, 가족정책의 동향, 넷째, 가족문제의 실태, 다섯째, 가족문제의 해결방안을 중심으로 살펴보고자 한다.

1. 가족문제의 개념

가족문제는 '가족(family)'과 '문제(problem)'의 용어가 합성된 단어다. '가족'의 사전적 의미는 '한 문화권에서 생물학적인 관계나 결혼, 입양, 기타 관습 등으로 친척의 지위를 얻은 친족 집단의 일부'라고 정의된다(한국브래태니커, 2007). 파슨스(Parsons, 1951)는 가족은 '결혼제도에 따라 결합된 한 쌍의 부부와 그 자녀로 이루어지며, 가족원 각자는 주어진 성 역할에 따라 구분된 역할을 수행한다'라고 정의하였다. 레비스트라우스(Levi-strauss, 1971)는 가족을 '결혼을 통해 형성되고, 부부와 그들의 결혼을 통해 출생한 자녀로 구성되지만 다른 근친자가 포함될 수 있으며, 가족구성원은 법적 유대, 경제적, 종교적 그리고 그 외 다른 권리와 의무, 성적 권리와 금기, 애정, 존경 등 다양한 심리적 감정으로 결합된 것이다'라고 정의한다[최경석 외(2000)에서 재인용]. 세이버트와 윌레츠(Seibert & Willetts, 2000)는 가족은 '동거를 통해 정서적 지지를 유지하거나 법적 혹은 생물학적 결합을 통해 빈번한 접촉을 유지하는 적어도 두 명 이상의 개인들'이라고 정의하였다. 최경석 등(2006)은 가족을 '동일한 가구에 거주하고, 가족생활을 유지하기 위한 특정한 역할과 지위를 가진 자들의 체계'라고 정의한다.

'문제'의 사전적 의미는 물어서 대답하는 제목, 해답을 요구하는 물음, 연구·토론하거나 해결해야 할 일, 사회적으로 주목을 끌어 화제로 되는 일이다(국어사전 편찬위원회, 2002). 따라서 가족문제는 동거를 통해 정서적 지지를 유지하거나 법적 혹은 생물학적 결합을 통해 빈번한 접촉을 유지하는, 적어도 두 명 이상의 개인으로 이루어진 체계에서 발생하여 사회적으로 주목을 끌어 화제가 되는 일이라고 할 수 있다.

가족문제를 파악하는 데 원인을 분석하는 것은 매우 중요한 사항이다. 가족문제의 원인을 정확히 파악하면 해결방안을 모색할 때 유용한 정보를 얻을 수 있기 때문이다. 힐(Hill, 1949)은 가족문제는 세 가지 구분방법에 따라 다양하게 나타날 수 있다고 하였다. 첫째, 문제의 원인이 가족 내적인 것과 가족 외적인 것, 둘째, 문제의 원인이 가족구성에 변화를 가져오는 것, 셋째, 문제에 영향을 주는 사회적 사건의 종류 등이 그것이다. 또한 서스맨(Sussman, 1974)은 가족구성원의 변화에 초점을 맞추어 다음과 같이 가족문제의 원인을 구분하였다.

- 가족의 감원문제: 부모·부부 또는 자녀의 사망, 자녀세대의 독립, 질병에 따른 장기입원, 별거, 실종 등
- 가족의 증원문제: 원하지 않은 임신, 가출 및 실종자의 귀가, 재혼, 입양 등
- 가족원의 문제행위: 경제적 부양의 중단, 불구, 알코올·마약 중독, 폭력, 범죄와 비행 등

- **문제행위에 따른 가족원의 증감:** 혼인 외 출생아, 가출, 유기, 이혼, 수감, 자살 또는 타살 등

짐머만(Zimmerman, 1995)은 가족복지의 대상이 되는 가족문제의 영역으로 미혼모, 가정폭력, 가족의 권위상실, 가족해체, 가족구성원의 건강문제, 소득 불평등, 빈곤, 부랑인, 자살, 약물남용, 복지 의존성, 실업, 알코올남용, 부적절한 건강보호, 장기보호, 폭력과 범죄, 정부개입의 비합리성, 낙태, 학교 성교육, 아동보호 부족, 학교교육, 성차별과 인종차별, 노동요구, 부적절한 서비스체계, 서비스 전달능력 부족, 가족가치의 붕괴 등의 문제를 들고 있다.

이상에서 살펴본 것과 같이 가족문제의 원인을 크게 나누면 가족 내적 원인과 가족 외적 원인으로 나눌 수 있다. 가족 내적 원인은 가족 간의 갈등을 유발하여 가족관계를 악화함으로써 개인의 인격형성에 매우 부정적인 영향을 끼치고 심각한 가족해체를 초래할 수 있다. 가족 외적 원인은 정치, 경제, 사회, 문화, 자연재해 등의 환경적 요소 때문에 가족 전체가 위기에 처하게 만든다. 그러나 가족 전체가 어려움에 빠짐으로써 어려움을 주기도 하지만 외부의 어려움에 대처하기 위해 가족결속력이 강화되는 측면도 있다.

2. 가족문제의 이론

가족은 최소의 사회체계이나 그 어느 체계보다도 복잡하고 많은 문제를 지니는데, 이는 가족 개개인이 갖는 특성이 매우 다양하기 때문이다. '세 살 버릇 여든까지 간다'는 속담처럼 가족관계는 한 인간의 기본적인 버릇(성격, 태도, 습관, 가치관 등)을 형성하는 데 거의 결정적인 기능을 한다. 따라서 가족문제는 한 인간의 성장발달에 매우 중요한 영향을 미치므로 사회복지사는 이를 다양한 측면에서 검토할 수 있어야 한다. 여기서는 가족문제의 원인과 가족문제에 대한 다양한 관점을 살펴보기로 한다.

가족이라는 체계는 누구나 알고 있는 체계라는 특성을 가지고 있어서 과학적인 접근을 하는 데 오히려 어려움이 있다. 따라서 가족문제를 이해하기 위해서는 가족연구의 다양한 관점에 대한 이해가 필요하다. 여기서는 가족 이해에 도움을 주는 몇 가지 이론을 살펴보고자 한다.

1) 가족발달이론

가족발달이론(family developmental theory)은 가족의 생활과정과 함께 가족변화를 명백하게 다루기 위해 형성되었다. 가족발달이론의 주요 관심사는 가족의 단순한 변화가 아닌 발달을 설명하고자 가족체계의 종단적인 경로에 초점을 맞춘다. 즉, 가족생활주기와 가족이 한 가족으로서 거치는 각 단계에서 그들이 직면하는 역할인 발달적 과업에 초점을 맞추는 것이다(최경석 외, 2006). 대표적인 가족발달이론가인 듀발(Duvall, 1977)에 따르면 개인과 마찬가지로 가족도 일정한 가족생활주기 단계에서 발생하는 발달과업을 갖는다. 듀발(Duvall, 1977)은 가족의 발달과업을 '가족생활의 특정 단계에서 발생하는 성장에 대한 책임으로서 이것이 성공적으로 달성되면 만족을 가져오고 그 이후의 발달과업을 성공적으로 이끌지만, 실패하면 가족이 불행해지고 사회적으로 인정을 받지 못하며, 그 이후의 발달과업에 어려움을 가져오는 것'으로 정의한다. 개인이 발달주기에 따라서 오는 위기를 슬기롭게 극복하면 좋은 결실을 거두듯이, 가족도 발달주기에 따른 위기를 경험하게 된다. 결혼 전, 결혼 초기, 자녀 출산 전후, 사춘기 자녀, 중년기 자녀와의 분리, 노년기 등 각 발달주기에 따른 문제를 이해하고 대처하고자 하는 것이 가족발달이론의 관점이라고 할 수 있다.

2) 가족체계이론

가족체계이론(family system theory)에서는 가족을 상호 관련된 부분이나 하위체계의 연합체로 본다. 즉, 가족은 배우자 하위체계(spousal subsystem), 부모-자녀

하위체계(parent-child subsystem), 부모 하위체계(parental subsystem), 개인적 하위체계(personal subsystem)를 포함한다. 체계란 하나의 통일적 전체를 구성하는 상호 관련된 부분의 집합으로, 체계의 한 요인이 변화하면 다른 요인도 따라 변화하며, 그 변화가 다시 처음의 변화요인에 영향을 준다.

보웬(Bowen, 1978)은 가족 내 문제가 발생하는 것은 개인과 상호작용하는 일련의 가족체계적 증상이며, 가족원의 지적 체계와 정서체계가 분화되지 못한 경우에 발생한다고 보았다. 미누친(Minuchin, 1974)은 가족을 가족 내에 존재하는 하위체계를 중심으로 기능하는 체계로 본다. 가족원은 체계의 대상이 되며, 가족원은 필요에 따라 연합하면서 가족원 수, 성별, 세대에 따라 다양한 하위체계를 갖는다. 가족원은 가족체계의 상호작용 패턴과 가족의 규칙에 따라 통제받기도 하고 영향을 받기도 한다. 가족체계이론은 가족 간의 문제를 각 체계 간 또는 각 체계별로 분석하여 해결방안을 모색하는 데 도움을 준다.

3) 구조기능주의

구조기능주의(structural functionalism)는 사회가 유기체처럼 상호의존하는 여러 부분으로 되어 있고, 각 부분은 사회 전체가 유지될 수 있도록 각기 기능을 수행한다는 것이다. 구조기능주의 가족이론에서 핵심 주제는 가족과 전체 사회의 관계 그리고 가족과 가족구성원의 관계다. 즉, 가족이 전체 사회에 대하여 어떤 기능을 하고 있고, 또한 가족구성원에게는 어떠한 기능을 하고 있으며, 가족구성원에게는 어떠한 기능을 가지고 있는가 하는 문제가 제기되는 것이다. 개인은 가족에게 영향을 미치고 가족은 개인에게 영향을 미친다는 것으로서, 구체적인 예를 들면 남편은 아내에게 영향을 미치고 아내는 남편에게 영향을 미친다는 것이다. 또한 부모는 자녀에게 영향을 미치고 자녀는 부모에게 영향을 미치며, 각자의 기능을 수행한다. 이렇게 가족문제를 상호의존적인 관점에서 분석하고 대안을 모색하는 것이 구조기능주의 관점이다.

4) 사회변동이론

사회변동이론(social change theory)에서는 사회는 잠시라도 정지된 상태에 있지 않고 항상 변동한다고 본다. 즉, 사회는 고정적인 구조나 질서에 머무르거나 동일한 규칙적인 과정을 반복하는 것이 아니라 여러 가지 사회적 구성요소 간의 모순과 대립 및 부조화의 갈등 속에서 변동과정을 부단히 밟는다. 이와 같이 사회변동은 사회에 현존하는 질서, 체제, 개념, 가치의 내용이 전체 또는 일부가 변화하는 과정이다. 한 사회의 구조, 질서, 구성요소가 어떤 내부적·외부적 요인에 따라 부분적, 전체적 또는 단기적, 장기적으로 변화하고 있는 과정을 의미하는 것이다. 이러한 사회변화는 눈에 보이지 않게 계속 진행하므로 눈에 보이지 않는 혁명(invisible revolution)이라고도 말한다(김영모, 1972, p. 295). 따라서 최소의 사회단위 중 하나인 가족도 예외가 아니다.

가족도 가족구성원이나 가족 외부의 요인에 따라 가족구성원 하나하나 또는 전체가 변화하면서 이 변화에 적응하는 가족과 그렇지 못한 가족 간에 갈등과 문제가 발생하게 된다. 이러한 관점에서 가족문제를 연구하고 대처방안을 모색하는 것을 사회변동론적 관점이라고 할 수 있다.

5) 사회부적응이론

사회부적응이론(social maladjustment theory) 입장인 길린(Gillin, 1926)은 기본적으로 사회병리는 개인과 사회구조 사이의 부조정관계에서 발생한다고 본다. 인간이 어느 특정한 사회체계에서 생활하는 경우 개인과 사회구조 사이에 집단의 존속과 개인의 기본욕구 충족이 현저하게 저하되어 문화의 구성요소 사이에 충돌이 발생하기도 하고, 기능적으로 사회적 결합이 파괴되는 상태, 즉 부적응이 일어나기도 한다. 많은 가족은 언제나 자연적·사회적 환경에서 오는 위험 아래서 생활한다. 이러한 사회적 위기와 타격을 어떤 가족은 내부적 융화와 단결로 무난히 극복하고 방지해 내는가 하면, 어떤 가족은 외부적 타격을 받고 쉽사리 내부적 파괴를 일으킨다. 힐(Hill, 1949)은 이러한 가족을 위기경향적 가족(crisisprone family)이라고 하였다. 현대사회는 전통사회에서 빠르게 변화하고 있다. 이러한 변화에 적응하지 못해서 오는 가족 간의 갈등을 분석하고 대처방안을 모색하는 것이 사회부적응론의 주요 관점이라 할 수 있다.

3. 가족정책의 동향

1) 국외 동향

최근 선진국의 주요 가족문제는 1980년대 들어오면서 인구와 가족제도의 변화를 통해서 양성평등, 세대 간 평등, 부의 재분배 문제 측면에서 조명되고 있다. 먼저 전반적인 인구 감소, 특히 생산연령 인구의 감소와 고령화, 결혼 감소, 이혼 증가 등의 인구학적 변화는 노동시장의 변화를 이끌어 여성의 노동 참여를 촉진하였다. 또한 높아진 결혼연령, 출산 기피, 무자녀 가족의 증가 및 가족규모의 감소로 자녀 출산 및 양육이 사회문제로 부각되어 왔다.

이러한 문제는 선진국이 공통으로 경험하는 주요 가족문제다. 이에 따라 선진국은 가족복지정책으로 다양한 현금급여나 가족서비스 제도를 도입하고 있다.

1980년대 이후 신자유주의 이념의 강세로 사회복지제도를 정비하면서 가족에 대한 관심이 강화되었는데, 노동과 가족생활의 공유, 맞벌이와 가족관계의 성평등 추구라는 두 가지 정책방향이 핵심으로 부상하는 가운데 다음과 같은 변화가 일고 있다.

- 부부공동과세에서 개인과세로의 전환이다. 프랑스나 룩셈부르크는 가족이나 가구 단위로 과세하나, 영국, 덴마크, 핀란드, 스웨덴 등은 개인과세를 함으로써 기혼부부와 동거커플에 대한 세제혜택상의 차별을 줄였다.
- 법률혼 커플과 사실혼 커플 간의 가족 관련 급여에 관한 차별 완화다. 1980년대

이후 동거 커플이 증가함에 따라 1990년대 이후로는 점차 가족 관련 급여와 관련해서 동거와 합법적 결혼에 별다른 차별을 두지 않는 방향으로 변화하고 있다.

• 가족수당의 변화다. 가족수당은 1930년대에 벨기에, 프랑스, 이탈리아, 스페인, 네덜란드가 도입하였으며, 그 뒤 1940년대와 1950년대에 대부분의 유럽 국가가 도입하였다. 초기 가족수당제도는 보편성의 원칙에 입각하여 모든 가족에게 제공되었으나, 점차적으로 특수 가족이나 저소득층 가족의 소득 보조로 전환되면서 가족의 경제적 수준에 따라 차별적 지원을 하도록 바뀌었다(김혜경 외, 2006).

• 한부모가족의 급증에 따른 대책 강화다. 덴마크, 독일, 그리스, 프랑스, 아일랜드, 스웨덴, 영국은 1990년대 중반 들어 한부모가족의 특수한 욕구를 인정하여 저소득 한부모에 대한 급여체계를 수립하였다. 가령, 프랑스에서는 한부모라 할지라도 아동을 부양하는 데 어려움이 없도록 지원하고, 영국이나 독일에서는 한부모가족이라는 사실 자체가 사회부조나 소득 지원의 선행 자격으로 분류된다.

• 전통적 가족기능 유지와 재생산 독려제도 강화로 신자유주의와 가족중심주의를 강조하는 국가는 현재의 가족을 유지·강화하는 방향으로 정책을 확대하고 있다. 호주는 '가족강화'를 강조하고 영국이나 미국, 일본은 가족책임을 강화하는 재가복지서비스를 강조한다. 미국, 일본, 캐나다에서는 비자발적 무자녀 가족에 관심을 보이고 있으며, 스웨덴이나 북유럽 국가는 이미 오래전부터 국가개입을 통한 양성평등정책을 통해 출산율을 증대시키는 데 기여하고 있다.

2) 국내 동향

우리나라는 전통적으로 가족을 다른 가족구성원을 보호할 의무와 책임을 가진 주체로 이해해 왔다. 가족 누군가가 어려움에 처하면 당연히 가족이 힘을 모아 해결해야 한다고 생각한 것이다. 사회복지제도의 역사를 보면 가족이 해결하지 못하는 부득이한 상황에 처했을 때 소극적으로 사회와 국가가 개입해 왔으며, 이러한 개입도 가족단위보다는 개별적이었다. 한국전쟁 이후 전쟁고아를 위한 외원으로 시작한 사회의 개입은 정부수립 이후 겨우 제도를 도입하기 시작하였다. 1980년대는 장애인복지, 1990년대는 노인복지 등 가족의 일원 중 가족에서 일탈하거나 보호능력이 상실된 가족구성원에게만 소극적으로 최소한의 개입을 함으로써 가족정책이라는 것은 찾아보기 어려웠다. 그러나 저출산 고령화 시대의 도래, 맞벌이 부부의 증가, 이혼율과 다양한 가족형태의 증가로 가족을 단위로 하는 정책을 수립하기에 이르렀다. 즉, 2004년 「건강가정기본법」의 제정 및 시행을 통하여 가족복지의 법적 근거가 정립되었다.

2005년에는 여성부가 여성가족부로 명칭을 변경함으로써 가족 관련 정책과 행정체계가 구체화되면서 가족정책이 강화되는 계기가 되었다. 여성가족부는 5년마다 '가족정책기본계획'을 수립하기로 하고 한국여성개발원에 의뢰하여 2006~2010년까지 1단계 계획을 수립하고 추진하였다. 현재 한국의 가족복지정책은 전체로서의 가족을 단위로 하는 급여가 거의 없으며, 가족보호에 대하여 국가책임보다는 가족책임을 강조하는 가족중심적 색채가 강하고, 보편적 가족복지정책의 기본이라 할 수 있는 조세방식의 가족수당이 없다는 특성을 지닌다(최경석 외, 2006).

우리나라의 가족복지서비스는 일반적으로 특수한 욕구를 가진 가족구성원의 특별한 문제를 취급하는 가족복지기관의 서비스 활동에 국한되어 구호사업이나 시설보호사업을 위주로 실시하는 등 잔여적 성격이 강한 경향이 있었다. 따라서 가족복지서비스의 대상범위는 대부분 사회취약계층에 속하는 개인에 한정되어 있고, 국가의 개입 시기 및 내용도 사전 예방적이기보다는 사후 치료적 성격을 띤다(이영분, 양심영, 1999; 조흥식 외, 2010). 이러한 서비스는 2004년 제정되어 2005년 1월 1일부터 시행 중인 「건강가정기본법」에 따른 건강가정지원센터에서 하고 있고, 2008년 3월 21일부터 시행 중인 「다문화가족지원법」에 따른 다문화가족지원센터에서 하고 있다. 건강가정지원센터와 다문화가족지원센터는 가족센터로 명칭을 일원화하여 통합하는 과정에 있다. 2017년 「장애인복지법」의 개정을 통해 장애인가족지원 항목을 신설하여 장애인가족지원센터에서 지원하고 있는데 광역자치단체로부터 지방자치단체까지 점차 확대 설치되고 있다. 또한 「한부모가족지원법」은 1989년 4월 1일 법률 제4121호에 의해 「모자복지법」으로 제정되었다가 2002년 12월 18일 법률 제6801호로 「모·부자복지법」으로 개정되었고, 2007년 10월 17일 법률 제8655호에 따라 「한부모가족지원법」으로 명칭이 변경되어 한부모가족지원센터가 건립되고 있다. 이러한 센터는 정부 지원하에 민간단체에서 서비스를 제공하고 있다.

가족복지서비스의 예로는 가족상담(치료), 가족보호서비스, 가족생활교육, 가족계획사업, 가족옹호, 가족보존과 보호서비스, 가정조성사업, 가정폭력예방과 치료서비스, 독립생활 프로그램, 그룹홈, 단기쉼터, 휴일가정위탁보호 등이 있다.

4. 가족문제의 실태

앞서 가족문제를 바라보는 다양한 관점이 존재한다는 것을 확인하였다. 급속한 사회변화가 가족에게 미치는 영향은 매우 크며, 이에 따라 가족문제는 매우 다양하게 나타난다. 특히 우리나라는 매우 짧은 기간에 엄청난 사회변화를 겪음으로써 각 가족구성원이나 가족제도가 이를 따라가지 못하여 발생하는 문제가 매우 많다. 이러한 다양한 문제에 따른 가족문제의 유형을, 첫째, 가족 내부의 역동과 관련된 가족 내적 요인에 따른 문제와 둘째, 가족을 둘러싼 외부환경과 관련된 가족 외적 요인에 따른 문제로 나누어 살펴보고, 각 유형별 문제점을 알아보고자 한다. 한국 사회는 역사적으로 유례가 없는 변화의 중심에 서 있다. 이러한 변화는 가족에게 영향을 미쳐 각 가족은 가치관의 혼돈 속에서 적응하느라 힘들어하고 있다. 이 때문에 파생되는 가족문제는 매우 다양하게 나타나고 있는데, 이는 인간에게 가장 안전한 장소 중 하나인 가정이 점차적으로 위험에 노출되고 있는 것이다. 가족을 보호하고 오락과 휴식이 있는 공간이 그 기능을 빠르게 상실해 가고 있다. 우리나라는 전통적으로 가족을 소중히 여겨 왔으나, 이혼의 급증이나 존속 살해 등이 늘어나 예전의 가족기능은 급격히 상실되고 있다. 이에 따라 가족 내부의 각 하위체계의 역동성 가운데 발생하는 문제를 조명해 보기로 한다.

1) 가족 내적 요인에 따른 문제

(1) 부부문제

전통적인 부자관계 중심의 수직적 가족관계가 부부관계 중심의 수평적 가족관계로 중심축이 옮겨 가면서 부부갈등에 따른 부부문제가 급증하고 있다. 부자관계 중심의 수직적 가족관계에서는 남편이 경제활동을 하면서 경제권과 의사결정권 등을 독점하고, 아내는 가사와 육아에 많은 시간을 할애하고 남편에게 경제적으로 의존하였다. 근래 들어 부부관계 중심의 수평적 가족관계로 전환되면서 여성의 교육기회 확대와 경제활동 참여 증가로 경제권과 의사결정권이 상대적으로 강화되었다. 하지만 역할분담에서는 여전히 성차별적인 수준에 머무르고 있다. 평등한 부부관계의 욕구는 높아지는 데 비해 역할분담은 전통적인 관습에서 크게 벗어나지 못하고 있는 것이다. 이러한 현상은 역할모델이었던 부모세대에게서 학습한 것이 지속적으로 나타나기 때문이라고 할 수 있다. 특히 남성은 전통적으로 경제활동만을 주된 남성의 역할로 인식하고 다른 부분에서는 상대적으로 무관심하기 때문에 여성의 의식변화에 적응하지 못하는 점이 부부관계에서 큰 문제로 대두되고 있다. 이와 같은 문제는 대화문제, 심리정서문제, 친밀감문제, 신뢰문제, 성문제, 재정문제 등 부부관계에 관련된 다양한 문제의 근원이 되고 있다.

(2) 부모부양문제

전통적으로 우리나라 부모는 젊은 시기에는 자녀양육을 위해 희생하고, 노년기에는 자녀, 특히 아들과 며느리의 부양(동거)을 받으며 생활하는 것을 당연하게 생각해 왔기에 고부간의 갈등이 파생되기도 하였다. 그러나 성인자녀의 부모부양(동거)에 대한 의무감 감소로 부양(동거)을 기피하면서 자녀양육에 헌신한 부모세대와의 갈등이 심각한 사회문제로 부각되고 있다. 최근에는 맞벌이 부부의 증가로 자녀양육문제가 대두되자 딸이 부모와 동거(부양)하는 사례가 증가하면서 장모-사위 또는 장인-사위 관계도 불편해지는 일이 증가하고 있다. 또한 자녀 간 부모부양 책임문제가 형제자매 간의 갈등요인이 되어 가족문제의 주요 현안으로 대두되기도 한다. 노인이 있는 가족은 하나의 체계로서 주요 적응상의 도전에 직면한다. 은퇴하거나 홀로되는 것, 조부모가 되는 것, 질병 등의 변화는 가족의 지지와 상실에 대한 적응, 그리고 방향의 재설정과 재조직을 요구한다. 노년기에 나타나는 전환과 상실은 여러 가지 역기능의 가능성도 있지만, 이와 더불어 변화와 성장의 가능성도 함께 지닌다는 점을 간과해서는 안 된다. 그러나 일반적으로 가족이 노년기의 전환에 적응하는 데는 여러 가지 문제가 복잡하게 얽혀 있다(김유숙, 2006). 부모부양의무를 갖고 있는 자녀세대들이 부모세대를 이해할 수 있는 사회적 교육이나 정보제공이 필요한 상황이라고 할 수 있다.

(3) 자녀양육문제

혈통주의가 강함에 따라 학령전기의 자녀를 가정에서 양육하는 것을 절대시해 왔으나, 기혼여성의 사회진출에 따라 자녀양육문제는 중요한 가족문제가 되었다. 많은 학자가 아동이 태어난 초기에 어머니와 아동 간 애착관계의 중요성을 강조하고 있으나, 기혼여성의 사회진출에 대한 제도적 인프라가 부족한 우리나라에서는 자녀양육문제가 매우 심각한 사회문제가 되고 있다. 또한 핵가족화로 자녀양육에 대한 모델링의 경험이 부족한 젊은 부모에게 자녀양육에 대한 자신감과 실질적인 상호작용 능력이 부족한 것도 자녀양육에서 중요한 문제로 부각되고 있다.

아동 초기에 부모와 적절한 상호작용을 이루지 못한 자녀세대와 자녀양육에서 자신감을 갖지 못한 부모세대는 자녀의 사춘기에 들어서 극심한 갈등을 맞게 되고, 이는 자녀 가출의 요인이 되기도 한다. 더욱이 이 시기는 부모도 중년기에 접어들면서 자신의 인생에 대한 회의가 일어나는 때이기도 하여 자기관리가 부족하거나 사회적인 실패를 경험하고 있는 부모는 자녀양육에서 자신감을 상실할 우려가 있다.

그리고 성인이 된 이후에도 자녀가 경제적으로나 정서적으로 독립하지 못하는 일이 점증하고 있다. 사회가 심한 경쟁체계로 접어들면서 자녀가 지속적으로 부모에게 경제적으로나 정서적으로 의존함으로써 부모와 자녀의 관계가 불편해지는 경우도 증가하고 있다. 심지어는 결혼 후에도 경제적·정서적 분리가 이루어지지 않아 원가족과 연계되어 의존하는 문제도 대두되고 있다.

(4) 친족문제

전통사회에서 결혼은 선남선녀의 '일대일 결혼'이 아니라고 해도 과언이 아니었다. '가문 대 가문'의 결혼이라 할 수 있을 정도로 결혼은 본인의 의사보다는 가문의 의견이 존중되어 왔다. 그러므로 결혼으로 맺어진 친족 간의 관계는 매우 중시될 수밖에 없었다. 그러나 산업사회 이후로 핵가족화되면서 가족 간의 관계가 약화되고 친족 간의 관계는 더욱 약화되었다. 따라서 전통적인 사고를 하는 세대와 현대적인 사고를 하는 세대 간에 친족을 바라보는 견해가 달라지면서 가문 또는 가족 내에서 친족 간의 문제가 심각하게 대두되고 있다. 이러한 문제로 민족의 명절인 추석이나 설에 가문의 재산분배나 관리문제로 친족 간의 문제가 첨예하게 대립됨으로써 갈등이 증폭되는 경우를 볼 수 있다. 친족관계는 이처럼 갈등이 발생하기 쉽지만, 한국 가족의 특성상 협력 또한 용이하기 때문에 이 관계에서 다양한 원조를 받기도 한다. 그러나 친족 간의 관계 교류 역시 가부장적인 관습이 남아 있어 남성 쪽의 친족에 편향되는 특징이 있다(여성부, 2004). 친족문제는 전통적으로 유교의 영향이 크고 유림(儒林: 유학을 신봉하는 선비의 무리)이 미치는 영향이 크므로 유림의 사고전환과 이를 위한 사회적 계몽운동이 수반되어야 할 것이다.

(5) 가정폭력문제

가족관계에서는 다양한 유형의 학대와 폭력이 발생할 수 있다. 흔히 관심의 대상이 되는 것은 아내학대, 아동학대, 노인학대 등으로 그 유형도 정신적인 학대와 신체적인 폭력 등 다양할 수 있다(최경석 외, 2006). 미국의 소아과의사 켐페

(Kempe, 1961)는 골절, 타박상, 영양실조 등으로 아동이 사망하거나 아동에게 영구적으로 장애를 남게 한 것을 피학대아 증후군으로 발표하여 세간의 관심을 받았다. 이처럼 학대를 받는 아동은 건강상태가 표준 이하였으며, 부모에게서 사랑을 받지 못했다는 증거가 많이 나타났고, 부모와 격리되어 입원을 하면 새로운 외상이 나타나지 않았다. 초기의 연구에서는 구타하는 부모 자신이 어린 시절에 애정이나 보호를 받은 경험이 없고, 체벌을 버릇 들이기의 적절한 수단으로 생각한다고 보았다[Newberger(1982)에서 재인용]. 그러나 최근에는 학대받은 아동에게도 공격적인 성향이 강하여 부모가 주는 신체적인 벌이 아동의 공격성을 불러일으키며, 이러한 반항적인 행동이 또다시 부모의 학대를 초래할 가능성이 높다는 순환적 관점에서의 연구도 발표되었다. 다시 말하면 아동학대를 부모와 자녀의 상호작용적 과정의 소산으로 보는 경향이 늘어나고 있다(김유숙, 2006).

이와 같이 가정폭력문제가 심각한 상황임에도 한국에서는 이 문제가 단순한 가족 내부의 문제로 취급되는 경향이 있어 더욱 문제가 된다(여성가족부, 2005a). 전통적인 가족주의 때문에 실제적으로 많은 폭력이 발생함에도 신고와 같은 실질적인 대처행동을 하지 않음으로써 실제 파악된 것보다 많은 가정폭력이 존재할 것으로 예측되며, 신체적·심리적·정서적 상처가 클 것으로 예상된다.

(6) 약물 중독문제

가족 중에 누군가 약물이나 알코올남용의 문제를 가지고 있으면 나머지 가족에게 영향을 미치기 때문에 사회복지사는 환자뿐만 아니라 가족에 대한 상호작용 관계를 면밀히 살피고 개입해야 한다. 약물이나 알코올남용 및 중독문제는 부부나 부모-자녀 관계에 지속적인 영향을 주고받을 수 있기 때문이다. 이는 배우자 간에는 가족폭력이나 해체에 이르는 요인이 되거나 이를 조장할 수도 있으며, 자녀에게는 부정적 모델이 되어서 약물이나 알코올남용 및 중독을 학습하게 되는 문제가 있다. 이러한 문제는 비단 신체적 어려움뿐만 아니라 경제적 어려움과 정서적 어려움을 반복적으로 수반하기 때문에 사회복지사는 주의 깊게 관심을 가져야 한다.

2) 가족 외적 요인에 따른 문제

(1) 가족규모의 축소문제

1960년대와 1970년대 빠른 산업화에 따라 도시화가 이루어졌고, 도시에서 생활하는 사람은 핵가족을 이루어 생활하는 것이 대체의 현상이 되었다. 한편, 1960년대의 산아제한으로 출산율도 꾸준히 저하되었다. 2005년 조사결과 합계 출산율이 1.08명으로 집계되어 저출산 현상이 한국 사회에 정착되었음을 보여 주었다(여성가족부, 2005b). 이러한 현상은 여성의 경제활동 참여의 증가, 아동양육 부담과 출산과 양육에 소요되는 경제적 부담의 증가의 영향을 받는다. 이러한 가족규모의 축소는 가족의 안정성뿐만 아니라 인적 자원의 부족을 초래함으로써 국가적인 문제로 대두되고 있다.

(2) 가족기능의 변화문제

일반적으로 가족은 애정, 성, 생식, 양육 등 고유 기능을 통해 성적인 통제와 종족보존 및 사회구성원의 충원으로 사회에 대한 기능을 수행하였고, 생산과 소비의 기초 기능을 통해 노동력 제공과 경제질서 유지로 사회에 대한 기능을 수행하였다. 또 교육, 보호, 휴식, 오락, 종교 등의 부차적 기능을 통해 문화전달과 심리적·신체적·사회적 안정에 기여하였으나 점차 그 기능은 다양한 사회주체가 대체하고 있다. 이러한 가족기능의 변화는 가족가치관과 의식의 변화와 관련이 있는데, 최근 가장 큰 변화는 결혼과 자녀에 대한 가치관의 변화다. 결혼을 통과의례로 반드시 해야 하는 것으로 생각하는 경우가 줄어들고 있고, 자녀 출산에 대해서도 필수가 아닌 선택의 경우로 변화되고 있기 때문이다. 이제는 전통적으로 가족이 담당하던 기능을 상당 부분 국가나 사회가 담당해야 하는 시점에 이르렀다.

(3) 양극화현상문제

한국 사회에서 경제적 차원의 양극화 문제는 심각한 수준에 이르러 가족 수준에서도 발견되고 있다. 먼저 가계수지 동향을 보면 가계소득 상위 20%에 해당하는 가구와 하위 20%에 해당하는 가족 간의 소득격차는 매년 7배 이상의 차이를 유지하고 있다. 이뿐만 아니라 계속해서 증가하고 있는 추세로 가족 간 빈부격차 심화현상을 엿볼 수 있다(통계청, 2005a, 2006). 이러한 양극화 문제는 사회적인 갈등을 초래할 수 있기 때문에 이를 해소하기 위해 가족의 빈곤문제에 대한 국가와 사회적인 대책이 절실히 요구된다.

3) 다양한 가족형태에 따른 문제

(1) 맞벌이가족

여성의 교육수준 향상과 경제적인 필요 및 자아실현 욕구의 증대로 맞벌이 부부가 늘어나고 있다. 맞벌이가족은 사회생활 속에서의 남녀평등과 가사분담의 문제 그리고 부모부양 및 자녀양육의 문제를 드러내고 있다. 1990년대 중반에 들어서면서 가족문화에 점진적인 혁신이 일어났고 부부간의 역할평등, 수평적 부모-자녀 관계를 형성하려는 움직임은 있으나, 여전히 가사노동이나 부모부양 및 자녀양육의 책임은 여성의 몫이라는 의식이 강하게 남아 있어 맞벌이가족의 다양한 문제의 근원이 되고 있다.

(2) 한부모가족

최근 높은 이혼율과 각종 사건과 사고로 한부모가정이 늘어나고 있는데, 자녀의 양육을 담당한 한쪽 부모는 가족을 잘 부양하기 위해 해결해야 하는 무수히 많은 문제에 직면하게 된다. 가족구조의 형태상 한부모가족은 한쪽 부모가 아버지와 어머니의 역할을 모두 수행해야 한다는 점, 부모의 피로와 고독감이 크다는 점, 자녀는 본의 아니게 자신의 성숙 수준 이상의 역할을 해야 한다는 점 등의 역기능의 위험을 안고 있다.

(3) 기러기가족

자녀의 조기유학 붐으로 나타나기 시작한 기러기가족은 이제 단순히 유학 때문에 발생하는 것이 아니라 부모의 근무지 변경, 자녀의 학습지 변경 등 다양한 원인에 의해 가족이 흩어져 지내는 경우가 증가하고 있다. 평생직장으로 불리던 직장의 개념이 계약제 등으로 전환되면서 고정된 일터에서 장기간 근무하는 근로자수가 감소하고 이직률이 높아짐에 따라 다양한 형태의 기러기가족이 등장하고 있는 것이다. 이러한 기러기가족의 문제는 부부간 성적 · 정서적 어려움뿐만 아니라 자녀와의 상호작용 부족에 따른 자녀양육문제, 친밀감의 결여로 생기는 문제 등이 나타날 수 있다.

(4) 노인가족

자녀의 부양기피뿐만 아니라 노인 스스로 자녀와 동거를 거부하는 경우가 늘어나는 추세다. 따라서 노후를 위한 장기적인 경제적 전략 수립과 동시에 전반적인 생활설계를 통하여 주거문제나 일상생활의 형태 역시 미리 준비하고 서서히 변화시키는 자세가 필요하다. 그리고 무엇보다 정신적인 측면에서 노화에 따른 자신감의 상실과 우울을 견딜 수 있는 정신 무장과 훈련이 필요하다.

(5) 이혼 및 재혼 가족

최근 이혼에 관한 가치관의 변화, 여성의 지위 향상 및 경제력 확보 등을 배경으로 이혼이 급증하고 있다. 과거에는 결혼생활에 문제가 있더라도 자녀문제, 경제력문제, 이혼부부에 대한 부정적인 시각 등으로 이혼에 부담이 컸으나, 현재는 이혼에 대한 시각의 변화와 남녀 성역할의 변화로 이혼이 증가하고 있다(김익균 외, 2003). 또한 부부 성격 차이, 경제 및 개인주의 성향의 강화 등 사회 전반의 가치변화, 결혼과 이혼에 대한 과거 의식의 변화가 함께 나타나 앞으로도 계속하여 이혼이 증가할 것으로 전망된다.

이혼의 문제점으로는 부부의 역할상의 문제, 경제적 문제, 신체적 · 정신적 건강문제, 대인관계문제, 부모-자녀 간의 문제가 있고, 자녀에 관한 문제로는 정서적 문제, 행동적 · 사회적 문제, 학업문제, 형제자매관계 문제, 성인기에 나타나는 이혼의 영향 문제 등이 있다.

선행연구에 따르면, 학업성적 수준의 하락(Hetherington, 1979; Zill, 1988)과 분노, 공격성, 후회, 억압, 죄의식의 감정 유발, 동료와 대인관계에서의 문제(Hetherington, Cox, & Cox, 1982)뿐만 아니라 부정적 자아개념, 인지능력 저하, 비사회적 행동(Demo & Acock, 1988) 등의 문제까지 수반한다. 이혼 증가는 한부모가족의 증가뿐만 아니라 재혼가족이 증가하는 결과도 초래하며, 재혼가족은 여러 측면에서 초혼가족과는 다른 측면을 가진다. 계부모가족은 많은 상실과 변화를 겪은 후에 형성된다. 통계청(2005b)의 인구통계조사에 따르면 재혼비율은 1995년 남녀 모두 6.4%에서 2005년 14.7%로 2배 이상 늘어났을 뿐만 아니라, 배우자 중 한 사람이 재혼하는 비율도 10.5%를 차지하여 재혼이 전체 혼인 중 25.2%로 나타났다.

재혼부부는 초혼보다 재정 안정성, 자녀양육문제, 사회적 압력, 자녀양육권 문제, 외로움, 정규적인 성 파트너 등과 같은 실제적인 동기에서 재혼하려고 한다(Ambert, 1983). 과거에는 재혼 후의 계부모 관계를 문제 중심으로 접근하였으나, 최근에는 수용적이고 긍정적으로 이해하려는 경향이 증가하고 있다. 계부모 관계는 재혼 당시의 자녀 연령, 재혼 지속 연수, 자녀 수, 동거하지 않는 친부모와의 접촉 빈도 등의 변수에 따라 영향을 받는다. 브레이(Bray, 1988)에 따르면 재혼가정의 자녀에게 약간의 우울과 불안 등 내면적 행동장애나 동료관계 혹은 학업에서의 외현적 행동장애가 나타나고, 청소년의 음주율이 다소 높게 나타났다. 그리고 학업성적은 한부모가족의 경우와 비슷하고, 일반 가족의 경우보다는 다소 낮은 것으로 나타난다(Zill, 1988).

(6) 다문화가족

2020년 5월 19일 시행된 「다문화가족지원법」에 따른 "다문화가족"이란 다음 각 목의 어느 하나에 해당하는 가족을 말한다.

　가. 「재한외국인 처우 기본법」 제2조 제3호의 결혼이민자와 「국적법」 제2조부터 제4조까지의 규정에 따라 대한민국 국적을 취득한 자로 이루어진 가족

나. 「국적법」 제3조 및 제4조에 따라 대한민국 국적을 취득한 자와 같은 법 제2조부터 제4조까지의 규정에 따라 대한민국 국적을 취득한 자로 이루어진 가족

"결혼이민자등"이란 다문화가족의 구성원으로서 다음 각 목의 어느 하나에 해당하는 자를 말한다.

가. 「재한외국인 처우 기본법」 제2조 제3호의 결혼이민자
나. 「국적법」 제4조에 따라 귀하허가를 받은 자

다문화가족은 언어소통의 문제, 문화적 차이, 경제적 어려움, 가족구성원 간 갈등, 자녀교육문제 등 다양한 어려움을 겪고 있는 것으로 알려져 있다.

'결혼이민자국민의식조사'(여성가족부, 2007. 9.)에 따르면, 일반 국민은 결혼이민자가 일상생활에서 겪는 애로사항으로 '언어장벽'(1순위 기준 54.1%), '문화적 차이'(25.4%), '경제적 어려움'(6.0%), '사회적 편견'(5.6%), '학대/가정폭력'(4.3%) 순으로 제시하였다(여성가족부, 2007). '결혼 이민자 가족실태조사 및 중장기 지원 정책방안 연구'(여성가족부, 2006. 12.)와 '국내체류 외국인 기초실태조사'(법무부, 2006. 4.)에 따르면, 결혼이민자가 국내생활에서 겪는 애로사항은 '외로움' '의사소통' '문화적 차이' 등인 것으로 조사되었다.

(7) 미혼부모가족

미혼부모란 법적으로 혼인하지 않은 남녀가 성관계를 맺어 아기를 낳아 부모가 된 사람을 말한다. 미혼부는 임신 사실을 확인하면 책임을 회피하고 행방을 감춰 소식을 알 수 없는 경우가 대부분이다. 따라서 미혼모는 모든 문제를 혼자 해결해야 하는 경우가 많다. 미혼모는 신체적인 변화와 함께 불안이 심화되며 거처할 곳의 문제와 분만에 대한 공포, 분만비 문제, 태어날 아기의 양육문제, 자신의 장래에 관한 문제 등 누군가의 도움이 없이는 감당하기 어려운 위기에 직면한다.

또한 학업을 중단하거나 직장을 포기해야 하는 경우까지 생기므로 심리적 · 정서적 · 경제적 · 사회적 문제 등 복합적인 위기 상황에 놓이게 된다(김익균 외, 2003). 2007년 들어 미혼모에 대한 부정적 시각에 변화가 오기 시작하였는데, 이러한 사회적 분위기에 맞추어 『리틀맘 이야기(Life Interrupted)』(Goyer, 2007)가 출판되어 화제가 되었고, 인터넷을 비롯한 각종 언론매체에서는 미혼모라는 용어를 '리틀맘'으로 사용하기 시작하였다.

보건복지부(2007)의 통계에 따르면, 요보호 아동 발생 수 중 미혼모 아동은 일시 감소하였다가 최근 다시 증가하였다. 미혼부모는 점차 증가할 것이나 현재로서는 정상 가족이 아닌 병리적 가족으로 보는 시각이 우세하여 사회의 부정적 인식 속에서 자녀를 양육하는 데 많은 어려움이 있을 수 있다. 이러한 부정적 인식 속에서 부모는 불안감이 증폭되고, 이러한 부모에게 양육된 자녀도 부정적인 영향을 받을 수 있다.

(8) 독신가족

독신이란 미혼이나 이혼, 사별 등으로 법적 배우자가 없는 상태를 말한다. 최근 들어 우리 사회에도 독신인구가 급증하고 있으나 여전히 부정적 시각이 존재한다. 평범하지 않은 사람, 정서적 문제가 있는 사람, 성격적으로 문제가 있는 사람, 극단적 이기주의자 등으로 보는 것이다. 그러나 최근에는 결혼을 필수가 아닌 선택으로 생각하는 경향이 강해지고, 학업기간이 연장되고, 자아실현 욕구의 강화, 직업적 안정과 경제적 · 정서적 자유와 독립을 선호하는 사람이 많아지면서 독신으로 살아가려는 사람이 증가하고 있다. 통계청 조사에 나타난 1인 가구 비율을 살펴보면, 1975년 4.2%에서 1990년 9.0%, 1995년에 12.7%, 2000년에는 15.5%로서 3배 이상의 증가를 보여 준다.

이러한 독신가족은 신체적 질병뿐만 아니라 정서적 문제가 있는데, 독신 남성의 경우 자살률과 알코올 중독 등 각종 정신질환 발생률이 높다(Benokraitis, 1993; Coombs, 1991). 독신 여성의 경우는 남성에 비해 독신의 자유로움을 덜 갖는 것으로 나타났다. 독신자는 외로움, 고독, 공포감과 함께 정서적인 지지를 제공해 줄 수 있는 대상이 없어 정서적인 문제도 호소하고 있다. 독신가족은 비독신가족보다 평균소득이 낮아서 경제적인 문제를 야기할 수도 있다. 박정윤과 김진희(2002)의 연구에서 독신가족의 경제 관련 어려움은 구직의 어려움, 직장생활 중단에 따른 불안감으로 나타났다. 사회적 인식에서는 박충선(2002)의 연구에서 독신에 대한 사회적 압력은 여성보다 남성이 더 크게 느끼는 것으로 나타났고, 여성은 주변의 압력을 남성보다 적게 의식하고 있는 것으로 나타났다.

이 외에도 동성가족, 동거가족 등 매우 다양한 가족 형태가 등장하고 있다. 이러한 현상은 우리 사회에서 익숙한 가족 형태가 아니기 때문에 부정적인 시각에서 바라보면서 예측하기 어려운 사회문제를 유발할 수도 있으므로 이에 대한 대안이 모색되어야 할 것이다.

5. 가족문제의 해결방안

가족문제 해결을 위하여 구체적인 논의가 시작된 시기는 대체로 1940년 전후로, 유럽에서 시작되었다고 할 수 있다. 가족의 문제 해결을 위한 사회적 개입으로는 거시적(간접적) 방법과 미시적(직접적) 방법이 있다. 거시적 방법은 가족문제를 사회구조적인 문제로 보는 것으로, 다양한 사회제도와의 관련성 속에서 문제를 해결하고자 하는 정책적 방법을 의미한다. 미시적 방법은 문제를 겪고 있는 가족에게 사회복지사가 직접적으로 개입하는 임상적 방법을 의미한다. 이러한 분류는 편의상의 분류이지 명확히 양분되지는 않는다. 따라서 상호보완적인 관계에서 가족복지를 도모하는 것을 목적으로 한다.

가족복지정책은 가족성원과 '가족'이라는 하나의 단위에서 표출되는 욕구를 지원하는 기능을 하는 측면에서, 그 성과가 가족과 전체 사회의 변화 방향에서 긍정적으로 발현되도록 하는 국가개입적 실천이라고 볼 수 있다(최경석 외, 2006). 가족복지정책에 대한 가장 보편적인 접근으로는 카머만과 칸(Kamerman & Kahn, 1978)이 제시한 세 가지 유형이 있다.

- 가족복지정책은 사회문제를 해결하기 위한 정책의 한 분야로 인식되는 유형이다. 즉, 포괄적인 사회문제 해결 정책의 한 분야로 다루어지면서 다른 정책과의 연계성을 강조하는 유형이다.
- 가족복지정책을 다른 거시적인 정책적 목표를 달성하기 위한 수단으로 이해하는 유형이다.
- 가족복지정책을 다른 사회정책의 선택 및 정책평가의 기준이나 관점으로 인식하는 유형이다. 이 유형은 사회구성원의 전반적 복지를 증진하기 위하여 가족이 가장 접근하기 용이하고 정책효과가 크다는 점을 강조하면서 다른 정책을 결정하는 데 기준을 제시하는 역할을 하는 경우다.

이러한 가족복지정책에는 가족수당, 소득(세)공제, 가족소득지원, 건강지원, 자립 불가능하거나 무의무탁한 아동·노인·장애인·병자 등의 가족원을 대상으로 하는 제도, 주택정책 혹은 급여 등이 있다(최경석 외, 2006).

다양한 가족문제와 가족의 욕구에 따른 대책으로서 가족문제 해결방안을 제시하면 다음과 같다.

- **소득지원정책의 강화**: 우리나라는 사회보험방식의 국민연금제도, 공공부조 방식의 기초생활보장제도, 공제제도로서 근로소득공제, 기본공제, 소수공제자 추가공제, 연금보험료공제 등의 제도가 있는데, 이를 강화하고 확대할 필요가 있다. 사회복지서비스 방식으로는 노인부양과 아동양육에 관련하여 경제적 부담을 완화해 주는 제도가 있는데, 이에 대한 확대와 서비스의 질적 향상을 위한 대책으로서 가족수당과 아동수당 제도의 도입을 적극적으로 검토할 필요가 있다.
- **건강지원정책의 강화**: 국민건강과 관련한 정책으로는 건강보험, 산재보험, 의료급여 등이 있는데, 자부담을 축소하고 건강보험의 적용범위를 확대해 나가야 한다. 특히 예방을 통한 건강증진 프로그램으로서 임신과 동시에 각 보건소에 신고하여 태내부터 건강관리를 실시함으로서 의료비 지출을 감소하고

국민건강을 증진할 수 있는 방안을 모색해야 한다.

- **돌봄정책의 강화**: 맞벌이가족의 증가 등으로 돌봄의 사각지대에 처한 아동과 노인에 대한 대책이 요구된다. 맞벌이가족의 자녀가 방임되어 안전이나 건강을 위협받지 않도록 접근성이 용이한 위치에 서비스기관을 설치하고 양질의 서비스를 통해 부모가 안심하고 사회활동과 경제활동을 수행할 수 있도록 해야 한다. 또한 맞벌이 자녀를 두었거나 자녀가 없는 노인을 위한 돌봄서비스가 필요한데, 가정방문서비스를 활성화하여 노인을 위한 돌봄서비스가 활성화되도록 해야 한다.

- **주택정책의 강화**: 주택정책의 강화로서 실패한 영구임대주택 건설 보완책을 마련하고 현재 시행하고 있는 한부모가족, 기초생활보장수급권자 가족, 장애인가족 등의 경우에는 국민주택을 분양·임대받을 때 얻는 우선권을 임의조항에서 의무조항으로 개정해야 한다.

- **심리·정서·사회적 문제의 예방 및 치료기능의 강화**: 심리·정서·사회적 문제를 해결할 수 있도록 가족복지서비스를 제공하는 가족센터를 확대 설치해야 한다. 가족문제를 예방하고 가족관계를 활성화하기 위하여 모든 시·군·구에 가족센터를 설치하도록 하였으나, 지방자치단체당 1개소는 지역주민들의 접근성이 제한되어 서비스질의 향상을 기대하기 어려운 상황이다. 모든 지방자치단체가 조속히 가족센터를 확대설치할 수 있도록 관계법령을 개정하고 다양한 프로그램을 시행할 수 있도록 지원해야 한다. 또한 가족센터의 기능을 보완하는 기존의 가족복지서비스 관련 사회복지서비스 기관의 네트워크 강화 등을 통해서 가족문제를 효과적으로 예방하거나 해결할 수 있도록 해야 한다.

생각해 볼 문제

1. 가족문제를 보는 여러 관점을 비교하여 설명해 보자.
2. 우리나라 가족의 변화 양상을 다양한 측면에서 설명해 보자.
3. 다양한 가족 중 1인 가구 증가에 대하여 논의해 보자.
4. 최근 우리나라가 당면하고 있는 가족문제를 설명해 보자.
5. 최근 가족복지와 관련된 정책을 선정하여 설명해 보자.

참고문헌

국어사전편찬위원회(2002). 새로나온 국어사전. 민중서관.

김영모(1972). 한국사회학. 법문사.

김유숙(2006). 가족상담(2판). 학지사.

김익균, 이명현, 장동일, 정영일(2003). 사회문제론. 창지사.

김혜경, 도미향, 문혜숙, 박충선, 손홍숙, 오정옥, 홍달아기(2006). 가족복지론. 공동체.

박정윤, 김진희(2002). 독신가족의 가족복지 욕구분석을 위한 사례연구. 대한가정학회지, 40(10), 17-31.

박충선(2002). 독신에 대한 인식과 만족에 관한 탐색적 연구. 한국가정관리학회지, 20(6), 163-171.

법무부(2006). 국내체류 외국인 기초실태조사.

법제처(2025). 다문화가족지원법.

보건복지부 아동복지팀(2007). 요보호아동현황. 보건복지부.

보건복지부 중앙노인보호전문기관(2006). 전국노인학대 현황보고서. 보건복지부.

여성가족부(2005a). 2004 여성백서.

여성가족부(2005b). 2005 가족실태조사.

여성가족부(2006). 결혼이민자 가족실태조사 및 중장기 지원정책방안 연구.

여성가족부(2007). 결혼이민자 국민의식조사.

여성부(2004). '전국가족조사'에 따른 한국 가족의 현실과 정책전망.

이영분, 양심영(1999). 가족의 변화에 따른 가족복지서비스의 대응. 한국가족복지학, 3,
    117-147.

조흥식, 김인숙, 김혜란, 김혜련, 신은주(2010). 가족복지학(4판). 학지사.

최경석, 김양희, 김성천, 김진희, 박정윤, 윤정향(2006). 한국가족복지의 이해. 인간과복지.

통계청(2004). 각 년도 인구총조사보고서.

통계청(2005a). 2004 가계수지 동향.

통계청(2005b). 인구동태통계연보(혼인 · 이혼편)

통계청(2006). 2005 가계수지 동향.

한국브리태니커 편(2007). 브리태니커 백과사전. 한국브리태니커회사.

Ambert, A. M. (1983). Separated women and remarriage: A comparison of financially
    secure woman and financially insecure woman. *Journal of Divorce, 6*, 43-54.

Benokraitis, N. V. (1993). *Marriages and families: Changes, choices, and constraints* (3rd
    ed.). Prentice Hall.

Bowen, M. (1978). *Family therapy in clinical practice*. Jason Aronson.

Bray, J. H. (1988). Children's development during early remarriage. In E. M.
    Hetherington & J. Arasteh (Eds.), *The impact of divorce, single-parenting and
    stepparenting on children*(pp. 279-298). Erlbaum.

Coombs, R. H. (1991). Marital status and personal well-being: A literature review.
    Family Relations, 40, 97-102.

Demo, D., & Acock, A. (1988). The impact of divorce on children. *Journal of Marriage
    and the Family, 50*, 619-648.

Duvall, E. M. (1977). *Marriage and family development*. Lippincott.

Gillin, J. L. (1926). *Criminology and penology*. Century.

Goyer, T. (2004). *Life Interrupted*. 채정아 역(2007). 리틀맘 이야기. 서교출판사.

Hetherington, E. M. (1979). Divorce: A child's perspective. *American Psychologist, 35*,
    851-858

Hetherington, E. M., Cox, M., & Cox, R. (1982). Effects of divorce on parents and young
    children. In M. Lamb (Ed.), *Nontraditional families*. Erlbaum.

Hill, R. (1949). *Family under stress*. Haper & Row.

Kamerman, S. B., & Kahn, A. (Eds.). (1978). *Family policy: Goverment and families in 14 countries.* Columbia University Press.

Kempo, C. H., Silverman, F. N., Steele, B. F., Droegemueller, W., & Silver H. K. (1961). The battered-child syndrome. *Journal of the American medical Association, 177*(1), 17-24.

Levi-Strauss, C. (1971). *The Savage Mind.* University of Chicago Press.

Minuchin, S. (1974). *Famlies and family therapy.* Harvard University Press.

Newberger, E. H. (1982). *Child abuse.* Brown and Company.

Parsons, T. (1951). *The social system.* Free Press.

Seibert, M. T., & Willetts, M. C. (2000). Changing family forms. *Social Education, 64*(10), 42-47.

Sussman, M. B. (Ed.). (1974). *Sourcebook in marriage and the family* (4th ed.). Houghton Mifflin Company.

Zill, N. (1988). Behavior, achievement and health problems among children in Stepfamilies. In E. Hetherington & J. Arasteh (Eds.), *Impact of divorce, single parenting and stepparenting on children.* Erlbaum.

Zimmerman, S. L. (1995). *Understanding family policy: Theories and applications* (2nd ed.). Sage.

보건복지부. http://www.mw.go.kr

빈곤문제

빈곤문제(poverty problem)는 가장 오랜 역사와 함께 진전되어 왔다. 빈곤문제는 한 국가와 사회적 맥락에서 어느 정도 생활수준의 차이가 있기 때문에 그 개념을 규정하기란 쉽지 않다. 전통적 사회에서 빈곤문제는 궁핍자에게 사회복지서비스 차원에서 단순한 상호부조나 자선사업 등으로 해결이 가능했지만, 현대사회에서는 빈곤문제가 상대적 박탈감과 연관되어 있어서 해결이 어렵다. 이에 국가 차원 및 민간기관 차원에서 빈곤문제의 해결을 위해 다양한 접근방안을 모색하고 있다. 따라서 이 장에서는, 첫째, 빈곤문제의 개념, 둘째, 빈곤문제의 이론, 셋째, 빈곤문제의 동향, 넷째, 빈곤문제의 실태, 다섯째, 빈곤문제의 해결방안을 중심으로 살펴보고자 한다.

1. 빈곤문제의 개념

1) 빈곤문제의 정의

빈곤문제는 사회복지 분야에서 중요하고 핵심적인 개념으로 대두되고 있다. 빈곤문제는 인간사회와 더불어 존재해 오면서 가장 오래되고 중요한 사회문제로 인식되고 있다. 이러한 빈곤문제의 의미를 세 가지 측면에서 제시하면 다음과 같다.

첫째, '집단적 빈곤'은 살아갈 수 있는 수단을 지속적으로 갖지 못하는 경우를 의미한다. 즉, 국민이 처한 입지조건으로 기후가 나쁘다든지, 지하자원이 고갈되었다든지, 황무지와 같은 전답을 가지고 있다든지 등의 조건에 의해 결국 빈곤에 머물게 한다는 견해다.

둘째, '순환적 빈곤'은 일시적이거나 순환적으로 닥쳐 오는 빈곤을 의미한다. 즉, 춘궁기에 먹을 것이 없어서 기아상태에 빠진 경우가 이에 속한다. 그리고 경제적 공황이나 갑작스러운 기후의 변화에 따른 천재지변을 당하는 경우다. 이러한 현상은 대량인구의 실직이나 지역적 기아 상태, 시기적 빈곤 상태 등으로 나타나는 견해다.

셋째, '개인적 빈곤'은 개인적으로 지닌 불우한 처지를 의미한다. 즉, 자신이 무능력하다든지 실직을 당하거나 가정적으로 과부가 되거나 고아가 되는 경우, 그리고 난치병에 걸려 활동이 어렵거나 장애인이 되는 경우다. 이러한 사람은 대개 넝마주이, 구두닦이, 껌팔이, 구걸 등의 생활을 하게 된다는 견해다.

이상에서 빈곤문제는 개인과 가족에게 미치는 '미시적인 차원'의 의미와 지역사회와 국가 전체에 미치는 '거시적인 차원'으로 생각해 볼 수 있다.

미시적 차원의 빈곤은 개인과 가족에게 현실적인 삶과 죽음이라는 인간생존 자체의 심각한 문제를 말한다. 예를 들어, 먹을 것과 입을 것이 없고, 집이 없거나 있더라도 불결하며 유해하고, 학력이 없어서 경제활동의 참여가 제한되고, 부적절한 영양섭취로 건강을 잃고 질병을 앓는 경우다. 결국 이것이 비행, 범죄, 마약 중독, 알코올 중독 등 많은 사회병리현상의 원인이 되기 때문에 더욱 심각한 사회문제라고 할 수 있다(최일섭, 최성재, 1995).

거시적 차원의 빈곤문제는 사회해체를 초래하는 사회문제에 근거를 둔다. 한지역에서 다수의 빈곤은 다른 집단과 계층에도 파급될 수 있다. 다시 말해서, 빈곤에 따른 비행과 범죄의 희생자는 지역사회의 구성원이 되며, 이러한 빈곤집단은 정치적 불안을 야기하고, 궁극적으로는 사회해체를 유발하여 사회적 위험을 초래하는 경우다. 그리고 빈곤문제는 경제적인 개념을 벗어나서 교육, 건강, 비행, 불평등, 기회 등의 사회적 조건과 자원의 결핍 상태를 의미하는 경향이 있다.

따라서 빈곤문제의 정의는 '개인이나 집단에서 물질적 필요에 대하여 부족을 느끼는 것'을 의미한다. 즉, 개인과 가족의 일차적 욕구인 의식주를 제대로 해결하지 못한 상태이며, 절대적 빈곤으로서 최저생계비 이하의 상태를 말한다. 그러므로 빈곤문제는 개인과 가족이 일상생활을 유지하기 위하여 필요한 의식주의 결핍뿐만 아니라, 기타 사회적 조건을 충족시킬 수 없는 자원의 결핍 상태라고 할 수 있다.

2) 빈곤문제의 구분

(1) 절대적 빈곤

절대적 빈곤(absolute poverty)은 자원과 생활양식에 기초한 것이 아니라, 소득과 신체적 효율성의 유지라는 관점에서 규정되어 왔다. 영국의 부스(C. Booth)는 빈곤에 대해 최초로 과학적 방법의 사회조사를 통해 접근하였다. 특히 그는 빈민층과 극빈층을 구분하였다. 즉, 전자는 규칙적인 수입이 있지만 겨우 생활을 할 정도이고, 후자는 불규칙한 노동, 질병, 부양의무 등으로 빈민보다 더욱 가난한 정도를 의미한다.

라운트리(B. Rowntree)는 부스에 이어 빈곤연구에서 절대적 빈곤은 전체 소득이 신체적 효율성을 유지하는 데 필요한 최저수준을 획득하지 못한 가정을 의미한다고 보았다. 여기서 최저수준은 생계비 또는 영양에 따라 측정한다는 것이다(Townsend, 1974). 특히 그는 빈곤을 1차적 빈곤(primary poverty)과 2차적 빈곤(secondary poverty)으로 구분하였다. 전자는 가족의 소득이 생물학적 효용성을 유지하기가 부족한 수준을 말하고, 후자는 소득의 일부를 다른 용도인 도박이나 음주 등에 사용하는 것을 말한다.

절대적 빈곤은 기준이 되는 빈곤선(poverty line)으로서 최저생활의 기본수요를 추정하여 정의하고 있다. 스트리턴과 버키(Streeten & Burki, 1978)는 생활의 기본수요를 다음과 같이 몇 가지로 구분하여 제시한다. 첫째, 최저생활수준은 최저 생존

(bare survival)에 필요한 생활수준이다. 둘째, 최저생활수준은 지속된 생존(continued survival)에 필요한 생활수준이다. 셋째, 최저생활수준은 생산적 생존(productive survival)에 필요한 생활수준이다. 따라서 절대적 빈곤이란 신체적인 건강과 생산을 위한 노동력을 유지하는 데 필요한 기본수요가 결여된 상태라고 정의할 수 있다.

(2) 상대적 빈곤

상대적 빈곤(relative poverty)은 한 사회의 소득수준으로 볼 때 상대적으로 소득이 낮은 상태를 의미한다. 상대적 빈곤은 자원이나 생활양식에 따른 상대적 관점으로서 불평등과 불균등한 배분의 결과인 상대적 박탈(relative deprivation)로 규정한다. 다시 말해서, 절대적 빈곤은 기아와 같은 상태를 의미하지만, 상대적 빈곤은 이러한 것이 해결된 상황에서의 불평등을 의미한다.

상대적 빈곤은 중간계층의 가족소득비율을 빈곤선으로 단정하고 있으나, 절대적 빈곤은 최저생계비에 따라 결정하고 있다. 이에 상대적 빈곤을 추정하는 방법은 순수상대빈곤(pure-relative poverty)과 유사상대빈곤(quasi-relative poverty)으로 구분한다(봉민근, 1997). 즉, 첫째, 순수상대빈곤은 전체 사회의 계층별 소득순서에서 하위층에 해당되는 일정한 비율의 빈곤층으로 보는 방식을 말한다. 둘째, 유사상대빈곤은 전체 사회에서 평균소득에 해당되는 일정한 비율의 빈곤층으로 보는 방식을 말한다.

따라서 상대적 빈곤문제는 상대적 박탈로 규정된다. 원래 박탈의 개념은 상대적 의미를 지니며, 상대적 박탈의 개념은 불평등을 의미한다. 대부분 사회학자는 불평등을 계층의 개념으로 이해하는 반면, 경제학자는 빈곤을 주로 소득에 기초한 불평등의 개념으로 파악한다(김영모, 1990). 티트머스(Titmuss, 1974)는 빈곤을 소득, 자본재, 봉급과 급여(fringe benefits), 공공서비스, 사적 서비스 등 다섯 가지 자원의 분배에서의 불평등이라고 정의하였다. 웹(S. Webb)은 빈곤이란 상대적인 빈곤과 구별하여 극빈(destitution)을 객관적인 상태라고 정의하였다. 이에 빈곤이란 일부 사회학자가 주장하는 것처럼 주관적인 의미가 아니라, 객관적인 의미의 상대적 빈곤이란 의미로 정의한다.

2. 빈곤문제의 이론

1) 기능주의이론

기능주의이론에서는 빈곤문제가 사회의 균형과 기능을 해친다고 봄으로써 해결해야 할 사회문제로 인식한다. 이 이론은 빈곤문제가 하나의 일탈행위로써 부적절한 사회화로 인하여 나타난다고 본다. 이와 같이 부적절한 사회화의 결과는 빈곤의 책임이 개인에게 있다고 보는 관점이다. 개인의 사회화에 초점을 두는 기능주의이론은, 첫째, 개인에게 많은 기회가 존재하면서 광범위하게 기회가 제공되고 있으며, 둘째, 열심히 노력하는 사람들은 적절한 보상을 받음으로써 성공할 수 있고, 셋째, 빈민은 자신들의 노력이나 능력이 부족하여 빈곤하다는 것을 암묵적으로 수용하고 있다. 따라서 빈곤은 개인의 결함으로서 열등 유전요인과 관련이 있다는 주장이다. 이는 사회진화론에 의해 유전적인 결함이 사회적 부적응이나 사회화의 결여를 야기하고, 그 결과 빈곤이 발생할 수 있다는 견해다. 즉, 신체적으로나 정서적 장애나 열등한 지적 능력의 유전이 빈곤의 결정요인이 될 수 있다는 것이다(Stanley & Baca, 2000).

빈곤문제의 원인는 바람직하지 못한 사회현상이지만, 한편으로는 어떤 기능을 작동해야 하기 때문에 존재한다고 본다(Gans, 1971; Parrillo, 2002). 이는 빈곤을 필요악으로 보면서 나름대로 사회의 균형과 기능에 부분적으로 기여하는 것으로 파악하는 것이다. 빈곤에 대한 이러한 주장은 사람들이 원하지 않는 어려운 일들을 수행하게 하는 경우다. 빈민은 사회적 낙인으로서 일탈의 모습으로 보게 되는 반면에 부유층 사람들은 스스로 긍지를 느낄 수 있는 모습이 된다는 사례가 된다. 즉, 빈곤이 사회의 균형과 기능에 기여하는 순기능의 역할로서 빈곤의 존속을 옹호하는 것은 아니다. 빈곤의 순기능을 강조한다고 해서 빈곤의 퇴치를 반대하는 것은 아니라는 점이다. 오히려 빈곤이 필요악으로서 사회적 기능과 밀접하게 연관되어 있으므로 그만큼 빈곤을 퇴치하기 어렵다는 입장이다.

기능주의 이론에서 빈곤문제를 해결하기 위한 방안은 기본적으로 개인의 사회화를 돕는 것에 주안점을 둔다. 즉, 빈곤의 원인을 개인의 책임으로 보는 경우에 부적절한 사회화의 노력에 치중한다는 것이다. 따라서 기능주의의 접근은 거시적인 방법보다 미시적인 방법에 초점을 두고 있다. 예를 들어, 전통적인 방법으로서 개인에 대한 전문적인 개입방법(professional intervention)이다. 개인의 역할수행을 돕는 능력향상 프로그램으로서 직업기술훈련을 제공하거나 직업소개 및 상담서비스를 제공하여 자립을 도모해야 한다.

2) 갈등주의이론

갈등주의이론은 빈곤문제가 한정된 자원을 소유하거나 쟁취하기 위한 갈등에서 발생한다고 본다. 빈곤문제는 사회의 어떤 계층과 집단들이 경쟁함으로써 이익을 보거나 혹은 자원을 지배하여 이익을 얻기 때문에 나타난다. 갈등주의이론은 빈곤문제가 자본주의 사회의 구조적 결함이나 제도적 차별에서 야기된다고 본다. 자본주의 사회에서는 집합적인 욕구(collective need)보다는 이윤의 극대화가 우선하여 그 결과로서 빈곤문제가 지속된다는 것이다.

빈곤문제의 원인은 노동현장에서 근로자에게 최소한의 임금만을 지급하는 경향이 있다. 이는 근로자가 일을 하면서도 빈곤을 벗어나지 못하는 '일하는 빈민(working poor)'으로 존재하고 있다는 점이다. 자본주의 사회는 잉여노동력을 유지함으로써 호황기에 저임금을 유지시키고 불황기에 실업자집단을 양산하여 빈민층을 창출하고 있다. 즉, 잉여노동력은 이른바 산업예비군으로서 호황기에 고용되지만 불황기에 다시 실업자가 되어 빈곤층을 형성한다는 것이다. 그리고 특정한 노동자집단인 비정규직 근로자, 여성, 외국인 근로자 등은 상대적으로 노동착취를 당하는 경우다. 이는 빈곤이 구조적으로 사회적 약자에 대한 차별의 결과로서 지속화되고 있다는 점이다.

갈등주의이론에서 빈곤문제의 근본적인 해결책은 어떤 변증법적 방법으로 대안이 될 수 없다. 기능적 갈등주의로서 갈등의 폭력적 해결을 지양하고 타협이나 양보, 대화를 통하여 빈곤문제의 해결을 시도하는 방법이다. 기능적 갈등주의는 빈곤문제에 대한 정책과정을 통한 제도적 개선에 둔다. 대부분 빈곤문제는 사회구조적 모순에 기인하고 있기에, 저임금체제와 불안정한 취업형태, 악화된 소득재분배의 개선에 역점을 두어야 한다. 따라서 빈곤층에게 취업이나 소득보전을 통하여 빈곤을 야기하는 실업이나 저소득을 극복하는 정책대안이 모색되어야 한다.

3) 상호작용주의이론

상호작용주의이론은 타인과의 상호작용에 의해 자아의 형성과 역할의 수행에 초점을 두고 있다. 이 이론은 빈곤문제의 발생은 우선 사회적 관심에서 출발한다. 즉, 사회구성원의 관심이 없으면 낙인도 없고 빈곤문제도 존재하지 않는다는 것이다. 상호작용주의이론의 경우에는 빈곤선이나 최저생계비와 같은 객관적이고 수리적 기준이 존재하지 않는다. 빈민은 타인이 부여한 낙인으로서 타인의 부정적인 반응에 대한 결과로 파악한다. 따라서 상호작용주의 이론과 관련하여 빈민을 낙인찍고 비난하는 것은 빈곤문화(culture of poverty)에 연유하고 있다. 빈곤문화에 의하면, 빈민은 계획성이 없고 게으르고 낭비적인 생활양식을 지니고 있어서 생활습관이 자녀에게 세습되어 빈곤의 악순환을 거듭하고 있다는 것이다(Lemert, 1971).

빈곤문화는 기본적으로 빈곤의 원인이 빈민의 문화적 결함에 있음을 강조한다. 이것은 빈민의 고유한 생활양식이 병리적이며 빈곤의 요인이 된다고 낙인을 찍고 있다. 빈민은 이러한 부정적인 사회적 인식과 낙인의 결과로서 스스로 부정적인 자아상을 형성하고 부정적인 역할을 수행하게 된다는 것이다. 상호작용주의이론의 예로서 장애인에 대한 사회의 편견을 들 수 있다. 장애인은 개인적 차원에서 질병과 장애로 인해 빈곤계층으로 전락하기 쉽다. 장애인은 경제적 빈곤뿐만 아니라 심리적, 사회적인 어려움을 동시에 지니고 있다. 장애인은 사회구성원 간의 상호작용 과정에서 갖는 열등감, 소외감, 무력감 등이 형성되고 고착화되는 경우가 많다. 따라서 장애인이 심리적으로 낮은 동기와 열등감의 결과로서 더욱 빈곤에 빠질 가능성이 높다.

상호작용주의이론에서 빈곤문제의 해결책은 기능주의이론이나 갈등주의이론에 비해 상대적으로 낮은 편이다. 이 이론에서 빈민에 대한 사회구성원들의 편향되고 부정적인 반응은 빈곤문제를 악화시킬 수 있는 요인이 된다. 그러나 빈곤문제는 기본적으로 구조적인 성격이 강하지만, 상대적으로 기능주의이론이 개인적 빈곤문제의 해결에 유용성이 높다고 할 수 있다. 그러나 상호작용주의이론은 사회적 약자들이 사회적 편견이나 부정적 인식에 상대적으로 민감한 사회적 약자의 빈곤문제 해결에 상대적으로 유용할 수 있다. 따라서 사회적 인식변화를 통해 사회적 약자에게 부정적인 낙인을 예방하는 제도적 대안이 요구된다.

3. 빈곤문제의 동향

1) 빈곤문제의 대두

빈곤문제는 지난 수십 년간 지속적인 경제성장의 결과로서 빈부격차와 소득격차에 따른 사회적 약자의 심각한 사회문제로 대두되고 있다. 특히 우리나라는 IMF 이후 빈곤격차가 더욱 심각해진 것으로 나타난다. 빈곤문제는 수 세기를 통하여 인류생활의 일부로서 시대적 공간을 초월하여 항상 존재해 온 것이 사실이다. 인간의 역사는 대부분이 빈곤과 투쟁의 역사라고 해도 과언이 아니다. 빈곤과 투쟁의 기록은 개인적인 투쟁의 기록인 동시에 사회적이고 조직적인 투쟁의 기록이라고 주장한다(田代不二男, 1983). 이에 우리나라에서 상징하는 가장 대표적인 사회문제는 빈곤문제라 할 수 있다.

사회적 의미로서의 빈곤문제는 자본주의 이전 사회에서는 천재지변의 결과로 인식되어 사회변화의 당위성으로 여겨졌다. 자본주의 초기 사회에서 빈곤은 나태의 결과로 간주되어 형벌감으로 여겼으며, 이에 따라 초기 구빈대책인 구빈법은 빈민에 대한 구제와 동시에 강제노동을 규정하였다. 그러나 저임금으로 궁핍해진 노동자의 대량발생은 빈곤이 개인적 원인보다는 사회적 원인에 의하여 발생한다는 인식의 전환을 가져왔다. 따라서 빈곤을 탈피하여 국민의 최저생활(national minimum)을 보장하는 것이 사회의 의무라는 사상이 대두되었다. 이와 같은 사상의 흐름에 입각하여 최저임금제도와 사회보장제도가 발달하게 되었다(福武直, 1981).

우리나라 빈곤정책은 일대 변혁기에 접어들면서 기존의 '생활보호제도'가 '국민기초생활보장제도'(2000년 10월)로 전환하게 되었다. 국민기초생활보장제도는 사회복지대상자를 연령과 생활정도에 따라 생활보호, 자활보호, 시설보호 등으로 구분해 오던 이전의 기준을 폐지하고, 최저생계비에 미달하는 모든 대상자를 포괄하여 사회복지서비스를 제공하는 것이다. 대부분 빈곤대상자는 기본적인 사회적 욕구가 결핍되었으며, 기본적인 의식주 또는 소득, 보건, 교육, 주택 등에 대한 욕구의 최저수준 이하의 생활상태에 있는 사람을 의미한다(김영모, 1990 참조).

2) 「국민기초생활보장법」의 필요성

우리나라 「국민기초생활보장법」의 목적은 생활유지 능력이 없거나 생활이 어려운 자에게 필요한 사회보장을 통하여 자활을 조성하는 데 있다. 「국민기초생활보장법」에서 규정하고 있는 수급권자는 부양의무자가 없거나 부양의무자가 있어도 부양능력이 없는 자로서 소득인정액이 최저생계비 이하인 자를 말한다. 그리고 수급권자에 해당하지는 않지만 생활이 어려운 자로서 일정 기간 동안 급여의 전부 또는 일부가 필요하다고 보건복지부 장관이 정한 자도 수급권자가 된다. 이에 기초생활수급권자로 선정되기 위해서는 소득평가액기준, 재산기준 및 부양의무자기준 등을 동시에 충족해야 한다(김만두, 2006).

국민기초생활수급권자에 대한 급여는 매년(12월 1일) 보건복지부 장관이 중앙생활보장위원회의 심의·의결로 공표하는 최저생계비에서 수급권자의 소득평가액을 차감하여 지급되고 있다. 급여의 구체적인 종류를 살펴보면 생계급여, 주거급여, 의료급여, 교육급여, 해산급여 그리고 장제급여 및 자활급여 등으로 구분된

다. 기존의 「생활보호법」에서는 주거급여를 생계급여에 포함하여 지급하여 왔으
나, 이후 「국민기초생활보장법」에서는 수급권자의 주거실태에 따라 적정한 급여
가 이루어지도록 규정하고 있다. 그리고 수급권자가 좀 더 나은 주거환경에서 거
주할 수 있도록 유도하기 위하여 주거급여를 추가로 제공하고 있다.

3) 빈곤문제의 사회적 동향

사회적 맥락에서 빈곤문제의 원인을 생활능력을 상실하게 하는 노령, 불구, 폐
질, 장애, 결손가정 등 불가피한 사정 이외에 교육 부족과 이를 유발한 태만, 무책
임 등으로 지적한다(박순일, 1993). 현존의 빈곤문제는 개인적이거나 사회구조적
인 요인이 복합적으로 작용하여 발생한다고 할 수 있다. 빈곤문제에 접근하기 위
해서는 빈곤의 발생요인에 대한 보다 다각적인 이해가 있어야 한다. 따라서 빈곤
문제에 다양하게 접근하기 위해 사회적 측면에서 살펴보면 다음과 같다.

첫째, '문화적 측면'에서 빈곤은 빈곤층의 태도와 가치유형이 독립성을 가지며
사회의 다른 지배적인 문화와 관련되어 있다고 본다. 이러한 빈곤문화적 특성은
대개 빈곤현상에 적응된 낮은 열망수준으로 나타나며 사회화를 통해서 세대 간에
전승된다.

둘째, '상황적 측면'에서 빈곤은 지배적인 사회구조에 따라 빈곤층의 행위유형
자체가 이들에게 불리하게 제한되어 있는 상황의 적응양식과 연관되어 있다고 본
다. 즉, 빈곤이 문화가치의 내적인 결정이 아니라 상황적 요인에 따른 외적인 결
정의 결과로 간주된다.

셋째, '관계적 측면'에서 빈곤은 빈곤문화를 일단 인정하고 있지만, 독립된 문화
라기보다는 영향력이 있는 집단의 종속된 문화와 관련되어 있다고 본다. 즉, 빈곤
문화를 빈곤층의 고유한 내적 속성이라기보다는 비빈곤층의 빈곤층에 대한 외적
규정인 낙인의 결과로 본다는 것이다. 이것은 빈곤층과 비빈곤층 간의 상호작용
에 중점을 둔다.

넷째, '갈등적 측면'에서 빈곤은 제도나 구조결정적 입장을 취하며, 빈곤층이 권

력이나 권위를 적게 가짐으로써 자원에 대한 통제력이 박탈된 결과에 기인한다고 본다. 이것은 빈곤층의 문화적 속성을 단순히 자본주의 경제구조상의 모순인 불평등 관계의 반영에 불과하다고 본다(George & Wilding, 1984).

4. 빈곤문제의 실태

최근 빈곤계층의 비중이 점차 확대되고 있는 실정이다. 이는 단순히 취업 위주로는 더 이상 빈곤탈피가 어렵다는 반증이다. 우리나라 근로빈곤층은 상대적 빈곤율의 측면에서 근로빈곤율이 점차 상승하고 있는 추세이다(현외성 외, 2022). 빈곤계층의 소득실태는 저임금고용, 비정규임금, 최저임금제 측면에서 살펴볼 수 있다. 따라서 빈곤실태를 노인, 여성, 장애인 중심으로 제시하고자 한다.

1) 노인의 빈곤실태

현재 65세 이상 노인인구는 전체 인구의 약 18.4%(2023년)로 이미 고령화사회에 진입하고 있으며, 2025년에는 약 20%를 상회하여 고령사회를 예견하고 있다. 노인인구의 급속한 증가는 경제활동의 참여기회가 줄어들고 있다는 점이다. 대부분 노인은 경제활동이 중단되거나 노인취업을 하더라도 열악한 근로와 저임금의 일자리에 종사한다. 우리나라 노인빈곤율은 OECD 국가 중에서 약 43.4%로 가장 높은 수준에 와 있다. 이는 노인빈곤율이 전체 인구의 약 37.6%로 노인의 안정적인 생활에 어려운 상태를 강조하고 있다.

통계청(2023)에 의하면, 노인인구의 임금상승률은 월평균 임금과 시간당 임금 기준에서 전체 임금근로자의 임금상승률보다 높게 나타나고 있다. 그러나 노인근로자의 상대임금수준은 전체 임금근로자의 65% 수준에 머물고 있는 실정이다. 특히 고령층 임금근로자의 약 70% 이상이 저임금 근로상태이고, 법정 최저임금에 밑도는 수준의 임금을 받는 근로자도 절반 정도로 나타났다(김복순, 2016). 그

표 10-1	노인의 빈곤 여부별 가구소득구성				(단위: 만 원)
구분	근로소득	재산소득	사적 이전소득	공적 이전소득	경상소득
노인 전체	133.1 (63.3)	2.7 (1.3)	20.9 (9.9)	53.6 (25.5)	210.2 (100.0)
노인비빈곤가구	241.3 (70.8)	4.7 (1.4)	25.6 (7.5)	69.3 (20.3)	340.9 (100.0)
노인빈곤가구	23.1 (29.8)	0.7 (0.9)	16.0 (20.7)	37.6 (48.6)	77.4 (100.0)

출처: 통계청(2023).

리고 노인빈곤율이 가장 높은 노인단독가구에서 공적 이전소득의 비중이 가장 높고, 노인부부 가구, 노인가구주 가구, 노인비가구주 가구 순으로 나타나고 있다.

노인의 가구소득구성을 살펴보면, 노인빈곤가구는 공적 이전소득(38만 원)이 가장 많고, 그 다음 근로소득(23만 원), 사적 이전소득(16만 원), 재산소득(7천 원) 순으로 나타났다. 따라서 노인빈곤가구에서 공적 이전소득은 가장 중요한 소득원천이고, 전체 소득의 약 49%의 비중을 차지하고 있다. 노인의 빈곤 여부별 가구소득구성을 제시하면 〈표 10-1〉과 같다.

2) 여성의 빈곤실태

최근 여성의 경제활동율은 아직도 낮은 수준이며 비정규직 비율이 높아 여성빈곤율이 높다는 특징이 있다. 이러한 추세는 외환위기 이후에 급속히 확산되어 왔으며, 코로나19 시기를 겪으면서 여성의 직종들이 사양화되고 노동시장으로부터 배제되고 있는 실정이다. 최근 여성의 경제활동을 위해 국가가 관심을 가지고 적절한 대안을 제시하고 있지만, 현실적인 여성의 경제적 불평등을 완화하는 데는 한계가 있다.

고용노동부에 의하면, 고용형태별 근로실태조사에서 여성의 시간당 임금 총

연도	OECD 평균	호주	캐나다	덴마크	핀란드	프랑스	독일	일본	한국	영국	미국
2013	15	18	19	8	20	14	13	27	37	17	18

표 10-2 OECD 주요 회원국의 남녀 임금차이 (단위: %)

출처: OECD (2023).

액이 남성의 69.6%로 나타났고, 여성의 비정규직 근로자는 정규직 근로자의 약 77.1%로 나타났다. 남녀 성별 시간당 임금 총액의 차이는 전체 근로자(16,508원), 정규직 근로자(6,848원), 비정규직 근로자(4,578원)으로 나타났다(현외성 외, 2022).

한국은 OECD 회원국 중에서 남녀 임금격차가 가장 높으며, 여성은 남성보다 약 37% 정도 임금이 낮은 것으로 나타났다. 관련 통계에서 2000년 이래 임금격차가 점점 더 벌어지고 있는 추세다. 따라서 'OECD 주요 회원국의 남녀 임금격차'를 제시하면 〈표 10-2〉와 같다.

3) 장애인의 빈곤실태

장애인의 실태는 장애범주의 확대와 자연증가율에 따라 점차 증가하고 있는 추세다. 최근 장애인의 등록수는 전체 인구의 약 5.2%로 265만 명에 이르고 있다(한국보건사회연구원, 2022). 특히 중증장애인이 약 98만 4천 명으로 나타나고 있다. 이에 대한 장애인복지의 지출은 GDP 대비 약 0.49%에 불과해 OECD 국가 중 낮은 수준에 머물고 있다. 따라서 일반장애인과 중증장애인을 위한 일차적인 정책대안으로 장애인에 적합한 고용촉진과 직업재활서비스가 요구되며, 중증장애인도 삶의 질을 높일 수 있는 현실적인 지원방안이 요구된다.

대부분 장애인은 비장애인보다 노동시장에서 고용기회가 부족하며, 일단 고용된 상황에서도 저임금직종이나 임시직과 일용직에 국한되기 때문에 빈곤의 악순환을 거듭하고 있는 실정이다. 특히 장애인고용 외에 의료비나 교통비 등 추가적인 지출비용이 높아 빈곤상태가 지속되고 있다는 점이다.

표 10-3	2019년 장애인 연령별 경제활동 참가율, 실업률, 고용률					(단위: %)
연령별	장애인			전체 인구		
	경제활동 참가율	실업률	고용률	경제활동 참가율	실업률	고용률
15~29세	36.0	14.1	30.6	48.4	9.9	43.6
30~39세	58.6	8.9	53.4	79.0	3.7	76.0
40~49세	61.3	4.8	58.4	80.5	2.4	78.5
50~64세	57.0	6.5	53.2	77.9	2.6	75.9
60세 이상	25.2	5.2	23.9	44.3	3.2	42.8

출처: 한국장애인고용공단(2019).

한국보건연구원에 의하면, 장애인의 월 수입액 50만 원 미만이 전체 장애인의 약 39%로 나타나고 있으며, 월 수입액 100만 원 미만이 전체의 2/3로 나타나고 있다(한국보건연구원, 2020). 장애인의 총가구수입액은 100만 원 미만 범주가 약 26.3%로 가장 높게 나타나고, 월 평균 장애인가구 수입액이 200만 원 미만인 비율이 약 58.4%로 매년 증가하고 있는 추세이다. 장애인의 고용문제에서 15세 이상 경제활동 참가율이 약 37.3%로 전체 인구의 경제활동 참가율의 64.0%에 비해 현저히 낮은 수준이다. 특히 장애인의 실업률은 전체 인구의 약 1.5배가 높은 실정이다. 장애인 경제활동 참가율, 실업률, 고용률을 제시하면 〈표 10-3〉과 같다.

5. 빈곤문제의 해결방안

빈곤문제는 사회문제 중에서 가장 심각한 문제로서 한 나라의 정치적, 경제적, 사회적 여건 등을 감안하여 거시적 관점에서 접근해야 한다. 사회복지 증진을 위한 중심 과제로서 빈곤문제의 해결은 '적절한 인구규모' '지속적인 경제성장' '민주정치의 발전' 등의 3대 요건이 갖추어져야 비로소 가능하다고 할 수 있다. 즉, 빈곤문제의 해결을 위한 빈곤정책의 논의에서 적절한 인구규모, 지속적 경제성장과 공정분배, 그리고 민주정치의 발전과 아울러 정책결정자의 빈곤퇴치에 대한 의지가 필연적인 전제조건이라고 할 수 있다. 따라서 빈곤문제의 해결방안을 몇 가지 제시해 보면 다음과 같다.

1) 빈곤선의 재정립과 전략

빈곤문제를 해결하기 위해서는 무엇보다 빈곤선에 대한 재규정이 전제되어야 한다. 우리나라는 고도의 경제성장을 바탕으로 절대적 빈곤은 어느 정도 해소해 왔지만, 상대적 빈곤과 분배정의에 대해서는 큰 관심을 가지지 못해 왔다. 이는 경제성장 위주의 이면에 존재해 있는 빈곤을 소득 관점에만 한정해 왔기 때문이며, 빈곤문제는 단순히 물질적인 결핍뿐만 아니라 정신적이고 심리적인 결핍까지 포함하는 개념으로 확대할 필요가 있다.

따라서 현실적인 빈곤문제를 해결하기 위해서는 빈곤문제에 대한 개념을 재정립해야 한다. 빈곤문제를 단순히 소득문제에 한정하는 것이 아니라, 인간의 기본 욕구 충족을 위한 물질적 조건이 결핍되면서 개인의 능력과 기회가 박탈당하고 차단당하는 불평등 문제로 인식해야 한다(김영화, 2002). 즉, 빈곤문제를 해결하기 위한 구체적인 개입전략이 모색되어야 하고, 과학적이고 체계적인 빈곤선을 확립해야 한다.

2) 빈곤계층의 재파악과 규정

빈곤정책의 우선 과제는 빈곤계층을 정확히 선정하고 파악함으로써 수급대상자를 명확하게 규정하는 것이다. 또한 빈곤계층을 위한 각종 국민기초수급권자의 기준이 되는 합리적인 빈곤선이 명확하게 설정되어야 한다. 이는 수급권자의 선정기준, 즉 빈곤선을 어떻게 결정하느냐에 따라 수급권자의 수와 범위가 달라지기 때문이며, 국민의 인간다운 생활보장을 목적으로 하는 국민기초생활보장제도의 획기적인 개선과 발전을 위해 재원확보에 역점을 두어야 한다.

따라서 빈곤문제를 해소하기 위한 재정은 균형원칙과 충분주의에 입각한 가산적 액수 조작이 아니라, 상대적으로 과중한 국방예산을 감안하여 선별주의로서 욕구의 우선순위에 따라 책정되어야 한다. 즉, 'Zero Sum Base'에 입각한 획기적인 빈곤사업 예산의 증액이 복지국가 지향의 빈곤정책적 차원에서 실시되어야 한다. 그리고 빈곤계층의 보호를 위한 기본법으로 「국민기초생활보장법」과 제도적 장치를 그들의 욕구에 맞게 현실적으로 개선해야 한다.

3) 빈곤해소를 위한 조직행동

빈곤문제는 특성상 경제적인 접근만으로 충분히 해결할 수 있는 문제가 아니다. 빈곤문제를 해소하거나 완화하기 위해서는 빈곤계층 스스로가 주체적이고 조직적인 의지를 가지고 노력해야 한다. 예컨대, 빈곤계층이 정치적 영향력을 행사하기 위해서는 우선 자신들의 권익을 위해 단체행동을 할 조직을 합리적으로 결성해야 한다. 다시 말해서, 사회적 약자가 자신의 이해를 증진하기 위해서는 정치적으로 자신의 목소리가 어느 정도 반영되도록 적극적 행동을 취해야 한다.

사회적 약자인 빈곤계층은 자신의 권익을 위한 능력활용이나 정보활용이 매우 취약하다. 대부분 소외되고 가난한 약자는 자신의 삶에 영향을 미치는 정치적 결정에 대해 어떤 영향력을 행사하는 데 한계를 가진다. 그러나 사회적 약자가 문제의식을 가지고 조직화할 수 있다면 보다 강력하게 영향력을 행사할 수 있다(김영화, 2002). 이에 빈곤자 문제해결을 위해서 체계적이고 합리적이며 바람직한 조직행동을 통해 접근하는 방안이 모색되어야 한다.

4) 공적 소득이전의 확대

빈곤계층의 주된 문제는 소득불평등으로서 공적 연금의 소득분배가 적절히 이루어져야 한다. 빈곤문제의 접근은 보편적이든 선별적이든 충분한 예산을 확보하여 균등한 재분배정책에 우선을 두어야 한다. 현실적인 빈곤문제를 효과적으로 대응하기 위해서는 재원확보가 불가피하기에 사후의 문제 접근보다 선제적으로 예방적 차원의 빈곤정책에 역점을 둘 필요가 있다.

따라서 빈곤문제에 대한 새로운 패러다임으로서 빈곤계층의 특성에 맞는 일자리를 마련해야 하고, 빈곤자를 차별하는 근로환경의 구조를 개선하는 방안이 모색되어야 한다. 이에 빈곤계층에게 적합한 소득보장제도, 취업지원제도, 근로유인제도 등을 통합적으로 수립하여 이들이 정상적인 삶을 누릴 수 있도록 배려해야 한다.

생각해 볼 문제

1. 절대적 빈곤과 상대적 빈곤을 비교하여 설명해 보자.
2. 「국민기초생활보장법」의 필요성을 간략히 설명해 보자.
3. 빈곤문제를 접근하기 위한 네 가지 관점을 제시해 보자.
4. 빈곤문제의 세 가지 이론을 제시해 보자.
5. 빈곤문제의 해결방안 네 가지를 간략히 설명해 보자.

참고문헌

김만두(2006). 사회복지법제론. 홍익재.

김복순(2016). 고령층 고용구조변화와 소득불평등. 월간 노동리뷰.

김영모(1982). 현대사회복지론. 한국복지정책연구소.

김영모(1990). 사회복지학. 한국복지정책연구소.

김영모, 원석조, 황민수(1982). 한국빈곤정책에 관한 연구(사회정책연구 제1집). 한국복지정책연구소.

김영화(2002). 인간과 복지. 양서원.

김희년, 박정란, 이선우, 이성기, 이영호(2022). 사회문제론. 공동체.

박순일(1993). 우리나라의 빈곤화 요인분석과 대책방향. 한국보건사회연구원.

봉민근(1997). 사회복지정책론. 학문사.

신섭중(1999). 국제 사회복지. 대학출판사.

신인현(1986). 빈곤에 도전하는 기독교. 대한기독교서회.

최일섭, 최성재(1995). 사회문제와 사회복지. 나남출판사.

통계청(2023). 가계동향조사.

한국보건연구원(2020). 2020년 장애인 실태조사 결과.

한국장애인고용공단(2019). 장애인경제활동실태조사.

현외성, 김용환, 문다현, 최금주, 이은정(2022). 현대 사회문제론. 창지사.

福武直(1981). 日本社會. 東京大學校出版會.

田代不二男(1983). 社會福祉とキリント教. 相川書房.

Balkin, S. (1989). Self-employment for low-income people. Praeger Publisher.

Dinitto, D., & Dye, T. (1983). Social welfare politics and public policy. Prentice-Hall.

Galbraith, J. K. (1962). The affluent society. Penguin.

Gans, H. (1971). The uses of poverty: The poor pay all. Social Policy, 2, 21-23.

George, V., & Wilding, P. (1984). Impact of social policy. Routledge and Kegan Paul.

Lemert, E. (1971). Social Pathaology. Mcgraw-hill.

OECD (2023). Employment outlook.

Stanley, E., & Baca, M. (2020). Social Problems. Published by Pearson Education.

Streeten, P., & Burki, S. (1978). Basic needs: Some issues. World Development, 6, 411-421.

Sullivan, T., Thompson, K. S., Wright, R. D., Gross, G. R., & Spady, D. (1980). Social problems: Divergent perspectives. John Wiley.

Titmuss, R. (1974). Social policy. George Allen & Unwin.

Townsend, P. (1974). Poverty as relative deprivation. In D. Wedderburn (Ed.), Poverty, inequality and class structure(pp. 15-41). Cambridge University Press.

Zimbalist, S. (1977). Historic themes and landmarks in social welfare research. Harper K. Row.

노동문제

1. 노동문제의 개념

1997년 외환위기 이후 한국사회에서는 비정규직이 급격히 증가하기 시작했다. 이와 함께 고용불안과 저임금 구조 확산으로 근로빈곤(working poor)과 사회 양극화 문제가 심각한 사회문제로 대두되었다. 이러한 문제를 해소하기 위해 한국정부는 2000년대 이후 다양한 사회안전망 제도를 정비해 왔다. 2000년 7월에 제정된「비정규직보호법」에 따르면, 사업주는 2년 이상 근무한 계약직 및 파견노동자를 정규직으로 전환해야 하며, 동일한 업무를 수행하는 비정규직에 대해서는 임금, 근로시간, 휴가 등에 차별을 두지 못하도록 규정하고 있다. 이와 같이 외형상 갖추어진 사회안전망, 특히 소득보장제도의 모습과는 다르게 근로빈곤층 대상으로는 광범위한 사각지대가 존재하고(대상 적용의 사각지대) 있으며, 노인은 기초연금, 기초생활보장제도, 노인일자리 사업 등 적용 사각지대 문제는 적지만, 급여수준이 낮은 급여충분성 문제에 직면해 있다(김태완, 한수진, 2023). 이 장에서는 비정규직 문제를 중심으로 한 노동시장의 양극화 문제에 대해 살펴보고자 한다.

1) 관련 용어 정의

먼저 노동가능인구, 경제활동인구 등 노동시장과 관련된 용어들에 대해 살펴볼 필요가 있다. 먼저 노동가능인구란 만 15세 이상의 인구 중 군인과 재소자를 제외한 사람들을 의미한다. 즉, 일할 수 있는 나이에 이른 사람들을 말하는데, 15세 이상으로 규정하고 있는 근거는 국제노동기구(ILO)의 기준에 따른 것으로 우리나라에서는 중학교까지의 의무교육이 끝나는 시기이기도 하다. 다음으로 경제활동인구란 노동가능인구 중에서 일할 수 있는 능력과 의지가 있는 사람들을 의미한다. 경제활동인구는 크게 취업자와 실업자로 구분된다. 취업자는, 첫째, 일주일에 1시간 이상 수입을 목적으로 일하는 자, 둘째, 가족 사업체에서 주 18시간 이상 일하는 무급가족종사자, 셋째, 직장이 있으나 질병, 휴가 등의 이유로 일시적으로 쉬고 있는 자를 의미한다. 실업자는 취업 의지는 있으나 아직 일자리를 구하지 못한 자 또는 당장 일할 수 있는 상태에 있는 자를 의미한다. 취업 의지가 있다는 의미는 적극적인 구직활동을 하고 있음에도 미취업 중인 자를 의미하는데, 이를테면 구인 중인 회사에 이력서를 제출하거나 교육을 받거나 취업박람회 등에 참가하는 등 구체적인 활동을 수반해야 한다. 또한 당장 일할 수 있는 상태라는 조건에는 예를 들어, 학업, 질병, 가사 등의 이유로 일자리가 주어져도 당장 일을 할 수 없는 상태에 있는 자는 제외된다. 비경제활동인구란 노동가능인구 중 경제활동인구가 아닌 사람들을 의미한다. 즉, 전업주부, 학생, 노인, 장애인, 구직 포기자 등이 포함된다. 이들은 현재 일을 하고 있지 않을 뿐 아니라 적극적인 구직활동 역시 하고 있지 않은 자들이다.

노동시장의 상황을 보여 주는 중요한 지표로는 경제활동참가율, 고용률, 실업률 등을 들 수 있다. 경제활동참가율이란 노동가능인구 중 경제활동인구가 차지하는 비율을 의미하며, 고용률은 노동가능인구 중 취업자 비율을 가리킨다. 마지막으로 실업률은 경제활동인구 중 실업자 비율을 의미한다.

2) 정규직과 비정규직의 개념

　정규직은 기간이 정해져 있지 않은 고용형태로 근로자와 사용자가 직접 근로계약을 체결하고 전일제(full-time)로 근무하면서 정년까지 보장되는 고용형태를 의미한다. 따라서 특별한 사유가 없는 한 근무가 가능하고 급여, 상여금, 휴가 등 각종 복지혜택도 누릴 수 있다. 반면에 비정규직은 근로 기간이 정해져 있는 근로자를 의미한다. 우리나라에서는 2002년 7월 노사정위원회에서 노사정 합의에 따라 한시적 근로자, 시간제 근로자, 비전형 근로자의 세 가지 유형으로 구분하고 있다. 한시적 근로자란 근로계약기간을 정한 자 또는 정하지 않았으나 비자발적 사유로 계속근무를 기대할 수 없는 자를 말하고, 시간제근로자란 통상근로자보다 근로시간이 짧은 근로자를 의미하며 비전형근로자는 파견·용역·특수형태근로종사자·가정 내 일일근로자를 가리킨다. 실무적으로는 비정규직의 고용형태를 직접고용, 간접고용, 특수고용과 같이 분류하기도 한다. 직접고용은 기간제 근로자, 단시간 근로자로 구분하고 간접고용은 사용관계가 성립되는 경우(파견근로, 근로자 공급 등)와 성립되지 않는 경우(도급, 용역, 위탁, 사내하청 등)로 구분한다. 그리고 이 둘에 해당하지 않는 경우를 특수고용형태(예: 보험모집인, 골프장 경기보조원, 학습지 교사, 레미콘 기사, 덤프트럭 기사, 퀵서비스 배달인, 방송사 구성작가, 텔레마케터 등)로 구분한다.

　기본적으로 근로자라면 「근로기준법」 및 노동관계법령을 통해 보호받을 수 있다. 그런데 비정규직보호법상 보호 대상은 기간제 및 단시간 근로자 보호 등에 관한 법률에서의 기간제 근로자 및 단시간 근로자, 파견근로자 보호 등에 관한 법률에서의 파견근로자이다. 특수형태근로종사자는 「근로기준법」상 근로자성을 인정받지는 못하지만 「산업재해보상보험법」상 본인이 원할 경우에는 산재보험의 적용을 받을 수 있다.

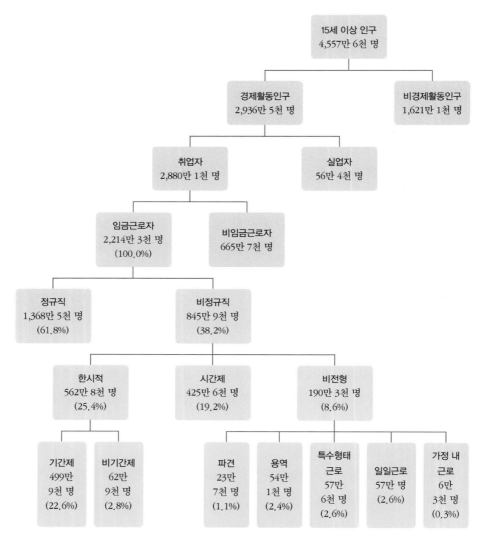

[그림 11-1] 근로형태별 근로자 구성 및 규모(2024. 8.)

출처: 통계청(2024).

2. 노동문제의 이론

1) 탈산업화 가설

탈산업화 가설은 노동시장의 양극화와 저임금 일자리의 증가를 설명하는 주요 이론 중 하나이다. 이 가설은 산업 구조의 변화가 노동시장에 미치는 영향을 설명하는 데 중점을 둔다. 블루스톤과 베넷(Bluestone, Bennet, & Harrison, 1988)은 중간소득 계층의 축소와 소멸의 주요 원인으로 탈산업화를 지적하였다. 제조업은 저학력 계층에게도 상대적으로 높은 임금을 제공하는 중간 일자리를 창출하지만, 서비스업으로의 전환은 고임금과 저임금 일자리의 혼재로 인해 노동시장 양극화를 야기하게 된다는 것이다. 제조업은 상대적으로 높은 임금과 낮은 임금분산을 특징으로 하여 시장개방, 외주하청, 공장이전, 합리화 및 자동화와 같은 변화로 인해 제조업 일자리가 감소하면서 서비스업 일자리가 증가하게 된다. 이는 임금소득 불평등의 증가로 이어진다는 점에서 문제가 된다(전병유, 2007). 또한 머피와 웰치(Murphy & Welch, 1990)는 저학력 계층의 소득 감소 원인으로 제조업 제품의 수입 증가로 인한 노동수요곡선의 이동을 언급했다. 바운드와 홀저(Bound & Holzer, 1991) 역시 제조업에서 다른 부문으로의 노동수요 이동이 저숙련 남성의 소득과 고용 감소에 크게 기여했다고 분석한다(이지은, 황규성, 2024).

2) 이중노동시장이론

신고전학파 경제학에서는 노동시장 내 동일한 생산성과 인적 자본을 지닌 노동자들이 동일한 보상을 받아야 한다는 단일노동시장 또는 통합노동시장을 전제로 한다. 그러나 실제로는 보상체계가 대기업과 중소기업 간에 차별적으로 형성되며, 이로 인해 '임금 청산(wage clearance)'이 완전하지 않은 두 개의 노동시장이 존재하게 된다. 이를 설명하는 이론이 바로 이중노동시장이론(dual labor market theory)이다. 이중노동시장이론은 노동시장이 대기업과 중소기업으로 나뉘어 상이한 보상체계를 형성하고 있다는 점을 강조한다.

한국 노동시장에 관한 연구들은 1987년 대규모 노사분규 이전까지는 노동시장이 단일한 형태를 보였다고 평가한다. 하지만 1987년 이후 대기업을 중심으로 1차 노동시장이 형성되며, 노동시장이 분절화되기 시작했다는 분석이 나오고 있다(김영아, 홍정림, 2023). 이러한 분절화는 1987년 노사분규와 노동력 부족 현상 이후 더욱 명확해졌고, 한국 노동시장은 이중 노동시장의 특징을 띠게 된 것이다. 이러한 이중구조는 임금체계의 분포에서도 확인되며, 특히 기업 규모에 따라 뚜렷한 차이를 보인다(김영아, 홍정림, 2023).

3. 노동문제의 정책 동향

1) 두루누리 사회보험료 지원사업

두루누리 사회보험료 지원사업은 소규모 사업을 운영하는 사업주와 소속 근로자의 사회보험료(고용보험, 국민연금)의 일부를 국가에서 지원함으로써 사회보험 가입에 따른 부담을 덜어 주고, 사회보험 사각지대를 해소하기 위한 사업이다. 지원대상은 근로자 수가 10명 미만인 사업에 고용된 근로자 중 월 평균 보수가 270만 원 미만인 신규가입 근로자와 그 사업주를 대상으로 하고 있으며, 2021년부터는 신규가입자에 대해서만 지원하고 있다. 지원수준은 신규가입 근로자 및 사업주가 부담하는 고용보험과 국민연금 보험료의 80%이고, 지원기간은 2018년 1월 1일부터 신규가입자 및 기가입자 지원을 합산하여 36개월까지만 지원하고 있다. 두루누리 사회보험료 지원을 신청하면 사업주가 월별 보험료를 법정기한 내에 납부하였는지를 확인하여 완납한 경우 그다음 달 보험료에서 해당 월의 보험료 지원금을 뺀 나머지 금액을 고지하는 방법으로 지원하고 있다.

2) 국민취업지원제도

이 제도는 저소득 구직자 등 취업취약계층에게 통합적인 취업지원서비스를 제공하고 생계를 지원함으로써 이들의 구직활동 및 생활안정을 지원하기 위한 목적에서 도입된 제도다. 지원대상은 근로능력과 구직의사가 있음에도 불구하고 취업하지 못한 자로서 구체적인 요건은 〈표 11-1〉과 같다.

지원대상자들에게는 취업지원서비스와 소득지원을 결합한 지원이 제공된다. 구체적으로는 상담·진단을 통해 취업역량을 파악하고, 취업지원 경로(IAP)를 설정할 수 있도록 지원하며 직업훈련·일경험·창업·해외취업 및 복지프로그램(생계, 의료, 금융, 돌봄서비스 등) 등을 연계해 주기도 한다. 또한 구직활동지원 프로그램 연계 및 집중취업 알선을 실시한다.

표 11-1 국민취업지원제도 대상

필요요건		연령	가구단위 소득	가구원 재산	취업경험
I유형	요건심사형	15~69세	중위소득 60% ↓	4억 원 이하 (청년: 5억 원 이하)	2년 이내 100일 또는 800시간 이상
	선발형 비경활	15~69세	중위소득 60% ↓	4억 원 이하	2년 이내 100일 또는 800시간 미만
	선발형 청년	15~34세+ 병역의무 이행 기간(최대3년)	중위소득 120% ↓	5억원 이하	무관
II유형	특정계층	15~69세	무관	무관	무관
	청년	15~34세+ 병역의무 이행 기간(최대3년)	무관		
	중장년	35~69세	중위소득 100% ↓		

출처: 고용노동부(2024).

3) 실업크레딧제도

실업크레딧제도는 실업자의 노후소득 보장을 강화하기 위해 구직급여 수혜기간 동안 국민연금 보험료의 일부를 지원하고 그 기간을 연금 가입기간으로 산입해 주는 제도다. 지원대상은 18세 이상 60세 미만의 구직급여 수급자 중 국민연금 가입자 또는 가입한 적이 있으면서 재산 6억 원 이하, 종합소득(사업·근로소득 제외) 1,680만 원 이하인 자이며, 지원기간은 구직급여 수급기간으로 하되, 1인 생애 최대 1년까지 지원이 가능하다. 지원금액은 연금 보험료는 인정소득의 9%이며, 이 중 국가 지원 보험료는 연금 보험료의 75% 수준이다. 실업크레딧제도 지원 신청은 고용센터 또는 전국 국민연금공단 지사에서 신청 가능하다.

4. 노동문제의 실태

1) 한국노동시장의 실태

이지은, 황규성(2024)은 한국 노동시장을 시기에 따라 세 단계로 구분해 설명한다(〈표 11-2〉 참조). 1963년부터 1980년까지 취업자 수는 급격하게 늘었고 이에 따라 고용률도 급증했다. 급속한 산업화의 결과로 제조업 종사자의 비중은 한 번도 꺾이지 않고 꾸준하게 늘었다. 임금노동자의 비중도 빠르게 높아져 1980년에는 약 절반 수준에 도달했다. 임금은 전기에는 횡보하다 1970년대 중반부터 급증하는 추세를 보였다. 그러나 노동소득분배율은 매우 낮은 수준에서 벗어나지 못했다. 일하는 사람들은 너무 오래 일했다. 실업자는 50만 명 정도였지만 급속한 공업화의 영향으로 실업률은 급속하게 줄었다(이지은, 황규성, 2024).

1981년부터 1998년 사이에 취업자 수와 고용률은 이전 시기와 비슷하게 급격하게 늘었다. 하지만 이 시기에는 산업화가 일정한 한계에 도달함으로써 제조업 종사자의 비중은 정점에 이르렀고 서비스업 종사자의 비중이 급격하게 늘었다.

임금노동자의 비중은 계속 높아져 1990년에는 60%를 넘어섰다. 임금은 전기에는 인상률이 낮았지만 이른바 노동자 대투쟁을 거치면서 1988년부터는 높아졌고 이에 따라 노동소득분배율도 높아졌다. 노동시간은 점진적으로 줄었다. 실업자는 50만 명 정도였지만 실업률은 줄었다(이지은, 황규성, 2024).

외환위기를 맞은 1990년대 말은 한국 노동시장에서 중대한 변곡점이었다. 외환위기를 거치면서 노동시장은 크게 바뀌었다. 취업자는 서서히 늘었지만 고용률은 약 60%로 큰 변동이 없다. 이른바 탈산업화가 진행되면서 제조업 취업자는 줄고 서비스업 종사자가 늘었다. 임금노동자는 꾸준히 늘어 2009년부터 70%를 넘어섰다. 임금상승률은 정체국면에 접어들었고 노동소득분배율도 최근 몇 년간을 제외하면 정체상태를 벗어나지 못하고 있다. 실업자는 연간 80만 명 수준으로 고실업이 일상적인 일이 되었다. 특히 청년실업은 이제 만연해 있다(이지은, 황규성, 2024).

21세기 실업 양태 중 두드러진 특징 중 하나는 [그림 11-2]와 같이 연령대별 실업률이 일정한 패턴을 보인다는 점이다. 40대와 50대의 실업률은 2~3%, 30대는 3%대를 보이고 있지만 10대와 20대의 실업률은 다른 연령대의 두세 배에 이른다.

표 11-2 **한국 노동시장의 시기별 특징**

	1963~1980년	1981~1998년	1999~2020년
취업자/고용	급격한 증가	급격한 증가	완만한 증가
취업자 구성	제조업 비중 급증 임금노동자 급증	제조업 비중 정점 임금노동자 급증	서비스 비중 정점 임금노동자 급증
임금	횡보 후 급등 낮은 분배율	횡보 후 급등 분배율 점증	횡보 후 점증 분배율 정체
근로시간	최장시간 노동	점진적 감축	꾸준한 단축
실업자/실업	50만 명 수준 실업률 급감	50만 명 수준 실업률 점감	80만 명 수준 평탄한 실업률 청년실업 구조화

출처: 이지은, 황규성(2024).

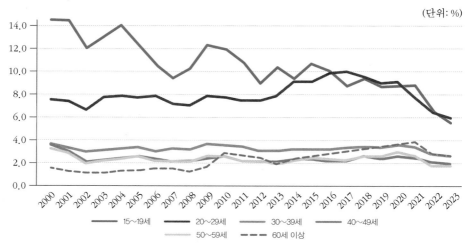

[그림 11-2] 연령대별 실업률

출처: 통계청(2024. 11. 03.).

2) 임금근로자의 규모

현재 전체 임금근로자 수는 2,214만 3천 명이고, 그중 비정규직 근로자는 845만 9천 명으로 전년 동월 대비 33만 7천 명 증가한 수치를 보이고 있다. 전체 임금근로자 중 비정규직 근로자의 비중은 38.2%로 1.2% 상승했으며, 2021년을 제외하면

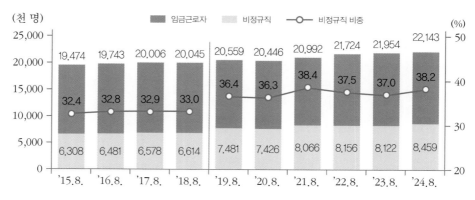

[그림 11-3] 비정규직 근로자 규모 및 비중

출처: 통계청(2024).

최근 10년 동안 최대 비율을 보이고 있다. 반면에 정규직 근로자는 1,368만 5천 명으로 전년 동월 대비 14만 7천 명 감소하였다.

근로형태별로 보면, 한시적 근로자는 562만 8천 명(66.5%), 시간제 근로자 425만 6천 명(50.3%), 비전형 근로자는 190만 3천 명(22.5%)이다. 전년 동월 대비 한시적 근로자는 36만 9천 명, 시간제 근로자는 38만 3천 명 각각 증가한 반면에 비전형 근로자는 5만 4천 명 감소한 수치를 보였다.

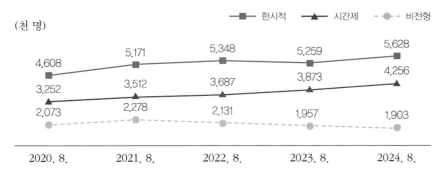

[그림 11-4] 비정규직 근로자 근로형태별 규모

출처: 통계청(2024).

표 11-3 OECD 주요국들의 비정규직 비율   (단위: %)

	2016	2017	2018	2019	2020	2021	2022	2023
캐나다	13.3	13.7	13.4	12.8	11.5	12.0	11.9	11.6
독일	13.2	12.9	12.6	12.0	10.9	11.5	12.4	11.9
네덜란드	20.8	21.8	21.5	20.2	18.0	27.4	27.7	27.4
폴란드	27.5	26.2	24.4	21.8	18.6	15.1	15.4	15.4
스페인	26.1	26.7	26.8	26.3	24.1	25.1	21.1	17.1
일본	–	–	15.7	15.7	15.4	15.0	15.0	14.9
영국	6.1	5.9	5.6	5.2	5.4	5.6	5.4	5.3
한국	21.9	20.6	21.2	24.4	26.1	28.3	27.3	26.7

출처: OECD. Due to the additional investigation of Fixed-term Workers from 2019, the year-on-year comparison of the non-regualar workers should be analyzed separately before and after 2019.

OECD 주요국가들의 비정규직 비율은 〈표 11-3〉과 같다. 한국은 26.7%로 주요국들에 비해 비정규직 비율이 높은 편에 속한다.

3) 비정규직 노동자의 특성

최근 통계청에서 발간한 자료를 통해 비정규직 노동자의 특성을 살펴보고자 한다.

(1) 연령계층별 특성

연령계층별 비정규직 근로자는 60세 이상이 281만 2천 명으로 가장 많고, 50대 166만 1천 명, 20대 146만 1천 명 순이다. 전년 동월 대비 60세 이상이 19만 3천 명으로 가장 많이 증가했고, 30대는 8만 4천 명, 20대 3만 8천 명, 50대는 3만 4천 명 각각 증가한 것으로 나타났다. 비정규직 근로자 중 60세 이상 비중은 33.2%로 전년보다 1.0% 상승한 반면에, 50대(19.6%)와 40대(15.5%)는 0.4%, 0.6% 각각 하락한 것으로 나타났다.

(2) 산업별 특성

산업별 비정규직 규모는 보건사회복지업 154만 6천 명(18.3%), 숙박음식업 87만 1천 명(10.3%), 사업시설지원업 86만 4천 명(10.2%) 순으로 나타났다. 전년 동월 대비 숙박음식업(8만 2천 명), 보건사회복지업(5만 4천 명), 제조업(4만 명), 전문과학기술업(4만 명), 도소매업(3만 9천 명), 운수창고업(3만 9천 명) 등에서 증가했다. 반면에 건설업은 비전형 근로자가 6만 1천 명, 부동산업은 한시적 근로자가 2만 6천 명 각각 감소한 것으로 나타났다.

표 11-4 　연령계층별 비정규직 근로자 규모

(단위: 천 명, %, %p)

	2023. 8.				2024. 8.				증감			
	비정규직	한시적	시간제	비전형	비정규직	한시적	시간제	비전형	비정규직	한시적	시간제	비전형
〈전체〉	8,122	5,259	3,873	1,957	8,459	5,628	4,256	1,903	337	369	383	-54
15~19세	154	52	145	13*	143	72	128	10*	-11	21	-17	-3
20~29세	1,423	876	737	146	1,461	922	817	155	38	46	80	9
30~39세	989	706	302	190	1,072	762	353	200	84	56	51	10
40~49세	1,311	807	470	343	1,310	798	488	342	0	-9	18	-1
50~59세	1,627	933	646	562	1,661	997	700	491	34	64	54	-71
60세 이상	2,619	1,885	1,574	703	2,812	2,076	1,771	705	193	191	197	2
〈비중〉	100.0	100.0	100.0	100.0	100.0	100.0	100.0	100.0	–	–	–	–
15~19세	1.9	1.0	3.7	0.7	1.7	1.3	3.0	0.5	-0.2	0.3	-0.7	-0.2
20~29세	17.5	16.7	19.0	7.5	17.3	16.4	19.2	8.2	-0.2	-0.3	0.2	0.7
30~39세	12.2	13.4	7.8	9.7	12.7	13.5	8.3	10.5	0.5	0.1	0.5	0.8
40~49세	16.1	15.3	12.1	17.5	15.5	14.2	11.5	18.0	-0.6	-1.1	-0.6	0.5
50~59세	20.0	17.7	16.7	28.7	19.6	17.7	16.4	25.8	-0.4	0.0	-0.3	-2.9
60세 이상	32.2	35.8	40.6	35.9	33.2	36.9	41.6	37.0	1.0	1.1	1.0	1.1

주: * 표시는 상대표준오차 값이 25% 이상으로 이용 시 유의해야 함
출처: 통계청(2024).

표 11-5 산업별 비정규직 근로자 규모

(단위: 천 명, %, %p)

| | 2023. 8. | | | | | 2024. 8. | | | | | 증감 | | | | |
| | 비정규직 | | | | | 비정규직 | | | | | 비정규직 | | | | |
	비정규직	비중	한시적	시간제	비전형	비정규직	비중	한시적	시간제	비전형	비정규직	비중	한시적	시간제	비전형
〈전체〉	8,122	100.0	5,259	3,873	1,957	8,459	100.0	5,628	4,256	1,903	337	0.0	369	383	-54
농림어업	61	0.8	29	23	27	63	0.7	35	21	24	2	-0.1	7	-2	-3
제조업	649	8.0	503	173	54	689	8.1	535	172	56	40	0.1	32	0	2
건설업	748	9.2	305	158	436	736	8.7	366	139	375	-12	-0.5	61	-19	-61
도소매업	706	8.7	320	417	151	745	8.8	371	439	134	39	0.1	51	22	-17
운수창고업	264	3.3	164	67	87	303	3.6	173	101	103	39	0.3	10	35	16
숙박음식업	790	9.7	325	624	48	871	10.3	414	710	44	82	0.6	89	87	-4
정보통신업	192	2.4	153	51	27	206	2.4	162	63	26	14	0.0	9	12	-2
금융보험업	313	3.9	92	50	234	314	3.7	92	70	243	1	-0.2	0	20	9
부동산업	208	2.6	158	67	39	188	2.2	132	68	42	-21	-0.4	-26	1	4
전문과학기술업	221	2.7	176	71	17*	261	3.1	200	91	18*	40	0.4	24	21	1
사업시설지원업	871	10.7	598	207	625	864	10.2	620	218	635	-6	-0.5	22	11	10
공공행정	381	4.7	370	252	4*	410	4.8	391	297	4*	29	0.1	22	45	-1
교육서비스	684	8.4	503	417	49	700	8.3	501	437	46	16	-0.1	-2	19	-3
보건사회복지업	1,492	18.4	1,249	1,021	53	1,546	18.3	1,299	1,093	47	54	-0.1	50	72	-6
예술스포츠협회	207	2.6	123	112	33	200	2.4	134	113	35	-7	-0.2	10	1	3
기타서비스업	235	2.9	130	117	62	270	3.2	148	163	57	36	0.3	19	45	-5
기타	101	1.2	63	47	13	94	1.1	55	61	15	-8	-0.1	-8	14	3

주: * 표시는 상대표준오차 값이 25% 이상으로 이용 시 유의해야 함
출처: 통계청(2024).

표 11-6 평균 근속 기간

(단위: %, %p)

	2023. 8.				2024. 8.				증감			
	평균 근속 기간	1년 미만	1~3년 미만	3년 이상	평균 근속 기간	1년 미만	1~3년 미만	3년 이상	평균 근속 기간	1년 미만	1~3년 미만	3년 이상
〈임금근로자〉	6년 1개월	30.3	21.2	48.5	6년 4개월	29.1	21.4	49.6	3개월	−1.2	0.2	1.1
• 정규직	8년 2개월	16.7	20.9	62.4	8년 6개월	15.1	20.5	64.4	4개월	−1.6	−0.4	2.0
• 비정규직	2년 8개월	53.3	21.8	25.0	2년 10개월	51.6	22.7	25.7	2개월	−1.7	0.9	0.7
−한시적	2년 6개월	53.2	23.0	23.8	2년 6개월	53.0	24.6	22.4	0개월	−0.2	1.6	−1.4
기간제	2년 6개월	53.0	23.1	23.9	2년 7개월	52.8	24.0	23.2	1개월	−0.2	0.9	−0.7
비기간제	2년 2개월	55.7	22.0	22.2	1년 9개월	54.8	29.2	15.9	−5개월	−0.9	7.2	−6.3
−시간제	2년 2개월	61.0	19.5	19.5	2년 4개월	58.9	20.2	20.9	2개월	−2.1	0.7	1.4
−비전형	3년 1개월	54.6	16.9	28.5	3년 5개월	51.9	17.0	31.1	4개월	−2.7	0.1	2.6

출처: 통계청(2024).

(3) 평균 근속기간

비정규직 근로자의 현 직장에서의 평균 근속기간은 2년 10개월로 전년 동월 대비 2개월 증가한 것으로 나타났다. 한시적 근로자(2년 6개월)의 평균 근속기간은 전년과 동일하며, 시간제 근로자(2년 4개월)는 2개월, 비전형 근로자(3년 5개월)는 4개월 각각 증가했다. 근속기간별로 보면, 1년 미만(51.6%)은 1.7% 하락, 1~3년 미만(22.7%) 0.9%, 3년 이상(25.7%)은 0.7% 각각 상승했다.

(4) 최근 3개월 월평균 임금

전체 임금근로자의 최근 3개월(6~8월) 월평균 임금은 312만 8천 원으로 전년 동기 대비 12만 1천 원 증가했다. 그중 정규직 근로자는 379만 6천 원으로 17만 3천 원, 비정규직 근로자는 204만 8천 원으로 9만 1천 원 각각 증가했으며, 시간제를 제외한 비정규직 근로자의 월평균 임금은 295만 7천 원으로 19만 6천 원 증가한 것으로 나타났다.

비정규직 근로자 중 한시적 근로자의 월평균 임금은 215만 5천 원, 시간제 근로자는 114만 9천 원, 비전형 근로자는 232만 6천 원으로 나타났다. 전년 동기 대비 한시적 근로자는 7만 5천 원, 시간제 근로자는 7만 4천 원, 비전형 근로자는 10만 7천 원 각각 증가했다.

표 11-7 **최근 3개월 월평균 임금** (단위: 만 원, %)

	임금 근로자	정규직	비정규직		한시적	기간제	비기간제	시간제	비전형
			시간제 제외						
'23. 6~8월 평균	300.7	362.3	195.7	276.1	208.0	209.9	187.1	107.5	221.9
'24. 6~8월 평균	312.8	379.6	204.8	295.7	215.5	218.9	188.9	114.9	232.6
증감 (증감률)	12.1 (4.0)	17.3 (4.8)	9.1 (4.6)	19.6 (7.1)	7.5 (3.6)	9.0 (4.3)	1.8 (1.0)	7.4 (6.9)	10.7 (4.8)

출처: 통계청(2024).

(5) 사회보험 가입률

모든 사회보험 유형에 있어서 비정규직에 비해 정규직 가입률이 압도적으로 높다. 국민연금은 정규직 근로자는 88.1%가 가입되어 있는 데 비해 비정규직 근로자는 37.5%에 불과하며, 건강보험 가입률 역시 정규직은 95.0%, 비정규직은 52.2%에 불과하다. 고용보험 가입률은 정규직 95.0%, 비정규직 54.7%로 나타났다. 임금근로자의 전년 동월 대비 사회보험 가입률은 국민연금 0.8%, 건강보험 0.3% 각각 하락, 고용보험은 전년과 동일하다. 비정규직 근로자의 전년 동월 대비 사회보험 가입률은 국민연금 0.9%, 건강보험 0.4% 각각 하락한 반면에 고용보험은 0.5% 상승했다. 한시적 근로자는 국민연금 2.6%, 건강보험 2.7%, 고용보험 1.2% 각각 하락했고, 시간제 근로자는 국민연금 0.4%, 건강보험 0.7%, 고용보험 1.1% 각각 상승했으며, 비전형 근로자는 국민연금 1.4% 하락, 건강보험 0.7%, 고용보험 2.0% 각각 상승했다.

표 11-8 **임금근로자의 사회보험 가입률**　(단위: %, %p)

	2023. 8.			2024. 8.			증감		
	국민 연금[1][2]	건강 보험[1]	고용 보험[3]	국민 연금[1][2]	건강 보험[1]	고용 보험[3]	국민 연금[1][2]	건강 보험[1]	고용 보험[3]
〈임금근로자〉	69.6	78.9	77.0	68.8	78.6	77.0	−0.8	−0.3	0.0
• 정규직	88.0	94.3	91.9	88.1	95.0	92.3	0.1	0.7	0.4
• 비정규직	38.4	52.6	54.2	37.5	52.2	54.7	−0.9	−0.4	0.5
−한시적	47.2	64.8	59.7	44.6	62.1	58.5	−2.6	−2.7	−1.2
▶기간제	49.0	67.2	61.1	46.7	65.0	60.0	−2.3	−2.2	−1.1
▶비기간제	27.5	39.4	44.6	27.8	38.9	46.6	0.3	−0.5	2.0
−시간제	20.6	32.4	33.6	21.0	33.1	34.7	0.4	0.7	1.1
−비전형	19.7	35.2	50.8	18.3	35.9	52.8	−1.4	0.7	2.0

1) 직장가입자만 집계한 수치임(지역가입자, 수급권자 및 피부양자는 제외)
2) 공무원, 군인, 사립학교 교직원,「별정우체국법」이 정하는 연금 등 특수직역 연금 포함
3) 공무원, 사립학교 교직원, 별정우체국 직원은 응답대상에서 제외
출처: 통계청(2024).

(6) 근로복지 수혜율

전반적인 근로복지 수혜율이 정규직에 비해 비정규직이 낮은 비율을 차지한다. 퇴직급여의 경우 정규직은 95.6%가 수급하는 데 비해 비정규직은 46.4%에 불과해 절반에도 미치지 못하는 수준이다. 상여금은 정규직은 89.0%, 비정규직은 40.1%를 수급하는 것으로 나타났으며, 시간외수당 역시 정규직은 68.7%, 비정규직은 31.8%를 수급하는 것으로 나타났다. 유급휴일은 정규직 86.9%, 비정규직은 38.7%로 근로복지 전반에 걸쳐 비정규직의 처우가 열악함을 알 수 있다. 작년도와 비교해 보면, 임금근로자의 근로복지 수혜율은 퇴직급여 0.5%, 상여금 0.2%, 시간외수당 0.6%, 유급휴일 0.8% 각각 상승했다. 비정규직 근로자는 전년 동월 대비 퇴직급여 1.1%, 상여금 0.7%, 시간외수당 1.3%, 유급휴일 1.5% 각각 상승한 것으로 나타났다.

표 11-9 임금근로자의 근로복지 수혜율　　　　　　　　　　　　　　　　　(단위: %, %p)

	2023. 8.				2024. 8.				증감			
	퇴직급여	상여금	시간외수당	유급휴일(휴가)[1]	퇴직급여	상여금	시간외수당	유급휴일(휴가)[1]	퇴직급여	상여금	시간외수당	유급휴일(휴가)[1]
〈임금근로자〉	76.3	70.1	54.0	67.7	76.8	70.3	54.6	68.5	0.5	0.2	0.6	0.8
• 정규직	94.5	88.1	67.8	85.6	95.6	89.0	68.7	86.9	1.1	0.9	0.9	1.3
• 비정규직	45.3	39.4	30.5	37.2	46.4	40.1	31.8	38.7	1.1	0.7	1.3	1.5
−한시적	55.1	46.3	36.3	47.9	53.9	44.3	36.7	47.6	−1.2	−2.0	0.4	−0.3
▶기간제	57.7	48.0	37.6	50.8	56.8	46.8	37.8	51.1	−0.9	−1.2	0.2	0.3
▶비기간제	26.8	28.5	21.5	16.3	30.5	24.8	27.6	19.2	3.7	−3.7	6.1	2.9
−시간제	28.1	24.8	18.4	17.8	30.3	26.2	19.8	20.0	2.2	1.4	1.4	2.2
−비전형	30.1	26.5	17.8	22.2	31.7	28.7	19.6	23.7	1.6	2.2	1.8	1.5

1) 유급휴일, 연차유급휴가, 출산휴가(산전후휴가) 중 한 개 이상 수혜 대상인 경우
출처: 통계청(2024).

5. 노동문제의 해결방안

첫째, 사회보험을 포함한 다양한 사회보장제도는 모든 노동자가 그들의 노동 형태와 관계없이 포괄적으로 보호받을 수 있도록 분류체계를 정비할 필요가 있다. 특정 사회보험 가입을 전제로 한다면 종속성이나 근로형태를 기준으로 가입 자격이 있는 노동자들만 행정적으로 관리하게 된다. 그러나 이러한 방식은 다양한 고용 형태를 가진 모든 노동자를 포괄하기에는 한계가 있다. 따라서 현재 고용 형태에 대한 분류체계를 정비하여 다양한 형태의 노동자가 노동법제와 사회보장 법제의 보호를 받을 수 있도록 기준을 표준화할 필요가 있다. 이러한 표준화 작업은 노동자들이 고용 형태와 무관하게 사회적 안전망 안에 포함될 수 있게 함으로써 사회보장제도의 포괄성을 강화할 수 있을 것이다(노대명 외, 2020).

둘째, 노동자 간 법정외 복리후생제도의 격차를 완화할 필요가 있다. 법정외 복리후생제도의 포괄성은 2000년대 중반까지는 양호했으나 글로벌 금융위기를 기점으로 격차가 벌어지기 시작했다. 기업이 법정 및 법정외 복리후생 제공에 따른 총비용을 통제하고 법정 복리후생 지원 증가에 따른 트레이드 오프로 법정외 복리후생의 혜택은 축소 또는 유지하는 정책을 펼치는 것으로 추정되고 있다. 최근 일가정 양립, 모성보호가 고용정책의 주요 현안으로 주목받는 만큼 노동자 간 복지 여건의 차이를 개선해 나갈 필요가 있을 것이다. 비정규직 차별금지제도는 임금뿐 아니라 복리후생에서 정규직과 비정규직 간의 차별을 금지한다. 기업 간 규모, 고용규모별 근로복지 격차만큼 같은 회사 내 종사상 지위별 복리후생 격차를 줄이는 정책적 관심과 노력이 필요하다(김영아, 홍정림, 2023).

셋째, 특수형태근로종사자 및 플랫폼 종사자의 사회보험 적용 확대의 일환으로 2023년 7월부터 산업재해보상보험의 당연적용 대상으로 전환되었다. 또한 이들은 고용보험 가입 자격이 있지만 이에 대한 인지도가 높지 않은 것으로 조사된 바 있다(김영아, 홍정림, 2023). 최근 사회보험제도의 보장성 확대를 위한 정부의 다양한 노력에 대한 홍보가 적극적으로 이루어질 필요가 있을 것이다.

넷째, 최근 신사회적 위험이 증가하고 있으며, 이에 따라 새로운 노동취약계층이 등장하고 있다. 가족구조의 변화, 디지털 전환, 기후위기와 같은 요인들이 대표적인 신사회적 위험으로 꼽히며, 이로 인해 다양한 사회적 취약계층이 상시적으로 위기 상황에 노출되고 있다. 언론을 통해 주목받는 이러한 새로운 취약계층에는 은둔형외톨이, 청년 근로빈곤층(영 커리어층), 경계성 장애인, 북한이탈주민, 보호종료아동, 외국인 근로자, 1인 가구, 과다 채무가구, 정서적 취약계층 등이 포함된다. 이들은 대부분 청장년층으로, 근로 연령에 해당하면서도 근로빈곤 문제를 겪고 있다. 다양한 소득보장제도가 존재함에도 불구하고 이러한 새로운 위기와 신사회적 위험에 대한 대응이 여전히 부족한 상태다. 기존의 소득보장제도가 근로 연령층을 위한 안전망을 제공하고자 하지만, 빠르게 변화하는 사회적 위험 요소들에 대한 대응 체계가 충분히 갖추어져 있지 않아 새로운 취약계층을 효과적으로 보호하기 어려운 상황이다. 신사회적 위험에 따라 새롭게 등장하는 노동취약계층을 발굴하고 이들을 위한 사회안전망을 강화해 나갈 필요가 있을 것이다.

생각해 볼 문제

1. 최근 이슈가 되고 있는 주 4일제 근무는 현대사회에서 필수인지, 선택인지에 대해 본인의 생각을 설명해 보자.
2. AI와 로봇의 발전이 노동시장을 파괴하는지, 아니면 새로운 기회를 창출하는지에 대해 논의해 보자.
3. 비정규직 보호를 위한 법적 제도의 충분성과 개선방안에 대해 논의해 보자.
4. 청년 실업 문제 해결을 위한 정부와 기업의 역할에 대해 논의해 보자.

참고문헌

고용노동부(2024). 한권으로 통하는 고용노동 정책.

김영아, 홍정림(2023). 취약근로자 근로복지 실태와 정책과제. 한국노동연구원.

김태완, 한수진(2023). 복지 사각지대 해소를 위한 사회보장 개편 기초연구. 한국보건사회연구원.

노대명, 정세정, 곽윤경, 이지혜, 임지영, 이호근(2020). 고용형태 다변화에 따른 사회보장 패러다임 재편방안 연구. 한국보건사회연구원.

이지은, 황규성(2024). 세대별 생애노동과 불평등. 한국노동연구원.

전병유(2007). 한국 노동시장의 양극화에 관한 연구: 중간일자리 및 중간임금계층을 중심으로. 한국경제의 분석. 13(2), 171-244.

통계청(2024). 2024년 8월 경제활동인구조사 근로형태별 부가조사 결과.

Bluestone, B., & Bennet, H. (1988). The Growth of Low Wage Employment: 1963-86. *American Economic Review*, 78(2), 124-129.

Bound, J., & Holzer, H. (1993). Industrial Shifts, Skills Levels, and the Labor Market for White and Black Males. *The Review of Economics and Statistics* 75(3), 387-396.

Murphy, K., & Welch, F. (1990). Wage Differentials In The 1980s: The Role Of The International Trade. Papers 23. California Los Angeles-Applied Econometrics.

환경문제

1. 환경문제의 개념

ESG는 환경(Environment), 사회(Social), 지배구조(Governance)의 머리글자를 딴 단어로 기업의 지속 가능성(Sustainability)을 평가하는 프레임이다. 기업 활동에 매출, 이익 등 재무적 요소뿐만 아니라 환경·윤리·사회문제 등 비재무적 요소를 함께 고려한다면 지속 가능한 발전을 이룰 수 있다는 핵심가치를 담고 있다. 지속 가능한 발전에 대한 논의에서 시작된 ESG는 새로운 기후변화체제가 출범하고, 탄소중립이 글로벌 의제로 부상하는 등 환경(E)에 관한 논의가 활발해지면서 개념이 재조명되고 있다. 기후변화체제는 1992년 브라질 리우에서 열린 유엔환경개발회의(UNCED)에서 각국 정상이 유엔기후변화협약에 서명하면서 시작되어 1997년 교토의정서 채택으로 37개 선진국 중심의 온실가스 감축 의무로 구체화되었다. 이후 2015년 파리협정에서 전 세계 모든 국가가 참여하는 보편적인 기후변화 대응 기조로 전환되었으며, 5년 단위로 각국의 온실가스 배출 현황과 감축정책 이행과정을 점검하기로 규정했다. 기후변화에 대응하기 위한 인류의 노력이 전세계적 합의점을 찾아가면서 ESG는 이런 노력을 측정, 평가, 관리하는 수단으로 주목받고 있다. 특히 세계 각국이 탄소중립, 즉 이산화탄소 배출량만큼 흡수량도 늘려 실질적인 배출량을 제로(net-zero)로 만들겠다고 선언하면서 탄소국경

세, 플라스틱 규제 등을 도입함에 따라 앞으로 ESG 경영 흐름은 더욱 강화될 것으로 보인다.

「환경정책기본법」에 따르면 환경이란 자연환경과 생활환경을 의미한다. 자연환경이란 지하·지표(해양을 포함한다) 및 지상의 모든 생물과 이들을 둘러싸고 있는 비생물적인 것을 포함한 자연의 상태(생태계 및 자연경관을 포함한다)를 말하며, 생활환경이란 대기, 물, 토양, 폐기물, 소음·진동, 악취, 일조(日照), 인공조명, 화학물질 등 사람의 일상생활과 관계되는 환경을 말한다. 또한 환경오염이란 사업활동 및 그 밖의 사람의 활동에 의하여 발생하는 대기오염, 수질오염, 토양오염, 해양오염, 방사능오염, 소음·진동, 악취, 일조 방해, 인공조명에 의한 빛 공해 등으로서 사람의 건강이나 환경에 피해를 주는 상태를 말한다.

KB금융그룹(2021)이 조사한 자료에 따르면, 사람들이 환경문제 중 가장 심각하다고 생각한 문제는 대기오염이 38.3%로 가장 높고, 이어서 기후변화 37.8%, 생태계 파괴 12.2%, 수질오염 8.6%, 토양오염 2.0%, 기타 1.1% 순으로 조사되었다. 즉, 대기오염, 기후변화, 생태계 파괴를 심각하다고 인식하고 있다는 것인데, 먼저 대기오염의 사례로는 '런던 스모그'를 들 수 있다. 1952년 12월 5일부터 9일까지, 5일 동안 영국 런던은 짙은 스모그로 가득 차게 된다. 추운 날씨에 난방 연료로, 석탄을 집중적으로 사용한 것이 원인이었다. 이에 따라 발생한 스모그의 피해는 상당했다. 호흡기 질환 등으로 숨진 사람만 4천 명이었고, 10만 명이 각종 질환에 피해를 입게 되었다. 이런 상태는 이듬해 2월까지 8천여 명이 더 숨져 총사망자는 1만 2천 명에 이르렀다. 두 번째, 기후변화의 사례로 '호주 산불'을 들 수 있다. 2019년 가을부터 다음 해 봄까지 이어진 호주 산불은, 한국 국토 면적에 해당하는 약 1천만 헥타르가 넘는 대지를 태웠고 수억 마리의 동물들이 화재로 죽거나 서식지를 옮기는 등의 영향을 받게 되었다. 기후변화로 인한 기록적인 고온 현상과 유례없는 가뭄이 건조한 땅을 만들게 되었고 이로 인해 유례없는 산불로 이어졌다는 분석이 있다. 세 번째, 생태계 파괴의 사례로는 '황제펭귄 멸종 위기'를 들 수 있다. 남극의 해빙은 황제펭귄이 번식하고 먹이를 찾기 위한 필수적인 서식지다. 하지만 지구 온난화로 인해 해빙 면적이 빠르게 줄어들면서 황제펭귄들의 서식지가 위협받고 있다. 또한 해양 산성화로 인해 황제펭귄의 주요 식량원인 크릴새우의 공급도 줄고 있는 상태다. 현재 황제펭귄은 서식지의 면적이 줄고 주식량도 감소해 개체 수가 감소할 수밖에 없는 환경에 놓여 있다.

이와 같이 생명체가 정상적인 생명 활동을 이어 가는 데 지장이 있을 정도로 자연환경에 손상을 주는 것, 환경이 사회적 또는 생태적으로 문제가 되는 것을 '환경문제'라고 정의한다. 산업 혁명 이후, 자원의 개발과 무분별한 사용으로 인해 다양한 환경오염문제가 발생하고 있다. 환경이 자연적 정화 능력을 초과하였을 때 오염이 발생했다고 일컫는다. 환경문제에서의 오염은 모두 유기적으로 연계되어 있고, 처리 방법을 도입할 때 다양한 측면에서 고려하여 의도하지 않은 환경적 영향이 생기지 않도록 주의할 필요가 있다. 생명체가 생명 활동을 하는 과정에서 자연환경은 필연적으로 손상된다. 자연 스스로도 여러 가지 복합적인 생태계 작용을 통해 손상된 부분을 복구하고 유지하려 한다. 하지만 환경과 생명 활동 사이의 균형이 무너지게 되면 환경과 생명을 포괄하는 구조 자체가 지속 불가능해지면서 자연환경은 스스로의 제어 능력을 상실하고 생명체는 생존에 위협을 받게 된다.

생태계 질서가 무너지는 과정이 가속화된 것은 18세기의 산업 혁명부터다. 산업 혁명을 계기로 이전과는 달리 생산력이 높아졌고, 높아진 생산력을 유지하는데 적합한 소비 경제가 발달하게 되었으며, 그 소비 경제를 유지하기 위해 생산력의 강화가 더욱 촉진되었다. 이 구조가 반복되면서 환경파괴는 가속화된 것이다. 우리나라는 1960년대부터 중화학공업 등에 의한 자연환경의 오염, 극도의 개발사업으로 인한 환경파괴, 도시환경의 악화 등이 급속히 사회문제로 대두되었으며, 현재는 환경문제로 인한 온열질환자 수 증가, 수온 상승, 극심한 기온 변동 폭, 오염으로 인한 사망, 생물 다양성 감소 등의 문제가 나타나고 있다.

2. 환경문제의 이론

환경문제와 관련된 이론들은 다양한 학문적 배경과 철학적 관점에서 환경문제를 분석하고 해결책을 제시하는 데 큰 역할을 한다. 환경문제는 단순히 자연 생태계의 문제가 아니라 경제, 사회, 문화 등 다양한 요소와 얽혀 있는 복잡한 문제이기 때문에 여러 이론이 이를 바라보는 시각도 다양하다.

1) 생태근본주의

생태근본주의(ecocentrism)는 자연의 가치를 최우선으로 하는 이론이다. 이는 인간을 중심으로 한 전통적 세계관을 넘어서서 모든 생명체가 고유한 가치를 지니고 있다고 보는 철학적 입장이다. 생태근본주의는 인간이 자연을 단순히 자원의 원천으로 여기는 태도를 비판하며, 인간과 자연이 서로 의존하고 상호작용하는 관계로 묶여 있다고 주장한다. 예를 들어, 생태계의 한 구성 요소인 식물, 동물, 미생물은 서로 균형을 이루며 생태계 내에서 중요한 역할을 수행한다. 생태근본주의자들은 이러한 균형이 깨질 때 환경문제, 기후변화, 생물다양성 감소와 같은 문제가 발생한다고 경고하며, 생태계를 구성하는 모든 요소가 동등하게 존중받아야 한다고 주장한다. 생태근본주의는 일반적으로 인간의 자원 소비를 줄이고, 자연을 보존하며, 인위적인 간섭을 최소화하려는 방향을 추구하며, 이러한 변화가 환경문제를 해결하는 데 필수적이라고 본다.

2) 지속가능발전

지속가능발전(sustainable development) 이론은 환경 보호와 경제적 발전의 균형을 강조한다. 이 이론은 1987년 세계환경개발위원회(WCED)가 발간한 브룬트란트 보고서에서 제안되었으며, '미래 세대가 자신의 필요를 충족할 수 있는 능력을 훼손하지 않으면서 현재 세대의 필요를 충족시키는 발전'으로 정의되었다. 이 개념은 환경적 지속 가능성, 경제적 지속 가능성, 사회적 지속 가능성이라는 세 가지 요소가 균형을 이루어야 한다는 점을 강조한다. 이는 자원 소비를 줄이고 재생가능 자원을 활용하며, 생태계를 파괴하지 않는 방식으로 경제를 운영함으로써 가능한 일이다. 지속가능발전은 정부, 기업, 시민사회의 협력이 필요하며, 이를 위해 친환경 기술 개발, 환경 교육, 에너지 효율성 향상 등 다양한 노력이 필요하다. 이러한 노력이 실현되면 환경과 경제가 상생하는 지속 가능한 사회로 나아갈 수 있다고 주장한다.

3) 환경결정론

환경결정론(environmental determinism)은 자연환경이 인간 사회의 발전과 형성에 결정적인 역할을 한다고 보는 이론이다. 이 이론은 인간의 행동, 문화, 경제가 자연환경에 의해 크게 영향을 받는다고 주장하며, 인간의 사회적, 경제적 발전은 자연의 제약과 가능성 속에서 이루어질 수밖에 없다고 본다. 예를 들어, 기후와 지형은 특정 지역의 경제활동에 큰 영향을 미친다. 기후가 온화하고 비옥한 지역은 농업이 발달하고, 추운 지역은 농업보다는 다른 생계 방식을 채택할 가능성이 크다. 환경결정론은 자연이 인간에게 절대적인 영향을 미친다는 입장을 가지고 있으며, 인간이 자연환경에 적응하면서 발전해 왔다는 점을 강조한다. 또한 환경결정론은 인간이 환경을 무분별하게 파괴할 경우 환경적 제약이 인간 사회에 큰 영향을 미칠 것이라고 경고한다. 그러나 이 이론은 인간 사회가 문화적, 역사적 요소에 의해 발전할 수 있다는 입장과 충돌하기도 하며, 이를 보완하기 위해 '환경 가능론'과 같은 다른 개념이 발전하게 되었다.

4) 환경윤리

환경윤리(environmental ethics)는 자연과 환경에 대한 인간의 도덕적 책임을 강조하는 철학적 접근이다. 이는 인간이 자연을 단순히 소유하거나 지배할 권리가 아니라, 보호하고 보존해야 할 의무가 있다고 주장한다. 환경윤리는 환경파괴가 인간의 생존에 치명적인 영향을 미칠 수 있다는 점을 강조하며, 인간의 윤리적 책임을 통해 환경을 보호해야 한다고 주장한다. 이 이론은 자연에 대한 인간의 무분별한 개발과 자원 남용을 비판하며, 인간이 자연과의 관계에서 자신의 역할을 재고해야 한다는 입장을 가지고 있다. 환경윤리는 다양한 윤리적 문제를 다루며, 예를 들어 개발과 보존 사이의 갈등, 희귀 생물 종의 보호문제, 기후변화에 대한 책임 등 다양한 문제를 제기한다. 또한 환경윤리는 기후변화에 대한 책임문제를 다루며, 선진국과 개발도상국 간의 책임 분담 문제 등 국제적인 논의에서도 중요한 역할을 하고 있다.

5) 심층 생태학

심층 생태학(deep ecology)은 1970년대에 노르웨이 철학자 네스(Arne Naess)에 의해 제안된 이론으로, 일반 생태학과 구별된다. 일반 생태학이 인간 중심적 접근을 취하는 반면, 심층 생태학은 모든 생명체가 고유의 내재적 가치를 지닌다고 본다. 인간의 물질적 욕망과 경제적 성장 추구가 환경파괴의 주요 원인이라고 보고, 이를 근본적으로 변화시켜야 한다고 주장한다. 심층 생태학은 특히 경제적 이익과 자원 개발을 목표로 하는 전통적 접근법을 비판하며, 환경과 인간이 동등한 가치를 지닌다고 강조한다. 이 이론은 환경문제 해결을 위해 인간 사회의 근본적인 가치와 생활 방식을 변화시키는 것을 목표로 하며, 인간의 욕망을 줄이고 자족적이며 간소한 생활방식을 통해 자연과 조화를 이루는 것이 중요하다고 주장한다. 심층 생태학은 정치, 경제, 교육 분야에도 영향을 미치며, 자원의 소비를 줄이고 생태적 책임감을 높이는 방향으로 변화할 것을 요구한다.

6) 환경 사회학

환경 사회학(environmental sociology)은 환경문제를 사회적, 경제적, 정치적 관점에서 접근하여 분석하는 학문적 이론이다. 이 이론은 환경문제가 단순한 생태적 문제가 아니라, 자본주의 경제 체제와 사회적 불평등 구조로부터 발생하는 복합적인 문제라고 본다. 예를 들어, 산업화 과정에서 발생하는 환경오염은 대개 사회적 약자나 저소득층에게 더 큰 피해를 미친다. 환경 사회학자들은 이러한 환경 불평등문제를 분석하고, 이를 해결하기 위한 방안을 제시한다. 이들은 또한 자본주의 경제 체제가 환경 자원을 착취하고 자연을 상품화하면서 환경문제를 악화시키는 구조적 문제를 지적한다. 환경 사회학은 환경문제의 해결을 위해 사회적 구조와 정책의 변화를 요구하며, 특히 환경 정책이 취약계층을 고려해야 한다고 주장한다. 이 이론은 환경문제를 단순히 자연의 문제로 보는 것이 아니라, 사회적 맥락에서 이해해야 한다고 강조한다.

7) 생태모더니즘

생태모더니즘(ecological modernization)은 과학기술과 경제적 혁신이 환경문제를 해결할 수 있다는 낙관적인 입장을 취하는 이론이다. 이 이론에 따르면, 인간은 과학기술의 발전과 경제적 개혁을 통해 지속 가능한 발전을 이룰 수 있으며, 환경문제 또한 혁신적인 기술과 제도 개선을 통해 해결할 수 있다고 주장한다. 예를 들어, 신재생에너지 기술, 스마트 그리드, 친환경 건축 등은 생태모더니즘의 대표적인 사례다. 생태모더니즘은 기존의 경제 체제를 전복하는 것이 아니라, 이를 개선하여 친환경적으로 개조함으로써 환경과 경제가 상생할 수 있다고 주장한다. 이 이론은 정부와 기업의 적극적인 역할을 강조하며, 환경 규제를 통해 자원 사용을 줄이고, 폐기물 발생을 최소화하는 방향으로 경제를 재구성할 수 있다고 본다. 생태모더니즘은 특히 산업계와 정부의 협력이 중요하며, 이들이 혁신적인 환경 기술을 채택하고 이를 경제적 발전과 연계할 수 있는 방안을 모색해야 한다고 강조한다.

3. 환경문제의 정책

1) 기후변화 대응 및 탄소중립 실현

대한민국은 기후변화 대응을 위해 2050 탄소중립 목표를 세우고 이를 실현하기 위한 구체적인 전략과 정책을 마련했다.

(1) 「탄소중립기본법」 제정

2050 탄소중립 목표를 달성하기 위해 「탄소중립기본법」을 제정하고, 국가 온실가스 감축 목표를 법적으로 설정하였다. 탄소중립이란 대기 중 온실가스 농도 증가를 막기 위해 인간 활동에 의한 배출량을 감소시키고 흡수량을 증대하여 순배출량이 0이 되는 것을 말한다. 우리나라는 건강한 미래를 만들기 위해 2020년 10월 28일에 '2050 탄소중립 선언' 및 12월 10일에 '2050 탄소중립 비전'을 선포하였고, 각각 산업 부문, 건물/수송 부문, 농축수산 부문, 기타와 같이 네 가지 부문으로 탄소중립에 관한 시나리오를 마련하였다. 이를 통해 온실가스 감축을 위한 다양한 정책을 추진하고 있으며, 모든 산업에서 배출량을 줄이기 위해 노력하고 있다.

(2) 신재생에너지 확대

태양광, 풍력 등의 신재생에너지 보급을 확대하여 화석연료 사용을 줄이고, 에너지 전환을 촉진하고 있다. 특히 전기차 및 수소차 보급을 장려하여 교통 부문의 탄소 배출량을 줄이는 데 주력하고 있다.

(3) 탄소배출권 거래제

탄소배출권 거래(carbon emission trading)는 이산화탄소 및 기타 온실가스에 대한 배출권 거래 계획이다. 이는 탄소 가격 설정의 한 형태다. 탄소배출권 거래의 목적은 배출에 대한 제한된 허용량을 갖춘 시장을 만들어 기후변화를 제한하는 것이다. 이는 화석연료의 경쟁력을 감소시키고, 대신 풍력 발전 및 태양광 발전과 같은 재생에너지로의 투자를 가속화할 수 있다. 화석연료는 기후변화의 주요 원인이다. 화석연료의 연소는 기후변화의 주요 원인으로, 모든 이산화탄소 배출량의 89%와 모든 온실가스 배출량의 68%를 차지한다. 이와 같이 기업들이 탄소 배출을 줄이기 위해 탄소배출권을 거래할 수 있도록 하여 경제적 인센티브를 제공하고 기업의 자발적인 탄소 감축 노력을 장려하고 있다.

2) 대기오염 및 미세먼지 관리 강화

대기오염, 특히 미세먼지는 국민의 건강에 직접적인 영향을 미치기 때문에 이에 대한 관리가 매우 중요하다.

(1) 미세먼지 계절관리제

미세먼지 계절관리제는 초미세먼지(PM2.5) 농도가 높아지는 12월부터 이듬해 3월까지 평소보다 강화된 배출 저감 및 관리 조치를 시행하는 제도로서 특정 지역에서 특정 시간 동안 5등급 차량 운행을 제한하는 조치다. 미세먼지 기저(Base) 농도를 낮춰 고농도의 빈도와 강도를 완화하고, 강화된 시설관리 등으로 국민건강을 보호하는 것을 목적으로 한다. 「미세먼지 저감 및 관리에 관한 특별법(미세먼지법)」 제21조에 따르면 환경부장관은 계절적인 요인 등으로 초미세먼지 월평균 농도가 특히 심화되는 기간(12월 1일부터 다음 해 3월 31일까지)과 대규모 화재 등 비상시적 요인으로 미세먼지 등의 배출 저감 및 관리를 효율적으로 수행하기 위해 필요하다고 인정하는 경우 관계 중앙행정기관의 장, 지방자치단체의 장 또는 공공기관이 운영하는 시설의 운영자에게 해당 법률에 규정된 조치를 요청할 수 있다.

(2) 사업장 대기 오염물 배출 관리

대규모 공장과 발전소의 대기 오염물 배출을 줄이기 위해 엄격한 규제를 시행하고, 배출 기준을 상향하여 환경 관리를 강화하고 있다.

(3) 실내 공기질 관리

실내 공기질도 국민의 건강에 영향을 미치는 요소로서 학교와 공공시설에서의 공기질 관리 기준을 마련하여 관리하고 있다. 특히 어린이집, 노인 복지시설 등 취약계층이 주로 이용하는 시설에 대한 관리를 강화하고 있다.

3) 환경 안전 및 국민 건강 보호

환경 안전은 국민 건강에 직결되는 중요한 요소다. 이를 위해 정부는 환경 사고 예방과 국민 안전을 위한 다양한 정책을 추진하고 있다.

(1) 화학물질 관리 강화

산업체에서 사용하는 화학물질에 대한 관리와 사고 예방을 위한 제도를 마련하고 있다. 화학물질 유해성 평가와 관리 기준을 강화하며, 특히 국민 건강에 위험을 미치는 물질을 규제하고 있다.

(2) 토양과 수질 오염 방지

오염된 토양과 수질을 정화하고, 오염원 관리를 통해 국민의 건강을 보호하고 있다. 산업단지 주변 지역의 토양과 수질을 지속적으로 모니터링하고, 오염 발생 시 신속히 대응하는 체계를 구축했다.

(3) 스마트 예보 시스템 도입

기상 변화에 따른 재해 예방을 위해 첨단 예보 기술을 도입하여 기상 예측의 정확도를 높이고, 이를 통해 홍수, 폭염 등 자연재해로부터 국민의 생명을 보호하고자 노력하고 있다.

(4) 친환경 산업 및 녹색 기술 육성

환경문제를 해결하고 경제 성장 동력을 창출하기 위해 친환경 산업과 녹색 기술을 육성하는 데 주력하고 있다.

(5) 녹색산업 클러스터 구축

전국적으로 녹색산업 클러스터를 조성하여 친환경 기술을 개발하는 기업들이 모여 협력할 수 있는 환경을 조성하고 있다. 이를 통해 혁신적인 녹색 기술 개발을 촉진하고, 국내외 시장에서의 경쟁력을 강화하고자 노력하고 있다.

(6) 순환경제 체제 구축

자원의 재사용, 재활용을 통해 폐기물을 줄이고 자원을 효율적으로 활용하는 순환경제를 촉진한다. 이는 자원의 낭비를 줄이는 동시에 환경 보호에도 기여하는 방식이다.

(7) 친환경 제품 인증 및 지원

친환경 제품 인증 제도를 통해 소비자들이 환경 친화적인 제품을 선택할 수 있도록 유도하고, 기업들이 친환경 제품을 개발할 수 있도록 세금 혜택과 연구 지원을 제공하고 있다.

4) 환경 복지와 삶의 질 향상

환경 복지를 통해 국민의 삶의 질을 높이고, 모든 국민이 깨끗하고 안전한 환경에서 생활할 수 있도록 노력하고 있다.

(1) 환경취약지역 지원

저소득층이나 환경 취약 지역에 거주하는 주민들을 위한 환경 개선 사업을 추진하고 있다. 이는 주로 공기질, 수질, 생활환경 등이 열악한 지역을 대상으로 하며, 거주 환경을 개선하고자 하는 노력의 일환이다.

(2) 공원 및 친환경 여가 공간 확대

도심 내 녹지 공간을 확충하여 시민들이 자연을 즐기고 휴식할 수 있는 환경을 제공하고자 한다. 도시 공원을 확대하고, 공공 자전거 도입 등 생활 속에서 친환경적이고 건강한 활동을 촉진하고 있다.

(3) 환경 교육 및 참여 프로그램

환경 교육을 강화하여 시민들이 환경 보호에 대해 인식을 높이고, 자발적인 참여를 유도한다. 청소년을 대상으로 한 환경 교육 프로그램, 시민 참여 캠페인 등을 통해 공동체의 환경 의식을 고취하고 있다.

5) 자연 생태계 보호 및 생물 다양성 보전

자연 생태계와 생물다양성의 보호는 장기적인 환경 정책의 중요한 요소다.

(1) 보호 지역 확대

생태계 보전을 위해 국립공원, 해양보호구역 등의 보호 지역을 확대하여 자연 서식지와 생태계를 유지 및 보호하고 있다. 이는 멸종 위기종 보호뿐만 아니라, 기후변화에 대한 적응력 강화를 위해서도 중요하다.

(2) 생물 다양성 관리 계획

생물 다양성을 보호하기 위한 장기 계획을 세우고, 멸종위기종의 서식지 복원을 추진하고 있다. 이를 통해 생태계를 유지하고, 기후변화에 대한 자연의 회복력을 강화하고자 한다.

(3) 도시 생태계 조성

도시 내 생태계 복원을 통해 도시 환경의 질을 향상시키고 있다. 예를 들어, 도시 하천 복원, 도시 내 숲 조성 등을 통해 주민들이 자연과 가까이 할 수 있는 기회를 제공하고, 이를 통해 도시의 생태적 지속 가능성을 강화하고자 한다.

6) 국제 협력 및 글로벌 환경 기여

대한민국은 글로벌 환경문제 해결을 위해 국제 사회와의 협력에도 적극적으로 참여하고 있다.

(1) 국제 환경 협약 참여

기후변화, 생물 다양성, 대기오염 등의 문제를 해결하기 위해 다양한 국제환경협약에 가입하고 있으며, 특히 파리기후협약에서의 온실가스 감축 목표를 준수하기 위해 노력하고 있다.

(2) 개발도상국 환경 지원

개발도상국을 대상으로 환경 기술과 인프라를 지원하여 기후변화에 대응할 수 있도록 돕고 있다. 이를 통해 대한민국은 글로벌 환경문제 해결에 기여하고 국제적 위상을 강화하고 있다.

(3) 해양 플라스틱 저감 협력

해양 플라스틱 쓰레기문제는 전 세계적으로 심각한 문제 중 하나로, 대한민국은 동아시아 및 아세안 국가들과 협력하여 해양 플라스틱 쓰레기를 줄이기 위한 프로그램을 추진하고 있다.

4. 환경문제의 실태

국제 기후변화 정책 분석 전문기관인 저먼워치와 뉴크라이밋 연구소, 클라이밋 액션네트워크(CAN) 인터내셔널이 발표한 '기후변화대응지수(CCPI)' 평가에서 한국은 64개국 중 61위를 기록했다. '기후변화대응지수'는 각 나라의 온실가스 배출량과 에너지 사용, 재생에너지 사용, 기후정책 등 4개 분야의 성과를 계량화하는 것을 이르는데, 우리나라는 상당히 낮은 순위인 것을 알 수 있다.

한국의 순위가 지난해보다 네 계단이나 내려간 데에는 '2030년 재생에너지 목표 하향 조정'이 첫 번째 이유로 꼽힌다. 한국은 2023년 1월 발표한 제10차 '전력기본계획'에서 2030년 30.2%로 되어 있던 기존 재생에너지 발전 비중 목표를 21.6%로 축소했다. 또한 석유와 가스 등 화석에너지에 대한 지속적인 공적 금융 지원을 비롯한 산림 파괴와 생물다양성 손실을 초래하는 바이오매스의 사용 증가도 이유로 지목되고 있다. 산업자원통상부와 산림청의 바이오매스 지원 정책에 따라 한국의 바이오매스 발전량은 지난 10년간 42배나 증가한 상태다. 이어서 환경문제로 인해 나타나는 현상들과 우리나라의 환경오염 실태를 알아보자.

1) 환경문제로 인해 나타나는 현상

(1) 급속한 기후변화에 따른 온열질환자 수 증가

온열질환이란 열로 인해 발생하는 급성질환으로, 뜨거운 환경에 장시간 노출될 시 두통, 어지러움, 근육경련, 피로감, 의식 저하 등의 증상을 보이고, 방치 시에는 생명이 위태로울 수 있는 질병으로 열사병과 열탈진이 대표적이다. 2023년에는 이런 온열질환자의 수가 전년 대비 급격하게 증가한 추이를 보였다. 특히 전체 온열질환자 및 사망자의 수가 8월 초순에 집중 발생하였는데, 이 시기 평균 최고기온은 32.4도로 전년 대비 0.4도가 높았다. 이런 현상은 앞으로 지구온난화로 인해 평균 기온이 더 높아짐에 따라 온열질환자의 수도 더 늘어나는 등 문제가 심화할 것으로 예측된다.

(2) 수온 상승

지구의 기온이 오르는 만큼 바닷물의 온도도 계속 오르고 있다. 바다는 공기와 다르게 많은 열을 저장할 수 있는 특성이 있는데 바다의 수온이 오르게 되면 이런 능력이 떨어지게 된다. 바다가 열을 흡수하는 데에는 한계가 있는데 바다가 흡수한 열에너지는 해를 거듭하면서 점점 늘어나고 있다. 이때 흡수되지 못한 강렬한 온실가스는 대기 중에 오래 머물게 되면서 그 농도가 짙어지고 지구의 기온이 더 가파르게 상승할 위험이 커진다. 또한 뜨거워진 바다는 북극과 남극의 빙하도 녹이게 된다. 결국 얼음이 녹아 해수면이 상승하는 등의 문제가 생기며 지구 가열의 가속화, 바다 생태계 파괴, 폭우, 폭설, 태풍 등 이상기후 현상이 더 자주 발생하게 된다.

1880년도부터 2021년도까지 전 세계 평균 해수면의 높이 변화를 나타낸 그래프를 보면 해수면이 계속해서 상승하고 있는 것을 관찰할 수 있다. 해수면은 바닷물이 따뜻해져 물의 부피가 팽창하게 되면서 더 많은 공간을 차지하고, 빙하가 더 빠르게 녹아내리면서 상승하게 된다. 미국 환경청(EPA)에 따르면 전 세계 평균 해수면은 1880년부터 2021년까지, 141년 동안 약 24.9cm가 상승했다고 한다.

(3) 대기오염으로 인한 사망자 증가

현재 대기오염으로 인해 사망자 수는 계속해서 증가하고 있다. 대기오염은 환경을 위협하는 주요 요인일 뿐만 아니라 호흡기 등을 통해 인체에 나쁜 영향을 미친다. OECD가 발표한 자료에 따르면 대기오염으로 인해 2060년까지 전 세계에서 연간 600만에서 900만 명이 사망할 것으로 예상된다고 한다.

2019년 기준 환경오염으로 전 세계에서 해마다 900만 명이 조기 사망하고 있다는 연구 결과가 나왔다. 전체 사망자의 6명 중 1명은 환경오염과 연관된 것으로 분석된다고 한다. 대기오염으로 인한 전 세계의 조기 사망자는 연간 650만 명으로, 증가세가 지속되고 있다. 특히 미세먼지로 인한 사망자는 2000년에 290만 명,

2015년에 420만 명에서 2019년에는 450만 명까지 증가한 것으로 추산된다.

2) 우리나라 환경오염 실태

먼저, 대기오염 문제를 해결하기 위해 꾸준한 노력을 하고 있다. 2022년 전국 평균 미세먼지(PM10) 농도는 31$\mu g/m^3$로, 전년 대비 5$\mu g/m^3$ 감소했으며, 1995년 측정을 시작한 이후 전반적인 감소 추세를 보이고 있다. 초미세먼지(PM2.5) 농도 역시 2022년 전국 평균 PM2.5 농도는 18$\mu g/m^3$로, 전년과 동일한 수준을 유지하였다. 2015년 측정을 시작한 이후 전반적인 감소 추세를 보이고 있다.

수질오염은 하천수질과 호소수질로 나눠 볼 수 있는데, 먼저 하천 수질은 2022년 전국 주요 하천의 생물화학적 산소요구량(BOD) 평균 농도는 1.5mg/L로, 전년 대비 개선된 결과를 보였다. 이는 하천 수질 관리와 오염원 규제 강화의 결과로 분석된다. 또한 호소 수질은 2022년 주요 호수의 총인(T-P)의 평균 농도가 0.03mg/L로, 전년 대비 개선되었다. 이는 호소의 부영양화 방지를 위한 관리 노력이 반영된 결과다.

토양오염도 조사 결과에서는 2022년 전국 2,000여 개 지점을 대상으로 한 토양오염도 조사 결과, 약 5%의 지점에서 기준치를 초과하는 오염이 발견되었다. 이는 주로 산업단지 및 공장 주변 지역에서 나타났으며, 중금속과 석유계 탄화수소에 의한 오염이 주를 이루었다.

생활폐기물 발생량과 관련해서는 2022년 전국 생활폐기물 발생량은 약 5만 톤/일로, 전년 대비 소폭 증가하였다. 이는 1인 가구 증가와 소비 패턴 변화에 따른 것으로 분석된다. 2022년 생활폐기물 재활용률은 60%로, 전년 대비 2% 상승하였다. 이는 분리배출 제도 강화와 국민의 재활용 참여 증가에 기인한 결과이다. 2022년 전국 해안에서 수거된 해양쓰레기양은 약 15만 톤으로, 전년 대비 증가한 결과를 보였는데, 이는 해양 활동 증가와 육상에서 유입되는 쓰레기의 영향으로 분석된다.

5. 환경문제의 해결방안

첫째, 법적 규제와 정책을 강화할 필요가 있다. 예를 들어, 산업, 교통, 농업 등에서 발생하는 오염 물질의 배출 기준을 강화하고, 이를 위반할 경우 강력한 벌금을 부과하여 오염 물질 배출을 줄일 수 있을 것이다. 또한 화석연료 사용을 줄이기 위해 태양광, 풍력, 지열 등 재생 가능 에너지의 사용을 장려하는 정책이 필요하다. 이를 위해 국가 보조금을 확대하고, 재생 에너지원에 대한 세제 혜택을 제공하는 방안을 강구해 볼 수 있다. 더불어 자원의 재활용과 재사용을 촉진하기 위해 순환경제 체제를 도입하는 정책이 필요하다. 자원 낭비를 줄이고, 폐기물 발생을 최소화할 수 있도록 다양한 재활용 프로그램과 관련 법을 강화해야 할 것이다. 탄소배출권 거래제를 더욱 활성화하여 기업들이 자발적으로 탄소 배출을 줄이도록 장려하는 방안도 마련해야 할 것이다. 탄소를 적게 배출하는 기업에게 경제적 혜택을 제공함으로써 배출 저감을 유도할 수 있을 것이다.

둘째, 기술 혁신을 통해 환경오염을 저감하는 방안이다. 이를 위해 친환경 기술을 연구·개발하고 기업들이 이를 채택하도록 지원하는 것이 중요하다. 예를 들어, 정화 필터, 대체 에너지, 폐기물 처리 기술, 오염물질 제거 기술 등이 있으며, 이러한 기술이 기업에 쉽게 적용되도록 국가 지원과 인센티브를 제공할 수 있을 것이다. 또한 대기오염 감축을 위한 혁신적인 자동차 기술 도입을 고려해볼 수 있다. 내연기관 차량의 대기오염을 줄이기 위해 전기차, 수소차 등 무공해 차량 보급을 확대해야 할 것이다. 이를 통해 교통 부문의 대기오염을 줄일 수 있으며, 장기적으로 전기차 충전 인프라를 확대하고 전기차 보급을 장려할 필요가 있다. 이와 함께 정화 시스템 역시 강화해야 한다. 산업 폐수와 공장에서 발생하는 대기오염을 줄이기 위해 정화 설비를 설치하고, 오염물질 배출 전에 이를 처리하는 기술을 개선할 수 있을 것이다. 특히 수질 오염의 주요 원인인 폐수의 경우 생물학적 정화 시스템이나 화학적 정화 시스템을 통해 처리할 수 있다. 이와 함께 인공지능(AI)과 사물인터넷(IoT) 기술을 활용하여 실시간으로 대기, 수질, 토양 등의 오염

상태를 모니터링하고, 신속하게 문제를 파악해 대응할 수 있도록 하는 시스템을 구축해야 할 것이다.

셋째, 기업과 개인의 자발적 참여다. 기업들은 친환경 경영을 실천해야 한다. 예를 들어, 자원의 효율적 사용과 폐기물 관리, 재활용 시스템 도입 등을 통해 기업 자체의 오염 발생을 줄일 수 있을 것이다. 또한 기업이 환경 친화적인 제품을 생산하고 있는지 확인할 수 있도록 환경 인증 제도를 도입하고, 이를 통해 소비자들이 친환경 제품을 선택하도록 유도할 수 있을 것이다. 기업이 오염 발생을 줄이고, 환경 보호 활동에 참여하도록 장려하는 프로그램을 확대하는 방안도 고민해 볼 필요가 있다. 예를 들어, 기업이 나무 심기, 하천 정화 등 환경 보호 활동에 참여하고, 이를 통해 사회적 책임을 다하는 사례가 좋은 예가 될 것이다.

개인이 실천할 수 있는 방안으로는 자원을 절약하고 재활용하는 방법이 있다. 생활 속에서 에너지와 물 소비를 줄이고, 재활용품을 적극적으로 분리배출하는 등의 실천이 필요하다. 개인이 배출하는 폐기물과 에너지 사용을 줄이는 작은 실천들이 모여 큰 변화를 만들어 낼 수 있을 것이다. 또한 친환경 제품을 선택하고, 일회용품 사용을 줄이기 위한 노력이 필요하다. 예를 들어, 대형마트와 외식업체에서 다회용 컵이나 식기를 사용하는 등의 생활 습관 변화가 중요하다. 지역사회에서 진행하는 환경 보호 캠페인에 참여하고, 나무 심기, 하천 정화 등 환경 보호 활동에 자발적으로 참여하는 것도 중요한 실천 방법이 될 것이다. 무엇보다 개인이 환경 문제에 대한 관심을 가지고, 환경오염의 심각성을 인식하는 것이 중요하다. 이를 통해 환경 보호를 실천할 동기를 갖게 되고, 주변 사람들과 함께 참여를 독려할 수 있을 것이다.

넷째, 국제 협력과 공조를 강화하는 방안이다. 환경오염문제는 한 국가만의 노력으로 해결할 수 없는 글로벌 문제다. 국제 협력을 통해 국가 간 협력과 공조를 강화하여 환경문제를 효과적으로 대응할 수 있을 것이다. 파리기후협약, 몬트리올 의정서, 생물 다양성 협약 등 국제 환경 협약을 준수하고, 기후변화와 환경 보호에 기여할 수 있도록 각국의 협력을 도모해야 한다. 한편 개발도상국은 기술적, 재정적 자원이 부족하여 환경오염문제를 해결하기 어려운 경우가 많다. 선진국이 개도국에 환경 기술과 자원을 지원하여 국제적인 환경 개선에 기여할 수 있을 것이다. 또한 해양쓰레기, 오염 물질 등의 문제는 해류를 따라 다른 나라로 확산되기 때문에 해양오염 문제에 대한 국제적 협력이 필수적이다. 주변국들과의 협력으로 해양 생태계를 보호하고, 해양쓰레기문제를 해결하기 위한 공동 대응이 필요하다.

　환경오염문제 해결을 위해서는 국가 정책, 기술적 혁신, 기업과 개인의 참여, 국제 협력, 교육이 긴밀하게 연계될 필요가 있다. 각 분야에서 다양한 해결책이 동시에 추진될 때 환경오염문제를 효과적으로 줄이고, 더 나은 미래를 위한 지속 가능한 환경을 구축할 수 있을 것이다.

생각해 볼 문제

1. 플라스틱 오염이 해양 생태계에 미치는 영향을 줄이기 위해 무엇을 해야 하는지에 대해 생각해 보자.
2. 글로벌 환경 협정의 실효성과 개선방안에 대해 논의해 보자.
3. 스마트시티가 환경문제를 해결하는 열쇠가 될 수 있는지에 대해 생각해 보자.
4. 탄소세 도입이 환경 보호에 미칠 영향에 대해 논의해 보자.

참고문헌

원석조(2021). 사회문제론. 양서원.

지은구, 장현숙, 김민주, 이원주(2015). 최신사회문제론. 학지사.

환경부(2024). 환경백서 2023. 환경부.

KB금융(2021). KB트렌드보고서(1) : 소비자가 본 ESG와 친환경 소비 행동.

찾아보기

인명

내용

저자 소개

박용순(朴容淳/Park Yongsoon)

성결대학교 사회복지학과 졸업

숭실대학교 대학원 사회복지학과 졸업(문학석사)

숭실대학교 대학원 사회복지학과 졸업(문학박사)

현 성결대학교 명예교수

임원선(林元善/Lim Wonsun)

숭실대학교 사회사업학과 졸업

숭실대학교 대학원 사회사업학과 졸업(문학석사)

숭실대학교 대학원 사회사업학과 졸업(문학박사)

현 신한대학교 사회복지학과 교수

임종호(林鍾豪/Im Jongho)

대구대학교 특수교육과 졸업

숭실대학교 대학원 사회복지학과 졸업(문학석사)

가톨릭대학교 대학원 사회복지학과 졸업(문학박사)

현 한라대학교 사회복지학과 교수

이선영(李宣英/Lee SunYoung)

강남대학교 사회복지학과 졸업

일본 Doshisha Univ. 사회학연구과 졸업(사회복지학석사)

일본 Doshisha Univ. 사회학연구과 졸업(사회복지학박사)

현 국립강릉원주대학교 사회복지학과 교수

사회문제론
Social Problems

2025년 2월 20일 1판 1쇄 인쇄
2025년 2월 28일 1판 1쇄 발행

지은이 • 박용순 · 임원선 · 임종호 · 이선영
펴낸이 • 김진환
펴낸곳 • ㈜ **학지사**

04031 서울특별시 마포구 양화로 15길 20 마인드월드빌딩
대표전화 • 02-330-5114   팩스 • 02-324-2345
등록번호 • 제313-2006-000265호

홈페이지 • http://www.hakjisa.co.kr
인스타그램 • https://www.instagram.com/hakjisabook

ISBN 978-89-997-3347-5 93330

정가 20,000원

출판미디어기업 **학지사**

간호보건의학출판 **학지사메디컬** www.hakjisamd.co.kr
심리검사연구소 **인싸이트** www.inpsyt.co.kr
학술논문서비스 **뉴논문** www.newnonmun.com
교육연수원 **카운피아** www.counpia.com
대학교재전자책플랫폼 **캠퍼스북** www.campusbook.co.kr